李善蘭

改變近代中國的科學家

楊自強——

著

李善蘭（1811－1882）畫像。

李善蘭與同文館學生。

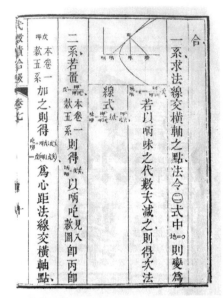

李善蘭與偉烈亞力合譯之美國大學數學教材《代微積拾級》，是第一本向中國介紹微積分的中譯教科書。

李善蘭與韋廉臣、艾約瑟等兩位英國學者合譯之《植物學》，是中國最早的一部近代植物學的譯著。

古希臘哲人歐幾里德的《幾何原本》全書共十五卷，前六卷在明朝時由徐光啓和義大利傳教士利瑪竇翻譯，後九卷則是由李善蘭與英國漢學家偉烈亞力通力合作才得以續譯完成。這本書亦是李善蘭是所翻譯的第一本科學著作。

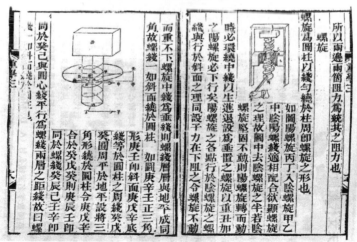

李善蘭與英國學者艾約瑟合譯之《重學》，是第一本向中國介紹牛頓三大運動定律的科學譯著。

代序　近代科技翻譯第一人：李善蘭

李善蘭（1811－1882），字壬叔，號秋紉，浙江海寧人，是中國近代科學的先驅。作為著名的數學家，李善蘭的《則古昔齋算學》十三種和《考數根法》等著作，在尖錐術、垛積術和素數論方面對中國傳統數學有了重大突破，其中尖錐術理論的創立更是標誌著他已獨立邁進了解析幾何和微積分的大門。更令人驚異的是，李善蘭雖未出過國門，卻通過譯書，將西方代數學、解析幾何、微積分、天文學、力學、植物學等近代科學首次介紹到中國，極大地促進了近代科學在中國的傳播，李善蘭也因此而成為中西科技文化交流第二個高潮的代表人物之一，成為西學陣營在科學思想上最傑出的代表。

朝譯幾何，暮譯重學

1852年，已出版了《對數探原》、《弧矢啟秘》、《垛積比類》、《方圓闡幽》等著作，躋身中國第一流數學家的李善蘭，懷著學習西方近代科學的理想，來到上海這個近代西方文明的傳播中心，結識了熱心傳播近代科學知識的西方知識分子偉烈亞力（Alexander Wylie）、麥都思（Walter Henry Medhurst）、艾約瑟（Joseph Edkins）等人，在西學重鎮墨海書館開始了他長達八年的譯書生涯。

李善蘭翻譯的第一本書，是與著名漢學家偉烈亞力合作翻譯的世界數學名著《幾何原本》。《幾何原本》原名《原本》（Euclidis Elementa），是古希臘著名數學家歐幾里德的傑作，對西方思想有深刻的影響，曾被大哲學家羅素視為「古往今來最

偉大的著作之一，是希臘理智最完美的紀念碑之一」，以至有人認為，在西方文明的所有典籍中，只有《聖經》才能夠與《原本》相媲美。

《幾何原本》在明萬曆三十五年（1607）被引入中國，它是由著名科學家徐光啟和義大利傳教士利瑪竇（Matteo Ricci）合作翻譯的。但徐光啟和利瑪竇在翻譯前六卷後，因種種原因，後面的九卷一直沒有譯出。《幾何原本》沒有完整地翻譯過來，這對中國學術界是件很遺憾的事，徐光啟本人也在《幾何原本》的跋中急切地說：「續成大業，未知何日？未知何人？書以俟焉。」

李善蘭與《幾何原本》可以說有著不解之緣。他十五歲就開始研讀《幾何原本》前六卷，「通其義」，「時有心得」。《幾何原理》對李善蘭的影響是如此之深，以致他深為徐光啟、利瑪竇未盡譯全書而遺憾。恰好，李善蘭在墨海書館的合作者偉烈亞力也是個對《幾何原本》很感興趣的學者，到中國後，他一直有意要續譯《幾何原本》，並特意從英國買來了從拉丁文譯成英文的15卷本《幾何原本》。但由於偉烈亞力在數學方面的造詣並不十分的精深，對翻譯並無十分的把握，他需要一位精通數學、熟悉《幾何原本》的中國學者來合作，而李善蘭正是這樣一個最為合適的人選。於是，兩人一拍即合，李善蘭來到墨海書館後不久，咸豐二年（1852）的六月上旬，兩人開始了續譯《幾何原本》的工作。

李善蘭與偉烈亞力合譯的方式是當時流行的一人口譯一人筆述。由於英文舊版「校勘未精，語訛字誤，毫釐千里，所失非輕」，同時「各國語言文字不同，傳錄譯述，既難免差錯」，因而李善蘭翻譯的過程，實際上是一次對底本的整理和加工，他自己也說「當筆受時，輒以意匡補」。又說：「異日西土欲求是書善本，當反訪諸於中國矣。」更值得注意的是他在《幾何原本》

原著上所加的「按語」。在「按語」中，他對《幾何原本》作了一些補充、闡述和發揮，這些「按語」，據學者統計，共有近二十條。譯完之後，李善蘭又請他的摯友著名數學家顧觀光、張文虎任校覆，細細核較，這樣，直到1858年才在墨海書館木刻印行。經過整整250年，《幾何原本》才算有了第一個完整的中譯本。

然後好事多磨。續譯《幾何原本》初刊之時，太平軍與清軍在蘇滬激戰正酣，續譯《幾何原本》沒刊刻多少，雕版就毀於兵火，存世者極少。幾年之後，李善蘭在金陵面見兩江總督曾國藩，極言此書學術價值，謂「此算學家不可少之書，失今不刻，行復絕矣」。曾國藩於1865年取徐光啟、利瑪竇合譯的《幾何原本》前6卷與李善蘭、偉烈亞力合譯的後9卷並為一書，重校付梓。這就是中國的第一部《幾何原本》的足本。《幾何原本》全譯木以一種非常簡潔的演繹方法，道出了自然的和諧和合理的法則之所以然，給中國學術界帶來對一種全新的理念和方法。

在與偉烈亞力合作續譯《幾何原本》的同時，李善蘭與墨海書館的另一位英國學者艾約瑟合譯了《重學》一書。

重學，就是現在所說的力學。李善蘭翻譯《重學》的起因似乎有些偶然，源於他與艾約瑟的一次閒談。在李善蘭到墨海書館後不久，一日，艾約瑟問李善蘭，你知道什麼是「重學」嗎？對於剛開始接觸西方近代科學的李善蘭來說，「重學」是一個陌生的名詞，他就問：「何謂重學？」艾約瑟就說：「幾何者，度量之學也；重學者，權衡之學也。昔我西國以權衡之學制器，以度量之學考天，今則制器考天皆用重學矣，故重學不可不知也。」接著，艾約瑟又告訴李善蘭說，西方有關重學的書可謂是汗牛充棟，其中胡威立所著的《重學》，簡明扼要，條理清晰，是最好的版本。他問李善蘭，你是否願意一起翻譯此書。李善蘭大喜過

望，一口答應，於是，「朝譯幾何，暮譯重學」，同時開始了兩本科學名著的譯介。

胡威立的《初等力學教程》（*An Elementary Treatise on Mechanics*），原書分三編，艾約瑟的中譯本《重學》僅是其中編。因為《初等力學教程》前編極淺，而後編又極深，所以李善蘭根據當時中國知識界的接受水準，翻譯了中編。《重學》全書分靜重學、動重學和流質重學三部分。值得注意的是，《重學》中雖沒有提到牛頓的名字，但明確地介紹了牛頓的力學三大定律（書中稱為動理），當時是這樣表達的：「動理第一例：凡動，無他力加之，則方向必直，遲速必平；無他之加之，則無變方向及變遲速之根源故也。」「動理第二例：有力加於動物上，動物必生新方向及新速度，新方向即力方向，新速與力之大小率，比例恒同。」「動理第三例：凡抵力正加生動，動力與抵力比例恒同，此抵力對力相等之理也。」這是牛頓力學三大定律第一次介紹到中國。

偉烈亞力是李善蘭最密切的合作者，1856年，他們又一起翻譯了美國數學家愛里亞斯・羅密士（Elias Loomis）的《代微積拾級》，這可說是李善蘭影響最大的一部譯著。

《代微積拾級》原名《解析幾何與微積分初步》（*Elements of Analytical Geometry and of the Differential and Integral Calculs*），是一本當時美國通用的大學教材，由於內容通俗易懂，在編寫方式上重視學生的接受能力和接受心理，被認為是「簡明、準確和適合學生實際需要的典範」，在美國學校廣受歡迎。這本書的中譯本之所以名為《代微積拾級》，李善蘭在序言中解釋說：「是書先代數，次微分，次積分，由易而難，若階級之漸升。譯既竣，即名之曰《代微積拾級》」。先易後難，像臺階一級級攀升，期望讀者拾級而上，所以名為「拾級」。應該說

明的是，這裡的「代數」，實際上指的是解析幾何，《代微積拾級》之「代」，是「代數幾何」的省略（Analytical Geometry = Algebraic Geometry）。

《代微積拾級》出版後，作為中國的第一本微積分教材，立即在知識界引起了巨大的反響，迅速流傳，好評如潮。李善蘭自己也在《代微積拾級》的序中說：「算術至此觀止矣，蔑以加矣。」得意之情溢於言表。偉烈亞力也說：「異時中國算學日上，未必非此書實基之也。」把中國數學的此後的發展，歸功於微積分的引入。確實《代微積拾級》對中國科學尤其是數學發展的意義，可說是里程碑式的，作為中國的第一本微積分教材，它的翻譯出版，標誌著西方高等數學在中國的傳入。

1859年，李善蘭跟他的老搭檔偉烈亞力的又一次合作，翻譯了「侯失勒」即英國天文學家約翰・赫歇耳（John Herschel）的《天文學綱要》。這部天文學著作深入淺出，在西方曾風靡一時，先後再版十二次。李善蘭就取了個既切合原著又通俗易懂的譯名：《談天》。

《談天》一書，較為全面地敘述了太陽系結構和行星行動、太陽系的力學原理和物理狀況。作為一部系統地介紹近代西方天文學知識的譯作，《談天》最為人稱道的，是它準確而全面地向知識界引進了哥白尼「日心說」和克卜勒行星運動三定律，正如李善蘭在序中所說的，《談天》的書的核心就是哥白尼和克卜勒的學說：「余與偉烈亞力君所譯《談天》一書，皆主地動及橢圓立說。此二者之故不明，則此書不能讀」。

李善蘭在墨海書館期間，還跟韋廉臣（Alexander Williamson）、艾約瑟共同翻譯了英國著名植物學家林德利（John Lindley）的《植物學》。這是一部頗有特色的著作，全書八卷，雖只有寥寥35000字，不過是一篇論文的規模，卻是一部

在科學發展史具有劃時代的重要著作。

《植物學》作為中國最早一部近代植物學的譯著，主要介紹了當時在實驗觀察基礎上所建立的近代植物學基本理論知識，介紹了近代西方在實驗觀察的基礎上所建立起來的各種器官組織生理功能的理論，這些理論對當時的中國人來說，可謂是聞所未聞。中國古代對植物的研究，主要在於識別植物種類、明其實用價值，屬實用性質範疇，這與近代意義上的普通植物學差別很大。正是在這個意義上說，《植物學》的面世，標誌著近代西方普通植物學傳入中國。而《植物學》中所體現的理論體系，也是中國人瞭解西方植物學的最好入門書。對此，李善蘭在序言中不無自負地說：「中國格致能依法考究，舉一反三，異日克致賅備不准焉。」顯然當仁不讓地把這本書當成指導植物學實踐的理論了。

從1852年到1859年，李善蘭在短短幾年時間裡，分別與偉烈亞力、艾約瑟、韋廉臣、傅蘭雅（John Fryer）等合譯了《幾何原本》後9卷、《代數學》13卷、《代微積拾級》18卷、《談天》18卷、《重學》20卷附《圓錐曲線說》3卷、《植物學》8卷、《奈端數理》四冊、《照影法》（未完成）等，成果極為豐碩。幾乎每出版一書，都在當時引起極大反響，其影響甚至遠及海外。據學者研究，1840年至1860年的20年間，西人在華的著譯有關史地科技的約28種，從這個數字推測，這個時期有關自然科學的譯著一般不會超過二十種，而李善蘭在墨海書館前後不過數年，卻翻譯了六七部影響深遠的西方科學著作，可以當之無愧地稱之為中國近代翻譯西方科學著作的第一人。更有意義的是，李善蘭所翻譯引進的，都是當時中國所沒有的學科。他一部譯著的出版，就意味著一門新學科的引進。續譯《幾何原本》對中國科學——尤其數學的發展自不待言，《代數學》是中國數學史上第

一部符號代數學著作。《代微積拾級》第一次把高等數學介紹到
中國，讓中國教育界有了微積分這門學科。《植物學》是中國第
一部普通植物學著作。《重學》是中國近代科學史上第一部包括
運動力學、動力學、剛體力學、流體力學的力學譯著。《談天》
引進了萬有引力定律、光行差、太陽黑子理論和行星攝動理論，
確立了「日心論」在中國的地位，使建立在牛頓古典力學體系上
的西方近代天文學比較系統地進入了中國。完全可以說，如果要
講述中國的數學、物理學、天文學、植物學等學科的發展過程，
要繞開李善蘭的這些譯作是不可能的，抽去了李善蘭翻譯的這些
近代科學史上的開創之作，中國近代科學的發展將是不完整的。

創立譯名，沿用勿替

　　譯書時名詞術語的翻譯是一個十分重要的環節，所謂「一名
之立，旬月踟躕」，傅蘭雅說「譯西書第一要事為名目」，雖不
免誇張，卻也說出了創譯科學名詞的艱辛。李善蘭所譯的西書，
基本是新引進的學科，由於長期處於閉關自守狀態，傳統科學內
部也沒有形成符號系統。李善蘭在名詞術語的翻譯時無所依傍，
全憑自己創譯，其難度可想而知。更何況，中國與西方由於文化
上的差異，英語中許多名詞所蘊含的意義特別是一些微妙之處，
難於完全、準確地用中文表達出來。況且，既是名詞、術語，用
詞必須簡短、凝練還必須通俗，難度就更大了。而李善蘭有著極
為濃厚的舊學根底，對中國傳統文化浸淫極深。更重要的，他同
時是一個有著較高造詣的科學家，對所翻譯西書的原理和內容有
著透徹的理解。可以說，像他這樣學貫中西的學者在當時實屬鳳
毛麟角。因此，他在與偉烈亞力等人翻譯西書時，創譯了一大批
在當時流行一時的名詞術語，有不少沿用到今天，充分顯示了中

國文化的旺盛生命力和中國語言強大的表達力。

李善蘭在翻譯過程中，創譯了大量的新名詞。比如在在翻譯《代數學》的過程中，創立的新名詞有代數學、係數、根、方、方程式、函數、微分、積分、幾何學、橫軸、縱軸、無窮、極大、極小等等。這些新名詞創設得較貼切，一直流傳了下來。「函數」（function）一詞，原是德國數學家萊布尼茲在1692年首先採用的，李善蘭在《代數學》一書中，將「function」譯作「函數」。李善蘭的解釋是：「凡此變數中函彼變數，則此為彼之函數」，這裡「函」是包含的意思，與歐洲當時之概念十分相近。再比如「方程」一詞，本是《九章算術》中的九數之一，相當於現在的線性方程組。而李善蘭在《代數學》中把「Equation」（相當於中國古代的開方式或天元開方式）第一次譯作「方程」。以後一直沿襲下來，改變了中國傳統數學術語「方程」的含義。1934年數學名詞委員會確定用「方程（式）」表示「Equation」。

至於《代數學》中的數學符號，李善蘭更是別出心裁加於創譯。中國古代數學中較少使用符號，而《代數學》中的許多數學符號是中國人從來沒有接觸過的，這顯然是翻譯中的一個難題。對此，李善蘭採用了兩個辦法。一是直接引入西方數學符號，如 ×、÷、=、（）、∞ 等，這樣的直接引入，使運算式更為簡便實用，一目了然。二是照顧到當時中國人的閱讀習慣，根據數學符號的意義，結合漢字的特點，創譯了一套「改良」的數學符號。如26個代數字母a、b、c、d到z等，依次用十天干（甲、乙、丙、丁等）加十二地支（子、丑、寅、卯等）再加天、地、人、物四字來代表，大寫字母A、B、C、D到Z，則在天干、地支和天、地、人、物上加一「口」旁，如「呷」、「叮」等。希臘字母用用二十八星宿（角、亢、氐、房等）來代表。函數符號

寫作「函」，積分符號用「積」字的「禾」旁表示，微分符號用「微」字的「彳」旁來表示，等等。據學者統計，李善蘭所創代數、解析幾何和微積分術語中為後世所沿用的比率分別約為：代數學：44%；解析幾何：50%；微積分：65%。這完全可說是一個相當驚人的數字了。

　　李善蘭創譯的名詞，有一個明顯特點，就是以其深厚的傳統文化修養，根據中文的意義加於闡發而創造新詞，以充分照顧中國人的閱讀習慣，這在《植物學》一書中尤為明顯。《植物學》闡述的是西方近代普通植物學的科學理論和研究方法，因而書中的大多植物學術語根本是中文所沒有的，李善蘭在這裡表現了他的深厚的學術造詣和卓越的語言天賦。除了極少數原產外國的植物名稱只能採用音譯外，《植物學》的名詞術語大多是李善蘭創譯的。如植物學、細胞、萼、瓣、心皮、子房、胎座、胚、胚乳等名詞，以及分類學上的「科」和傘形科、石榴科、薔薇科、豆科、唇形科、菊科等許多科名，都是在《植物學》中首次出現的，並沿用至今。李善蘭在創譯名詞中還時有神來之筆，有名的「細胞」一詞，是《植物學》中一個重要的學術名詞。李善蘭把「cell」理解為「小的胞體」，本來應該譯作「小胞」。但李善蘭是海寧人，在當地方言中，往往把「小」稱為「細」，所以李善蘭就把「cell」譯作了「細胞」。而在當時，「cell」一詞有著五花八門的譯名，此後的三四十年中，可能因為「細」是方言的原因，李善蘭的「細胞」並不為公眾所認可。《植物學》傳入日本後，影響頗大，「細胞」一詞反而在日本叫響了，取代了原先的譯名。到了20世紀初，中國學者開始大量翻譯日本的科學文獻，於是，「細胞」一詞又被廣泛應用。由於「細」在漢語中有著比「小」更小的意思，「細胞」一詞更能體現出「cell」的內涵，因而，「細胞」一詞又取代了此前流行的各種各樣的譯名，

一直沿用了下來。

　　李善蘭創立譯名，在當時就很有影響。他的長期合作者偉烈亞力就十分欽佩指李善蘭的翻譯「天才」，他說：「李常常在譯者面對困難茫然失措時，能敏銳地捕捉到原文的真義。」李善蘭首創譯名對近代科學的推進乃至對翻譯學的發展的貢獻是怎麼評價也不為過的。慕維廉（William Muirhead）在評價偉烈亞力時說：「他為這些不同學科所確立的令人欽佩的術語上，中國受惠於他很多。」這話用在李善蘭身上，同樣適用。

目次
CONTENTS

第一章　硤川歲月

生地與生日

　　浙北農村的冬天，是寒冷而蕭瑟的，尤其是深夜子時，周遭更是寂靜無聲，大地似在沉睡。然而，一股微弱卻執著的春的氣息從漫天的風雪中微微透出……此時，在海寧縣硤石東山腳下的一間大宅卻燈火通明、熱熱鬧鬧，春天彷彿提前來了到這裡。隨著一陣響亮的啼哭，一名男孩降生到了這個世界。

　　這一年，是清嘉慶十五年十二月八日（1811年1月2日）。這個孩子，便是中國近代科學的先驅李善蘭。

　　海寧，位於錢塘江口，杭州灣北岸，東鄰海鹽，西接餘杭，北依桐鄉，南臨錢塘江與蕭山、上虞隔江相望。是典型的江南水鄉，域內山清水秀、河網密布，茂林修竹、阡陌桑田、物產豐富，向有「魚米之鄉」的美稱。據考古發現，距今約6000年的新石器時代，就有人類在這裡繁衍生息。春秋時海寧屬越國，秦時分屬海鹽、由拳。東漢建安八年（203）正式建縣，稱鹽官縣。陳永定二年（558），在鹽官設海寧郡，始有海寧之名。隋代仍設鹽官縣。元朝元貞年間升鹽官縣為鹽官州。因其境東南瀕海，歷代不斷築修海塘以「禦潮汐之患」。元朝天曆二年（1329）改名為海寧州，意為江海永遠安寧，屬杭州府。海寧之名遂沿用至今。

　　海寧之名以禦潮汐之患而得，海寧更以天下奇觀的錢江潮而聞名於世。海寧潮，又稱浙江潮、錢江潮，因其潮高、多變、兇猛、驚險，正所謂「堂堂雲陣合，屹屹雪山行。海面雷霆聚，江心瀑布橫」，被譽為「天下奇觀」。海寧潮形成的原因，除人所周知的月、日引力影響外，還跟錢塘江口狀似喇叭形有關。錢塘江南岸赭山以東形成了肚大口小的「喇叭口」，杭州灣外口寬達

100公里，而到海寧鹽官境內時僅寬幾公里，潮水易進難退，當大量潮水從錢塘江口湧進來時，由於江面迅速縮小，使潮水來不及均勻上升，後浪就緊推著前浪，前浪跑不快，後浪追上，層層相疊，漲成壁立江面的一道水嶺。同時，錢塘江水下多沉沙，這些沉沙對潮流起阻擋和磨擦作用，使潮水前坡變陡，速度減緩，從而形成後浪趕前浪，一浪疊一浪，一浪高一浪湧潮。當江潮從東而湧來時，似一條銀線，稱之為「一線橫江」。「玉城雪嶺際天而來，大聲如雷霆，震撼激射，吞天沃日，勢極雄豪。」

天下奇觀海寧潮，使海寧形成了長達千年的觀潮之風，東晉顧愷之在《觀潮賦》中有浙江「激波而揚濤」的記載，說明當時已有觀潮之風。這也讓歷代文人騷客留下了數以千計的膾炙人口的觀潮詩文。

可以這樣說，正是生生不息、勇往直前的海寧潮，造就了海寧人「猛進如潮」敢為人先的「弄潮兒」精神。事實上，海寧的歷代名人之多，正如海寧潮一樣的令人歎為觀止。海寧的歷代名人，在20年代出版的《中國名人大辭典》中，收有130人。1989年出版的與之相銜接的《中國近現代名人大辭典》中，收有48人。2008年9月出版的《影響中國的海寧人》收有88人。自唐至清末，海寧共有進士366人，其中狀元一人，榜眼三人，探花一人。海寧的古今之名人，舉其犖犖大者，從東晉時撰寫《搜神記》的干寶開始，有唐代死守睢陽的忠臣許遠、名詩人顧況，宋代女詞人朱淑真，明代戲曲家陳與郊、史學家談遷和查繼佐，清代詩人查慎行，棋聖范西屏、施定庵，書法家陳奕禧、查昇，藏書家吳騫、蔣光煦，醫學家王士雄，近代國學大師王國維，詩人徐志摩、穆旦，軍事理論家蔣百里，佛學家太虛法師、印順法師，學者、書法家張宗祥，訓詁學家朱起鳳，鐵道學家徐騮良，文史學家宋雲彬，紅學家吳世昌，戲劇家沙可夫，教育家鄭曉

滄，植物學家錢崇澍，電影藝術家史東山，版本目錄學家趙萬里，漫畫家米谷，科學家沈鴻，英語教育家許國璋，美術理論家吳甲豐，實業家查濟民，作家金庸、陳學昭，古書畫鑒定家徐邦達，篆刻書畫家錢君匋等一大批名人。自然，還有本書的傳主李善蘭。

　　一個方圓不過700平方公里的小邑，有著江南稀有的古典宮殿式建築海神廟、「水上長城」錢塘江魚鱗石塘、安國寺唐代經幢、長安東漢畫像石墓、慶雲馬家浜文化遺址等37處省市級文保單位，還不算十分的稀奇，而培育了如此多的重量級人物，這在全國怕也是罕見的。所謂「人傑地靈」，於海寧正是合適。李善蘭這座近代科學史上的一座高峰，出現在海寧這個一個偏離科學中心的小邑，恐怕得歸之於海寧濃厚文化底蘊的孕育之功。

　　李善蘭出生於海寧，這是毫無疑問的。但究竟是在海寧的哪一個地方，有兩種說法。一是目前大多學者所採用的海寧硤石說，一是數學史家李儼先生的海寧路仲說。

　　李儼先生在其《李善蘭年譜》中稱，他曾經向杭州裘沖曼先生徵訪，「善蘭家在浙江海寧縣硤石鎮北的路仲市」。[1]路仲，當地稱路仲裡，為一古鎮，形成於三國時期，曾出過清代學者管庭芬，現代植物學家錢崇澍、醫學家錢崇潤、畫家張眉孫、錢君香等名人。著者曾就這一問題請教了海寧市的地方史專家，並專程到路仲向當地耆舊詢問，並無明確的證據可以表明李善蘭是路仲人，路仲鎮上也找不到李善蘭的舊居。

　　查李善蘭的詩集《聽雪軒詩存》[2]有《哭祝南筠丈》四首。其三云：「三年客淳溪，蹤跡漸覺疏。懷公風雨夕，旅館一燈

---

[1]　見李儼：《李善蘭年譜》，《李儼錢寶琮科學史全集》第八卷，遼寧教育出版社，第320頁。

[2]　《聽雪軒詩存》：海寧市政協文史資料委員會編，1991年11月。

孤。歲時或返棹，即向尊齋趨。破顏喜余至，談笑樂有餘。」
「淳溪」即路仲。又《哭祝南筠丈》詩四首。其二云：「十三學
吟詩，謬承巨眼賞。遊覽吟必偕，過訪駕時枉。白首與總角，豈
徒十年長。」古人說到年數，只是約略而言，尤其是在詩中。這
裡說「十年」，大約總在八九年到十二三年之間吧。這樣的話，
這時的李善蘭大概是21歲到26歲之間，也就是1830年到1835年之
間。從這首詩看，李善蘭可能在其青年時曾在路仲住過三年，每
年只在歲末才回硤石一次。《聽雪軒詩存》朱昌燕序說：「燕於
洛溪周氏故紙中，搜得一冊，亦數十首，合而成卷。今秋，吳子
芸孫，得從同里顧氏清桂堂獲先生少作二百餘首，乃甄擇十之
三，別為一卷附焉。」這裡的「洛溪」是海寧斜橋鎮的一條小
河。斜橋與路仲是相鄰的兩個集鎮，其間不過一二裡路。朱昌燕
的序作於光緒二十五年，其時李善蘭去世不過十多年。在洛溪的
周氏、顧氏家能找到李善蘭當年的詩作，可見李善蘭確在路仲、
斜橋一帶生活過一段相當長的時間。

又，清代學者、藏書家管庭芬（1797—1880），是路仲人，
與李善蘭處於同一個時代。在他寫於道光癸巳（1833）以迄道光
丁酉（1837）的《芷湘吟稿》（手稿本，現藏海寧市圖書館）卷
四《筆花吟館集》中，有多首詩寫到了李善蘭，如〈秋紉囑題苕
溪負珊恨人「未了緣」漫賦〉（七律四首）、〈秋花兩律和秋紉
韻〉、〈小春八日偕樗里丈及秋紉、瘦仙登瀋山半山亭題壁〉、
〈贈李秋紉，時館湘石齋中〉等。這時的管庭芬，已從北京回到
了故里路仲。而這時的李善蘭，根據上面的推測，也正是在路仲
的那段時間。管庭芬的一生作詩一千多首，只有在這兩年的詩中
提到李善蘭。我們完全可以推測，就是因為這兩年李善蘭剛好在
路仲，兩人因而相識並過從甚密。〈贈李秋紉，時館湘石齋中〉
一詩的「湘石」，是李善蘭和管庭芬的朋友張均（字湘石）。張

均正是澉溪人，方志稱他曾學詩於管庭芬，應該是在這段管庭芬
於張均家坐館的時間裡。而李善蘭其時也客居路仲，或許也是依
人作館。李善蘭詩中「旅館一燈孤」也可從側面說明這一點。

　　裘沖曼先生的說法或源於此。李儼在《李善蘭年譜》中並
沒有就李善蘭出生於路仲作進一步的具體考證，故這裡仍採用成
說，即生於海寧硤石鎮。

　　李善蘭的生日，一般認為是嘉慶十五年庚午十二月八日
（1811年1月2日）。[3]根據主要有兩條：一是《苕溪李氏家
乘》：[4]「心蘭，嘉慶庚午十二月初八日子時生，光緒壬午十月
二十九日子時卒，壽七十三歲。」二是李慈銘《越縵堂日記》三
十九冊《荀學齋日記》丁集下光緒八年十一月二十日條的說法：
「（李善蘭）是年十月二十九日卒。生於嘉慶十五年十二月八
日，年七十有三」。

　　查《聽雪軒詩存》，有〈十二月廿八日立春，是日為余誕
期〉一詩；「立春正值設弧期，飲酒簪幡喜不支。那比年年度此
日，無聊空剪綠楊絲。」《禮記‧內則》：「生子，男子設弧於
門左」。從這首詩看，李善蘭的生日當為十二月二十八日。嚴敦
傑〈李善蘭年譜訂正及補遺〉一文也認為：「按李《聽雪軒詩
存》卷下自云實嘉慶十五年十二月二十八日（22/1/1811）」，顯
然也是認為李善蘭的生日當是十二月二十八日。

　　又：李儼《李善蘭年譜》光緒六年庚辰：「是年正月，同文
館同人公壽李善蘭」。注云：「見席淦《殘稿》」。如李善蘭生

---

[3]　李儼《李善蘭年譜》：「清嘉慶十五年庚午李善蘭生。下注：是年夏曆十二月八
　　日（1811年1月2日）生」，王渝生《李善蘭研究》（載《明清數學史論文集》，
　　江蘇教育出版社，1990年8月版，第334頁。）作：「清嘉慶十五年十二月八日
　　（1811.1.2）凌晨子時，崔氏產下一子。」海寧三大文化叢書之《名家擷英》（上
　　海辭書出版社，2002年9月版，第2頁。）中「中國近代科學先驅——李善蘭」一
　　文中也認為李善蘭生於「1811年1月2日凌晨」。
[4]　《苕溪李氏家乘》，光緒庚寅年（1890）重修，祠堂藏版，現藏於海寧市圖書館。

日為十二月八日，不可能到正月再為他祝壽。當然，十二月廿八日的生日，到正月祝壽也說不通。所以從這條記載看，李善蘭的生日應在正月。

又：《張文虎日記》同治四年二月初四日下記：「陰。壬叔生日，治湯餅。陳卓人、楊見山來共飯。」同治四年二月初四是西曆1865年3月1日。張文虎是李善蘭最密切的朋友之一，寫這條日記時，張文虎與李善蘭在金陵書局共事，朝夕相處，並且還吃了只有祝生日時特有的食品──湯餅。則李善蘭的生日為二月初四。

一般說來，家譜對於生日是不會記錯的，自己對自己的生日記得是很清楚的，身邊的朋友、同事正式舉行祝壽活動或者生日宴，也是不會搞錯的。從情理而言，十二月八日、十二月廿八日、正月、二月四月，都不大會錯。

對於李善蘭的生日，限於材料，無法作進一步的辯證，本書採用成說，即生於嘉慶十五年十二月八日，西元1811年1月2日。[5]

據說，李善蘭出生的時候，其父已年逾40。中年得子，自是欣喜萬分。其時，案頭上一盆蘭花正競芳吐蕊，散發出陣陣清香，於是，給兒子取名心蘭，庠名善蘭，字竟芳，號秋紉，別號壬叔。

這裡就要說到李善蘭的名字了。《清史稿・疇人傳二》作：「李善蘭，字壬叔」，諸可寶《疇人傳三編》作：「李善蘭字壬

---

[5]　海寧籍學者虞坤林在《李善蘭生辰、墓地考》（《海寧文博》2011年第1期）中認為，李善蘭的生日當是十二月二十八日。上海圖書館所藏道光乙未年所修的《苋溪李氏宗譜》（第九次修）記為「乾隆庚午十二月二十八生」，而海寧圖書館所藏光緒庚寅年的《苋溪李氏家乘》為第十次修。虞坤林推測：「在第十次上板時，編輯者雖然糾正了第九次家譜將『嘉慶』刻為『乾隆』的錯誤，卻漏刻了一個『廿』字。」可備一說。

叔，號秋紉。」徐世昌《清儒學案》作：「李善蘭，字壬叔，號秋紉。」《海昌藝文志》作：「李善蘭，字秋紉，號壬叔。」其外甥崔吟梅《李壬叔徵君傳》稱：「諱善蘭。」光緒二十五年海寧朱昌燕《聽雪軒詩存序》作：「諱善蘭，原名心蘭，字秋紉，壬叔其晚號也。」李善蘭的朋友王韜則稱：「海昌李壬叔茂才名善蘭，一字秋紉。」[6]

在《苞溪李氏家乘》中，李善蘭的名字作：「名心蘭，庠名善蘭，字竟芳，號秋紉，別號壬叔」。考慮到這是李氏家譜，且成於李善蘭死後十年不到，應該比《清史稿》等更為可信，故從此說。

李善蘭的名字，全圍繞著一個「蘭」字做文章。蘭作為花中君子，一直以來是品行高潔的象徵，「秋紉」一詞，更是出自〈離騷〉中的名句：「扈江離與辟芷兮，紉秋蘭以為佩」。李父給兒子取這麼一個名，不失為讀書人的本色。事實上，李善蘭的家庭，也正是典型的「忠厚傳家久，詩書繼世長」的士大夫家庭。

據《苞溪李氏家乘》記載，南宋末年的汴梁，有一個叫李伯翼的，「富而尚義，鄉邦稱為長者，尤讀書談道，不樂仕進，有薦為山長者，卒辭不就」。「山長」就是書院的負責人，可見李伯翼的學問與聲望。而連做個山長這樣的斯文官也不想，看來是堅決與仕途絕緣了。李伯翼之子名李衎（應該與元初著名的畫家李衎並非一人），此人文武雙全，相貌堂堂，「有倜儻氣概」。元朝初年舉為賢良方正，被授職為嘉興路總管府同知，「因占籍為嘉郡海鹽人」，一家定居在硤石，從此在這魚米之鄉安居樂業。此後一代代傳下來，中間也出了幾個人物。如李衎之子李彥成，「以儒術起家，善史學通古今，為鄉之聞人」，人稱「素節

6　王韜：《瀛壖雜誌》，上海古籍出版社，1989年5月，第77頁。

先生」。李彥成之長子李孟璿「治經術，善文章」，著有《南莊集》。三子李季衡，因失意官場而專「為詩文以攄平生之蘊」，著有《雪窗集》、《西溪集》。李氏一脈可謂詩書傳家久。這樣一直到李伯翼的第17代孫，名叫李祖烈，庠名福謙，字牧堂，號虛谷，也是一個經學名儒。他先是娶瞭望海縣知縣許季溪之孫女為妻，不幸許氏沒多久就去世了，就繼娶其妻妹為妻。後來李祖烈又娶了當地名儒崔景遠之女為妻，這就是李善蘭的母親。崔氏死後，李祖烈又娶士人宋南珍之女。李善蘭是長子，下有兩個兄弟，心梅（字庾清）、心葵（字曜初），此外，李善蘭還有一個妹妹，但不知姓名。

出餘技為詩文

　　李善蘭的祖上，雖說做過不大不小的官，但骨子裡還是一個讀書人。到了李善蘭父親這代，官早已是不做了，唯一可矜誇的，也就是書香門第四個字而已。李善蘭是家裡的長子，下麵有兩個弟弟心梅、心葵，也很愛讀書，尤其是心梅，在數學上有著相當深的造詣，後來還為李善蘭的數學著作加「按語」和注解。李善蘭的父親李祖烈是當地名儒，他平日閉門讀書，不理世事，大有隱士之風。李祖烈死時，其妻舅崔蒼雨作了一幅輓聯：「獨行無慚，閉戶不聞當世事；九京含笑，有兒能讀古人書。」多年之後，李善蘭在上海時還向朋友背誦過這一聯，稱其「簡淨概括」，可見這兩句確是較為傳神是勾勒了李祖烈之為人性格。

　　李祖烈的前兩位妻子許氏姐妹，雖說嫁入李門不久就去世，但許氏一家因和李家聲氣相投，仍經常來往，李善蘭對他的這兩

位「母親」也有著很深的感情。他在〈正月初三為先繼慈許太夫
人忌辰設席恭祭〉一詩中深情地寫道:「繈褓甫離便失恃,每逢
祭日倍傷悲。栲栳故物存余澤,鞠育深恩憶昔時。寸草有心思報
答,九原無路可追隨。數莖春韭躬親薦,展拜遺容淚已垂。」李
善蘭雖在繈褓之時,許氏便因病而逝,但李善蘭對其養育之恩不
仍能忘懷。讀來令人動容。

　　李善蘭少年時,經常到他的幾個舅舅家玩耍、讀書。舅舅
許良愓志趣高雅,不喜流俗,庭前屋後種滿了梅樹和桂花樹。家
裡藏書豐富,書齋取名「小隱樓」,乃是取「大隱隱於朝,中隱
隱於市,小隱隱於野」之意。李善蘭有一首詩這樣描寫道:「地
僻心偏遠,明窗雨霽初。庸材慚宅相,小隱羨樓居。瓊玉庭前
樹,琳瑯架上書。營營名利客,未許造蓬廬。」[7]另一位舅舅崔
蒼雨,性格和許良愓差不多,也是僻處鄉下,以讀書自娛,過著
半隱居的生活。李善蘭一次乘著船專門去找他,這位舅舅卻出門
雲遊去了。李善蘭既悵然不遇又羨慕他那種閑雲野鶴的生活,回
來後賦詩一首:「孤舟到遠村,泊岸款柴門。弱草鋪幽徑,香
茅覆古垣。庭空人不見,野靜鳥偏喧。且復歸橈去,踟躕數畝
園。」[8]從詩中可以看出,李善蘭對這兩位舅舅的性情、學識是
頗為推許的。至於另一位舅舅崔德華(蓮舫),李善蘭和他的感
情更深,他們經常在一起吟詩作對,還共同發起,成立了「鴛水
吟社」。

　　李善蘭的親戚裡,有一位叫宋樗里的外伯祖,生得鶴髮童
顏,性喜飲酒作詩,指點江山,頗具魏晉風度,是海寧一帶的詩
壇領袖。李善蘭對他十分推崇,稱他的詩作是「大集允堪垂宇
宙,清譚亦足見襟期。」其人是「領袖詩壇夙共推。」一次,李

---

[7]　李善蘭:《雨後過許良愓舅氏小隱樓》,《聽雪軒詩存》。
[8]　李善蘭:《訪崔蒼雨舅氏不遇》,《聽雪軒詩存》。

善蘭專程上門向他求取詩稿，宋樗里對這位才華過人的後輩也青
眼有加，與李善蘭把酒臨風，談古論今，李善蘭興奮不已，「香
醪醉我雙顴赤」。在回來的船上，李善蘭手捧宋樗里的詩集，吟
哦不已，並作詩《訪宋樗里外伯祖兼乞詩稿》以紀其事。此外，
李善蘭還有一位「瘦山叔祖」，喜作畫，李善蘭還為他的《玩月
圖》題了兩首詩。有一位「峻恒四叔」也是畫家，曾作有一幅
《樓觀滄海日圖》，李善蘭為他題詩云：「元龍樓百尺，豪氣欲
凌空。極目潮來白，當頭日照紅。襟懷徵浩蕩，眼界豁朦朧。簾
卷秋風裡，坐觀興不窮。」[9]至於「狃門大兄」，可能年紀只比
李善蘭稍大，兩人更是投緣，時常在一起遊山玩水。他們曾一起
在夕陽西下時，「攜手登高趁夕醺」，爬上硤石的東山，放眼遠
眺。在「千竿修竹藏幽鳥，一路寒楓鎖暮雲」，「蒼煙香靄圍蕭
寺，風遞鐘聲隔嶺聞」的景色中，享受「滿山爽氣少塵氛」的寧
靜。「狃門大兄」的書法頗有功力，李善蘭形容他作書時，是「筆
陣縱橫奪化工，清飆恍起墨池中」，下筆當是十分的雄健有力。

　　從這裡可以看出，在李善蘭的家庭和他的親戚中，似乎沒
有人是做官的，基本上全是喜愛吟詩作畫、登山臨水的文人墨
客。李善蘭成年後，對科舉仕進並不十分熱衷，卻矻矻於自己喜
愛的數學研究，與他少年時的這樣的成長環境是有著相當大的關
係的。

　　李善蘭的少年時期，和一般江南縉紳人家的子弟沒什麼大的
兩樣，無非是讀書上、作文、遊玩而已。硤石是一個小鎮，東山
腳下便已是農田，「斜日家家掩竹扉，連宵細雨麥苗肥。」[10]飽
覽田園風光是少年李善蘭的賞心樂事之一。他30多歲時曾有〈夏

---

[9]　李善蘭：《題峻恒四叔〈樓觀滄海日圖〉》，《聽雪軒詩存》。

[10]　李善蘭：《暮春野步》，《聽雪軒詩存》。

日田園雜興〉四首，描繪了他家鄉「絕堪憐」的江南鄉村景色。

> 才罷蠶桑四月天，鄉村風景絕堪憐。
> 溪無車水牛晨浴，門靜催租犬晝眠。
> 扶杖叟酤燒（木旁加審）酒，牽衣兒乞賣絲錢。
> 昨宵鄰里來相約，社鼓重敲慶有餘。

> 幾家茅屋抱溪流，不出柴門事事幽。
> 早起看營新燕壘，晚涼呼覓舊魚鈎。
> 孤花避客開深樹，倦蝶依人上小樓。
> 新結豆棚才一角，夕陽時節便勾留。

> 充盤日日剪園蔬，城市新來跡更疏。
> 客到無非談藝事，兒閑且教讀農書。
> 竹風滿徑翻紅藥，梅雨連溪上白魚。
> 麥飯飽餐跂腳臥，並無清夢到華胥。

> 一角牆低納遠嵐，潑簾濃翠勝春蘭。
> 田漫秧水飛孤鷺，門掩桐陰養晚蠶。
> 漁艇追涼依柳岸，農家就楛敘茅庵。
> 客中聊作村居詠，課雨占晴本舊諳。

　　天天生活在農村，李善蘭對農民的艱辛自然也有了直接的感受。他曾在〈田家二首〉中寫道：「綠野耕耘不憚煩，課晴問雨度晨昏。此生倖免啼饑累，土物心臧訓子孫。」「提筐去採陌頭桑，閉戶看蠶日夜忙。到得絲成空費力，一身仍是布衣裳。」
　　這樣的「憫農」雖仍不免有居高臨下之感，但其間流露出的

同情是真摯的。事實上，對農家艱辛的感受在李善蘭早期的詩作中經常可以看見。與朋友遊東山時遇雨，朋友是興致勃勃：「興好不阻雨，要雨來催詩」，他卻想到「入秋亢旱久，戽水農力疲」。天公久不下雪，詩友作「催雪詩」，要在雪花飄飄中激發詩興。他在和詩中卻說：「村翁苦願年歲豐，日望空花亂飄瞥。清興阻我誠何妨，孤負農心將何說。」[11]

海寧境內頗多名勝，即在硤石鎮，就有東山、西山、鵑湖、俞橋等名勝。硤石古稱峽山，在秦朝時屬由拳縣。東山又稱審山，西山又稱紫微山，兩山原為一山，傳說當年秦始皇東遊至此，耳聞峽山「水市出天子」的童謠，又謂此地有王者之氣，遂下旨意派十萬囚徒攔腰斬斷峽山，以「鑿山敗氣」，於是東西兩山相向對峙。由於鑿山時要百姓戶戶縶燈為之照明，以便晝夜開工，從此，硤石有了「燈鄉」之稱。還有更奇的是，後來東山有了罕見的浮石，可以浮在水面而不沉，西山則有一種蘆葦，丟到水裡直沉到底。這些傳說雖未必有稽，但對文人而言，卻是平添了登臨吟詠的興致。在李善蘭詩作中，經常提到偕友人遊東山、西山等的情景。如《九日同人紫微山登高，薦酒白太傅祠，祭畢，飲饌於丹井山房，即用太傅九日登西原宴望韻》、《八月十五日同杉亭、若梅遊東山憩花嶼道院，遇雨，復登九十九峰閣聯句》、《西山重建周孝廉祠感賦》、《偕狃門大兄東山晚眺》等，寫下了「青山如故人，別久繫我思」，「終歲客鄰郡，夢繞東山麓」，「落日林中啼暮鳥，歸來散步西山道」，「惟有紫微山色好，春來不減舊時青」等詩句。

身為海寧人，海寧潮自是不能不看。李善蘭一次觀潮後，深為排山倒海之勢所震撼，信筆寫下了一首〈觀潮歌〉：

---

[11] 李善蘭：《和蔣杉亭催雪詩用東坡聚星堂雪韻》，《聽雪軒詩存》。

蓬瀛仙人太狡獪，剪取雲漢一匹練。

袖歸三島人不覺，夜深拋向滄溟面。

天河墜海不可收，化作濤頭銀一線。

神龍殖貨多奇寶，見此玉虹為絕倒。

整甲忽與神仙爭，被練三千明皜皜。

前鳴鼉鼓後鯨鐘，吞雲浴日天為杳。

雷聲卷地百里疾，雪花噴空九霄濕。

蜃樓崩摧璚台圯，瘦蛟怒立鮫人泣。

隔雲無數煙鬟輕，青腰玉女何娉婷。

仙骨不愁風波惡，姍姍微步來觀兵。

神鞭一掣石流血，祖龍望岸空歎息。

竹杖飛空鱗甲張，我欲扶桑看日出。

　　這首詩〈觀潮歌〉寫得氣勢宏大，想像豐富，把大潮滾滾而
來、奔騰咆哮的壯觀景象描摹得如在目前，是眾多觀潮詩中的一
首名作。

　　這時期的李善蘭像大多樣縉紳人家的士子一樣，生活得很優
悠。讀書、作詩、交友、遊玩，他還養成了兩大文人們常有的愛
好，一是喝酒，二是下圍棋。在其詩作中，有不少飲酒、下棋的
記載。如「酒海狂掀萬斛波，連宵豪興未蹉跎」，「爛醉方知春
浩蕩，酣呼笑問夜如何」，「一笑且痛飲，醉臥滄江月」，「遲
收棋局前宵亂」，「丹房清鬥茗，烏幾閑敲棋」。這兩個愛好延
續了他的一生，從《曾國藩日記》、《王韜日記》、《張文虎日
記》中我們可以看到，無論在上海、金陵還是在北京，李善蘭與
朋友們動輒連番痛飲、通宵下棋。他的酒量很不錯，但棋藝似乎
一般，下棋在很大程度上是排遣心情和結交朋友，所謂「勝固欣

然敗亦喜」，是典型的文人棋。

　　李善蘭以數學家名世，但他的詩也作了不少。這其實並不
奇怪，那個時候文人，作詩與其說是一種文學創作不如說是一種
生活方式，但李善蘭的詩確實寫得不錯。王韜在日記中說「壬叔
（作詩）喜學北宋」。[12]當時人評價說：「壬叔於天算之外，出
其餘技為詩文，亦復卓然異人」。[13]「要其所詠忠孝義烈，及樂
府諸篇，哀音四塞，走雲連風，氣昂藏而言危苦；其他流連光景
之作，抒寫性靈，不失溫厚之旨，雖不必如算學之為絕業，亦可
以風矣。」[14]平心而論，從現存的詩來看，李善蘭詩作的水準還
不能算是第一流，但也自有風格，所謂「先生名垂宇宙，雖不必
以詩傳，而其詩要自有可傳者在」。[15]

　　李善蘭十三歲開始學詩，[16]這在那個時代算是比較晚的了。
他在〈哭祝熙齋〉一詩中也說：「我年十四五，始與筆硯親」。
這裡的「筆硯親」顯然不是指讀書習字，而是指正式創作詩文。
這樣說來，〈甲申除夕〉和〈乙酉元旦〉則是李善蘭現存詩中最
早的兩首了。

　　　　膝下依依十五秋，光陰瞬息去難留。
　　　　嗟余馬齒徒加長，爆竹驚心歲已周。

　　　　　　　　　　　　　　　　　　　　——〈甲申除夕〉

12　《王韜日記》咸豐八年正月三日條，方行、湯志鈞整理，中華書局1987年7月版，
　　第3頁。
13　《聽雪軒詩存》錢定一序引天南遯叟王紫詮（即王韜）語。
14　《聽雪軒詩存》汪煦序。
15　《聽雪軒詩存》朱昌燕序。
16　《聽雪軒詩存》中《哭祝南筠丈四首》有「十三學吟詩，謬承巨眼賞」。

　　數聲爆竹歲朝天，慚愧平與會講年。

　　一歲功程今日始，急須早著祖生鞭。

——〈乙酉元旦〉

　　這兩首詩，一首作於除夕，一首作於第二天大年初一（古人稱一年之初的春節為「元旦」、「元日」、「元正」等）。詩意暢達，出語淺近，確是剛學詩不久的習作。

　　李善蘭在學詩的過程中，得到了不少當地詩壇前輩的提攜。當然也可以說，是李善蘭在作詩上的天分，得到了詩壇耆舊的賞識而樂加指點。而李善蘭在吟詩作賦中，也結交了一批詩友，他們時相過從，詩酒流連，風流自賞。從李善蘭的《聽雪軒詩存》和《硤川詩續鈔》的記載看，主要有這幾位。

　　祝南筠，這是李善蘭的第一位老師。祝南筠是當時的「詞壇宿將」，李善蘭稱他是「用筆如用兵」，「馳騁不可當，鐵騎任所向」，可見威望之高。李善蘭剛開始學詩時，祝南筠對他十分欣賞。每次遊山玩水、登臨賦詩都要帶著李善蘭，而李善蘭也經常上門請教。他們兩人結成了忘年交，作起詩來也是你唱我和，不亦樂乎。後來有一段時間，李善蘭在澉溪（現在的海寧市路仲鎮）住了三年。澉溪離硤石大概有十多里路，需要乘舟往來，交通不便，李善蘭與祝南筠的酬唱也慢慢疏了下來。但李善蘭對這位詩壇前輩一直心存感激，常常想念，「懷公風雨夕，旅館一燈孤」，每次回到硤石，都要前去拜訪。祝南筠對李善蘭的來訪也是十分高興，「破顏喜予至，談笑樂有餘」。後來祝南筠一病不起，李善蘭「聞赴心驚皇，淚落不可止」，寫了〈哭祝南筠丈〉四首，以寄悲傷之情。

　　祝熙齋，與李善蘭有著中表之親，兩人年齡相差不大。李善蘭十四五歲時，兩人在詩文創作上經常一起切磋琢磨，「君月必

三來，視我所為文。我亦數過君，誦君詩句新」，李善蘭引他為
作詩的知己。祝熙齋以有為之年而撒手西歸，李善蘭聽到噩耗，
「入耳肝腸斷，淚下不能語」，專門寫了一首〈哭祝熙齋〉。

陳份，字韻簹。是李善蘭經常酬唱的詩友，有次陳份作了一
首七律，李善蘭一口氣「疊前韻」和了五首。其中〈感事再疊前
韻〉一首是李善蘭這一時期的心情寫照：

> 可入刀林可蹈波，丈夫意氣肯蹉跎。
> 凌煙有志封侯遂，如草無聲殺賊多。
> 方略廟堂能熟計，么麼小寇敢誰何？
> 奇謀不出陰符外，安用神兵借伏魔。

這個時期，與李善蘭交往更深的，當是詩人蔣仁榮。蔣仁榮
字修華，號杉亭。蔣氏是海寧的名門，蔣仁榮的父親蔣楷，兄弟
輩蔣光烈、蔣光焴、蔣光煦、蔣士燮、蔣應祥、蔣葆炘等都是當
地有名的詩人、藏書家。蔣仁榮之子蔣學堅從小也多蒙李善蘭教
導，李善蘭死後，其詩即由蔣學堅搜集整理。蔣仁榮家富藏書，
工詩擅畫，以治訓詁出名。他曾拜陳奐為師研習經學，室名曰
「師經室」，與李善蘭也可算是師兄弟了。他與從弟蔣光烈（志
亭）以繪畫名，人稱「二亭」。著有《孟子音義考證》、《大戴
禮集說》、《師經堂詩文稿》等。與李善蘭為「莫逆交，纂述之
餘，以詩相唱和」。《聽雪軒詩存》中收有《和蔣杉亭催雪詩用
東坡聚星堂雪韻》、《八月十五日同杉亭、若梅遊東山，憩花嶼
道院，遇雨，復登九十九峰閣聯句》等詩。李善蘭在嘉興時，仍
念念不忘這位莫逆之交。一個秋夜，他吟哦著蔣杉亭請他品評的
近作，想起當年一起酬唱的情景，感慨萬千，當即在燈下作了一
首《秋夜評定蔣杉亭近稿再疊前韻》，詩中說：「猶憶雙峰高臥

日，聯吟三徑屢經過。月明駕水連鵑水，此夜相思奈爾何」。這裡的「雙峰」，指硤石的東山和西山，「駕水」指嘉興，南湖又稱鴛鴦湖。「鵑水」指硤石，鵑湖為硤川名勝。可見兩人感情之深。

吳榕園，他跟李善蘭交往的時間並不長，前後不過兩年，但兩人的感情卻很深。李善蘭說：「余自庚寅仲冬，始以詩就正於先生」，[17]庚寅即道光十年（1830），當時李善蘭21歲。李善蘭對他的詩作十分推崇，稱他「著述自千秋」，「聲價高詞苑，文章入選樓。狂瀾方橫溢，砥柱獨中流。」他最後一次與李善蘭同遊，是在這年的九月初九，詩友們一起登高紫微山，在白居易祠前共賦新詩。「痛煞登高會，猶吟白傅詞。一生此絕筆，五字哭新詩。」吳榕園死後，李善蘭專門寫了〈挽吳榕園先生〉三首，其中有「去世傷君驟，論交恨我遲」之句。

李善蘭這時期過從較多的詩友還有崔德華、張均、蔣熙鴻、朱湘、許光清、曹鐘、蔣士燮、許楣、許增、蔣懋勳、朱超等。[18]

---

[17] 《聽雪軒詩存》中〈挽吳榕園先生〉其一自注。

[18] 崔德華是李善蘭的舅父。《硤川詩續鈔》卷十四：「崔德華字霽雲，號蓮舫，海鹽諸生，有《秋聲山館詩鈔》。」張均字湘石，居於海寧渟溪（即路仲），貢生。其詩曾得管庭芬指點。著有《越中吟》、《越吟草》、《守素齋詩鈔》、《芳山近體詩鈔》等。《聽雪軒詩存》中李善蘭有和張湘石詩共三首。蔣熙鴻字索梅，詩人，海寧人，著有《索梅吟稿》。朱湘，海寧人，詩人，諸生，著有《續日知錄》、《種學齋詩存》等。許光清（？－1862）初名洪喬，繼名丙鴻，字雲堂，號心如，自號天田牧。海寧人，學者、詩人、書法家。著有《兗睦堂遺稿》、《瓦當文類考》、《爾雅校勘記訂補》、《管子校補》等。曹鐘字鯨華，號篁坡，海寧人，詩人。著有《瑣瑣葡萄居吟稿》等。蔣士燮字理齋，號霭人，海寧人，詩人、書畫家，室名「餘事學詩樓」。著有《餘事學詩樓吟草》等。許楣字金門，號辛木，室名「真意齋」，海寧人，學者、詩人。道光十三年進士，曾任戶部主事，咸豐十年受聘為南通「敦善書院」主講。著有《鈔幣論》、《真意齋詩文集》、《校正外科正宗》等。許增字邁坪，海寧人，詩人，著有《高陽醉吟草》等。蔣懋勳字梅坡，海寧人，詩人，官沭陽知縣。著有《西湖漁莊集》等。朱超字雪村，海寧人，詩人，畫家。著有《渟溪小志》等。李善蘭有《和朱

　　李善蘭與崔德華等人一起組織了「鴛水吟社」，他理所當然地是詩社的活躍成員。鴛水吟社活動時，經常就某一題材分別作詩。一次以「四野」為題，李善蘭拈得「野塘」。還有一次以古人唱和故事作為題材，李善蘭得「月泉詩社」。

　　一年的重陽節，「鴛水吟社」的社友們相約共登西山即紫微山，他們到了山上，先祭拜了白居易的祠廟，然後到相傳葛洪煉丹的丹井山房飲餕餘。接著，大家步當年白居易〈登西原宴望〉詩的原韻，各賦詩一首。

　　道光二十七年（1847）的冬至日前，李善蘭在嘉興，看看快年底了，很想念在硤石的那些詩友們。於是借掃墓的機會，回到硤石。蔣杉亭一聽說李善蘭回來了，大喜過望，立即召集了崔德華、許增、曹鐘、曹熙鴻、曹士燮一班「鴛水吟社」的社友，齊集在東野別墅。老友見面，「執手笑可掬」。此時大雨初晴，東山上空氣格外清新。大家略略寒暄幾句，便團團坐下，拿出新釀的好酒，行著酒令，吟起了的新作，觸籌交錯，高談闊論，好不熱鬧。

　　酒酣耳熱間，他們還玩起了「分韻」這種典型的文人遊戲。「分韻」又稱「賦韻」、「拈韻」，即在寫詩前先規定若干個字為韻，然後各人拈鬮分韻，按照拈到的韻字寫詩。李善蘭拈到的是「欲」字，蔣杉亭拈到的是「梅」字，[19]蔣熙鴻拈到的是「寒」字，[20]於是分別即席賦詩。李善蘭吃著家鄉的土酒，品嘗著硤石的螃蟹、魚，喝著粳米粥就鹹菜，深感「鄉味況復佳」。

　　　雪村（超）冬日遊仙詞》一首。

[19]　蔣杉亭《師經室詩存》卷上：「（丁未）長至前四日，壬叔歸自鴛湖見訪東野別墅，因招同蓮舫外舅、許筧坪增、曹薲坡鐘，暨令兄索梅熙鴻、藹人士燮兩兄小集，分韻得梅字。」

[20]　《硤川詩續鈔》卷六引蔣熙鴻詩：「仲冬十一日，李壬叔善蘭歸自鴛湖，杉亭弟仁榮招集東野別墅，分韻得寒字。」

談興正濃間，忽聽得一陣街鼓，大家說，不早了，該回了。李善
蘭說，相聚不易，人生難得，不知何時再能像今天這樣相聚，且
等桌上這根蠟燭燃盡再走吧。最後興盡而歸。

順便說一句，李善蘭很喜歡吃螃蟹，他還專門寫了一首〈食
蟹〉的詩，洋洋24行，引為蟹的「知己」。

左圖右史探今古

青少年時期的李善蘭，勤於讀書，也善於思考。除了數學，
他最感興趣的大概就是歷史了，這兩個方面，在以科舉作為讀書
人最佳歸宿的那個時代看來，無疑是旁門左道。李善蘭早年讀史
的心得，體現在他的詠史詩中。

李善蘭的詩作現存二百多首，除了應時、應景、紀事和詩友
們的酬唱之作，相當集中的一個部分就是詠史詩。這十多首詠史
詩體現了他不落流俗、个囿成見的品質，也體現了他當時的價值
觀和歷史觀，對瞭解李善蘭的思想發展軌跡很有價值。

收集在《聽雪軒詩存》中的詠史詩，主要有〈詠古樂府
四首〉（包括〈覆楚國〉、〈刺秦政〉、〈降將軍〉、〈典屬
國〉）、〈詠古樂府六首〉（包括〈子胥簫〉、〈漸離築〉、
〈越石笳〉、〈安道琴〉、〈桓伊笛〉、〈正平鼓〉）、〈漢壽
亭侯玉印歌〉、〈題張忠烈公畫像〉、〈銅爵台〉、〈分詠古人
唱和故事余得月泉吟社〉等。

〈刺秦政〉是論荊軻刺秦。刺秦是一個詠史的「保留題
材」。從《史記》中的記載開始，歷代一直評說不休，但大多是
表示對中國歷史上這位著名俠客的景仰之情，肯定荊軻義無反顧

的「刺秦」壯舉，藉以表達詩人對秦王朝暴政的抗議，寄託自己堅強不屈的意志。比如陶淵明在其名作〈詠荊軻〉也大為感慨刺秦「惜哉劍術疏，奇功遂不成」，讚歎荊軻「其人雖已沒，千載有餘情」。見識之高如柳宗元者，認為刺秦之舉，「始期憂患弭，卒動災禍樞。秦皇本詐力，事與桓公殊。奈何效曹子，實謂勇且愚。世傳故多謬，太史徵無且」。認為這種寄託於個人的恐怖行為乃是一種「短計」，反而給了秦王興兵的藉口，加速了燕國的滅亡。這是從策略和手段上否定了刺秦，在歷代刺秦的詠史詩中也算是獨樹一幟。而李善蘭的〈刺秦政〉則指出，不刺秦，燕國難保，因為「四國已如落葉掃」。刺秦，燕國也難保，因為「猛虎之猛豈易挑」。刺秦如成功，肯定招來秦國的大肆報復。刺秦如不成功，同樣是「怨仇愈深亡愈早」。結論是：「古人尚德不尚兵，區區一劍何足憑？」用現在的話來說，就是恐怖主義不能解決問題，戰爭的成敗決定於綜合國力的高下。這很令人為之耳目一新。李善蘭晚年在為德國花之安《德國學校論略》所作的序言中，強調國家強盛最重要的是國民教育，正是這一思想的成熟與發展。

〈越石笳〉說論笳聲退敵。據說晉朝大將劉琨在晉陽的時候，有一次，晉陽被匈奴的騎兵層層包圍。晉陽城裡兵力單薄，無力退敵。大家都驚恐萬分，劉琨卻仍然泰然自若。到了傍晚，他登上城樓，在月光下放聲長嘯，聲調悲壯。匈奴的騎兵聽了，都隨著嘯聲歎息。半夜裡，劉琨又叫人用胡笳吹起匈奴的曲調，勾起了匈奴軍隊對家鄉的懷念，傷感得流下眼淚。天快亮的時候，城頭的笳聲又響了起來，匈奴兵竟自動跑散了。對此，李善蘭嘲諷說，如果真能「片蘆賢於十萬兵」，那麼，上黨之失，樂平之敗，為什麼不吹笳以退敵兵呢。他的結論是：越石笳之美談，「玄虛之談未足憑」。這幾乎是以數學論證的方式來考量歷

史傳說了。李善蘭以一個學者的實事求是的態度，戳破了歷代文人自欺欺人的美好泡沫。

〈降將軍〉是論李陵。李陵是漢武帝時的將軍，在奉命出征匈奴時，轉戰千里，浴血奮戰，最後糧草供應不上，士兵勞累不堪，山窮水盡之下，投降了匈奴。對李陵的評價，自司馬遷以來，一直爭議不休。一直都認為李陵降敵，雖有苦衷，總究是大節有虧，不可原諒。李善蘭卻認為，李陵「兵盡而援絕」之下竟作降將軍，並非惜死，而是「志在立奇勳」，「欲殺單于報君恩」。而漢武帝一怒之下殺李陵全家，是「臣不負君君負臣」。他進而指出，李陵降匈奴後，憑著匈奴百萬鐵騎，完全可以仿效伍子胥助吳滅楚來復仇漢朝，但李陵終老匈奴，可見他還是忠於武帝的。李善蘭此說，應該沒有多少歷史事實作支持，並不可取，但其不囿陳說、「大膽假設」的做法正是一個優秀科學家所必需具備的品質。

〈了胥簫〉是論伍子胥復仇。伍子胥是春秋後期吳國人臣，原為楚國人，父伍奢是楚國大夫，曾任輔導楚太子的大傅。楚平王七年（前522），楚平王聽信佞臣費無極讒言，逼走太子建，殺伍奢及其長子伍尚。伍子胥經宋、鄭等國逃到吳國，乃助闔閭刺殺吳王僚，奪取王位。又薦著名兵家孫武於吳王，並助吳王整飭內政，加強武備，使吳國日漸強盛。自吳王闔閭三年（前512）起，多次率吳軍攻楚伐越，屢獲勝利。吳王闔閭六年，指揮吳軍在豫章擊敗楚軍，攻佔居巢。吳王闔閭九年，偕孫武與吳王定破楚之策。吳軍一舉攻破楚國郢都。伍子胥將楚平王鞭屍以洩憤。李善蘭認為，伍子胥為父兄報仇是完全應該的，所謂「臣而有罪君當誅，臣父臣兄死何辜？臣今一身家已屠，怨則深矣恩則無」，但率吳軍破楚國則是不對的：「籲嗟知孝不知忠，父不可戮君可戮」。那麼伍子胥該如何自處呢？李善蘭在這裡提出了

一個頗有意思的觀點。他認為，應該派勇士刺殺費無極，這樣，既報了仇，又不傷君，「全此忠孝兩大節」。

〈銅爵台〉是評說曹操。曹操擊敗袁紹後營建鄴都，於建安十五年（210）修建了銅爵台。台高十丈，周圍有殿屋一百二十餘間，曹操常在此臺上宴飲賓客，其姬妾們都住在這裡。銅爵台因其頂上置有銅雀，後人多稱之為銅雀台。唐代杜牧曾詠赤壁之戰「春風不與周郎便、銅雀春深鎖二喬」，就是指這個銅雀台。曹操臨死時，將其平時所收藏的名香分給在銅爵臺上的姬妾，並讓姬妾們學著織鞋，以後淪落民間時可以賣履以自給。唐朝詩人羅隱曾寫詩評論此事：「臺上年年掩翠娥，台前高樹夾漳河。英雄亦到分香處，能共常人較幾多？」而李善蘭顯然對曹操不以為然，他譏諷說，曹操「費盡一生鬼域計」，雖然生前「豔姬妖嬈如花新」、「飲酒賦詩樂復樂」，但總究免不了「分香賣履」這一日。當年美輪美奐的銅雀台，早已傾圮，只剩下鳥雀相噪。銅雀還不如土中的一片瓦，「墨香濃漬在人間」。在李善蘭看來，權勢富貴都是轉眼即逝，長留人間的只有「墨香濃漬」。

平心而論，跟歷代眾多的詠史詩相比，李善蘭的這十多首詠史詩並不見得如何出色，無論是在思想深度上還是藝術水準上，都難說是上乘之作。這與其說是詩人之詩，不如說是學者之詩，是用一個數學家的思維來觀照歷史。他在論說古人時的那種獨闢蹊徑、「大膽假設」的創作思路，正體現他作為一個大科學家的精神品質。

這一時期，李善蘭的生活態度基本確立，他不再像當時的絕大多數士子那樣，把仕途作為人生的終極目標，而是把「探今古」即探尋真知真理作為人生的追求，奠定了他作為一個近代科學先驅的思想基礎。下面這首《述懷》就是這種情感的直接表達：

襟懷淡定自逍遙，塊壘何須濁酒澆。

千仞未能隨鷩鷟，一枝聊以寄鷦鷯。

左圖右史探今古，吮墨含毫度暮朝。

傲骨數莖難挫折，敢云志氣欲凌霄。

在李善蘭僻處海寧，潛心於讀書、研究的時候，第一次鴉片戰爭爆發了。

工業革命後，英國資產階級竭力向中國推銷工業產品，企圖用商品貿易打開中國的大門。他們向中國大量走私特殊商品——鴉片，以滿足他們追逐利潤的無限欲望。到道光十八年（1838）時，已達四萬餘箱，中國每年白銀外流達600萬兩，國內發生嚴重銀荒，造成銀貴錢賤，財政枯竭，國庫空虛。1838年底，清道光帝派林則林赴廣東查禁鴉片。次年6年，林則林在虎門海灘當眾銷毀鴉片237萬餘斤。1840年6月，英國在美法兩國的支持下發動侵華戰爭。英軍首先進犯廣州，遭到清軍的抵抗後，轉攻廈門，又被擊退。1841年1月日，英軍攻陷沙角、大角炮臺，中國軍隊傷亡慘重。英國單方向宣布《穿鼻草約》，道光皇帝認為有損天朝尊嚴，決定對英宣戰。英軍先發制人，再次進攻虎門。1841年5月，英軍進攻廣州，廣州城外的泥城、四方炮臺相繼失守。清軍將領奕山等投降。5月27日，中英雙方簽訂《廣州和約》。8月，英國擴大侵華戰爭，相繼攻陷廈門、定海、鎮海、寧波等地。1842年3月，清軍反攻寧波，全軍潰敗，只能求和，英軍為達到侵略目的，決定向長江進攻。這年5月開始進攻乍浦。

攻下乍浦後，英軍6月陷吳淞，7月陷鎮江，8月大舉進攻南京。清廷在武力威脅下，只好簽定了喪權辱國的不平等條約——《中英南京條約》。鴉片戰爭的失敗和《南京條約》等一系列不

平等條約的簽訂，使中國社會發生了根本性的變化。政治上獨立
自主的中國，戰後由於領土主權遭到破壞，自給自足的自然經濟
解體，逐漸成為世界資本主義的商品市場和原料供給地，中國開
始淪為半殖民地半封建社會。

　　之所以對這段人所共知的歷史在此再簡單述說一遍，是因為
此後李善蘭的學術活動全是在這樣的大背景下進行的，鴉片戰爭
對李善蘭的人生道路和思想發展的影響是直接而巨大的。

　　英軍是1842年5月進犯乍浦的。乍浦位於浙江省平湖縣南
部，離海寧不過數十里，是杭州灣北岸重要商埠和海防重鎮，倚
山面海，為歷代軍事要衝。著名的明嘉靖「梁莊平倭」戰役也發
生在這裡。道光二十二年四月初九（1842年5月18日），英戰艦
8艘，載大炮100多門，官兵2000餘人，自甬江口駛入乍浦菜薺
門，兵分左、中、右三路，分別向燈光山和天妃炮臺、牛角尖和
檀樹泉、陳山嘴和唐家灣登岸。乍浦守軍和當地人民奮起反擊，
浴血苦戰，死傷累累，殺敵數百人，生俘16人，英軍上校湯林森
也被擊斃，英軍遭受之重創為鴉片戰爭開戰以來所未有。但最後
英軍仗著炮利船堅，終於攻陷乍浦。清軍戰死700餘人，連同居
民共死難2000多人。英軍入城後，殺人放火，姦淫擄掠，無惡不
作。縱火焚鎮時，火光沖天，數裡內盡為火場。死者的屍體堵塞
道路，遂棄之河中，河水竟為之不流。

　　乍浦之戰時，李善蘭正在海鹽炮臺遊覽，親眼目睹了乍浦
這百年古鎮被侵略者踐踏的慘狀，怒火中燒，奮而寫下了〈乍浦
行〉：

　　　　壬寅四月夷船來，海塘不守城門開。
　　　　官兵畏死作鼠竄，百姓號哭聲如雷。
　　　　夷人好殺攻用火，飛炮轟擊千家灰。

牽妻攜兒出門走，白日無光慘塵埃。
黑面夷奴性貪淫，網收珠玉羅裙釵。
飽掠十日揚帆去，滿城屍骨如山堆。
朝廷養兵本衛民，臨敵不戰為何哉？
傳說將軍尤畏葸，望風脫甲先逃回。
海疆要害重鎖鑰，寄託胡乃畀庸才，坐使闔城罹凶災。
何況沿塘足武備，大炮嵯峨如雲排。

　　平心而論，李善蘭在詩中對清朝官兵的斥責有點失之偏頗。從嘉興、平湖的方志記載看，可能當時確有官員畏敵如虎，未戰先怯，但大多數清朝官兵是不畏死傷英勇抗擊的。客觀地說，敵我軍事力量對比如此懸殊，乍浦的失守是必然的事。但當時大多數一直來信奉「國朝天威」的國民尤其是士大夫看不到或者不願承認這一點，他們怎麼也不相信「裝備精良」耀武揚威的官兵竟在化外蠻夷前如此的不堪一擊。既不願承認國家整體的落後，把失敗歸之於個別人的腐敗就是一件自然的事了。李善蘭同時還寫了一首〈劉烈女傳〉，表達的也是同一個意思。

　　四月初九日，夷船入乍浦，都統某公先遁，兵遂潰，烈女投井死。女名七姑，父東萑，平湖諸生。
　　夷船海上來，將軍不敢守。
　　炮聲一震魂魄喪，騎馬掩耳出城走。
　　嗚呼！
　　將軍性命重如此，烈女乃於井中死。

　　乍浦之戰的失敗以及接連而來的吳淞、鎮江陷落和《南京條約》的城下之盟，對李善蘭這樣一個讀孔孟經籍長大的士子的刺

激是前所未有的，面對慘痛的事實，相信李善蘭一直在思考這樣的問題：戰爭失敗的原因到底在哪裡？雖然他沒有把自己的思考過程寫下來，但我們還是可以看到他思想的轉變。多年以後，當太平軍進攻蘇州，他的至交好友江蘇巡撫徐有壬面臨城毀人亡之際，李善蘭自告奮勇向上海的洋人「借兵」，並深信憑著洋槍洋炮一定可保蘇州城不失。這時候的李善蘭，已認為船堅炮利可以包打天下了。而他在《重學》序中的一段話，更是明白說出了這一點：

> 嗚呼！今歐羅巴各國日益強盛，為中國邊患。推原其故，制器精也；推原制器之精，算學明也……異日人人習算，制器日精，以威海外各國，令震慴，奉朝貢。

由失敗而認識到「制器精良」之威力，由求「制器精良」而悟到科學技術之重要，從而在「師夷制夷」的指導思想下引進和學習西方科技，李善蘭這樣的心路歷程也正是當時許多進步知識分子的思想軌跡。不同的是，李善蘭更具體地將「制器精」歸結到了「算學明」即數學上，這顯然是因為他對數學的偏愛而致。

雅志托算術

在李善蘭的時代，科舉是所有讀書人主要的基本也是唯一的出路，而李善蘭竟會置科舉於不顧，把數學研究作為其一生的事業，這是很令人詫異的。這幾乎就像在戰場，一個士兵不去苦練

作戰技術而癡迷於音樂一樣的不可思議。對此，李善蘭有一個頗具傳奇色彩的解釋：

> 善蘭年十齡，讀書家塾，架上有古《九章》，竊取閱之，以為可不學而能，從此遂好算。

這幾句話的意思是說，李善蘭在相當於現在小學三年級的時候，儘管沒有受過專門的數學訓練（這是很自然的），卻很輕鬆地讀懂了《九章算術》，並且還以為這就像是人的本能，根本用不著教的。從此就愛上了數學。

這段話是李善蘭在《則古昔齋算學》叢書的自序中說的，當時李善蘭58歲，已是名滿天下的大數學家。人一旦出了名，在回憶往事時，總喜歡不自覺地誇飾其事，這幾乎是所有名家的習慣。對李善蘭這段傳奇，大可不必斤斤於其十歲能否讀懂《九章算術》，至少有兩點是事實：一是李善蘭有著數學的天才；二是他的數學事業是從學習《九章算術》開始的。

《九章算術》是中國流傳全今最古老的經典數學著作，成書於西漢時期。這本書共收集了246個應用問題和各種問題的解法，分別隸屬於：「方田」（分數四則演算法和平面形求面積法）、「粟米」（糧食交易的計算方法）、「衰分」（分配比例的演算法）、「少廣」（開平方和開立方法）、「商功」（立體形求體積法）、「均輸」（管理糧食運輸均勻負擔的計算法）、「盈不足」（盈虧類問題解法）、「方程」（一次方程組解法和正負術）、「勾股」（畢氏定理的應用和簡單的測量問題的解法），共九章，故稱為《九章算術》。《九章算術》的負數、分數計算、聯立一次方程解法等，都是具有世界意義的成就。三國時的大數學家劉徽和唐時的李淳風等都對《九章算術》作過注

釋，在整理古代數學體系和完善古算理論方面取得了重要成就，在數學理論方面也有不少新的創造，所以《九章算術》實際上是一部官方性質的數學教科書。

《九章算術》「顯於唐，晦於宋，亡於明」，到清時漸已散失。清代學者戴震從《永樂大典》中輯錄《九章算術》並加於校訂，依次刊刻成微波榭本、《四庫全書》本、武英殿聚珍本。清代數學家李潢於嘉慶初年撰成《九章算術細草圖說》九卷，其中有校勘、補圖、詳草，對劉徽、李淳風的注也作了解釋，從而使《九章算術》變得詳明曉暢。此後，清代數學家李銳、汪萊等也對《九章算術》作了校正、訂訛。嘉慶二十四年時年十歲的李善蘭看到的，估計就是李潢的《九章算術細草圖說》。

假如十歲的李善蘭從書架偶然抽下的不是《九章算術》，假如《九章算術》不是一本以應用題為形式的教科書，假如戴震沒有從《永樂大典》中輯出而任其散佚，假如李潢沒有使《九章算術》變得更為通俗易懂，那麼，在那個視科舉為正途、視數學為「九九小技」的社會裡，李善蘭也許就成了一個泯然於眾人的進士、舉人。許多偉人的成長常取決於一個偶然的事件，讀至此，真是十分感慨。

李善蘭15歲時，又讀完了歐幾里德的《幾何原本》前六卷。《幾何原本》前六卷由明末著名的傳教士利瑪竇（M. Ricci）於1607年和中國科學家徐光啟合作翻譯的。有了「不學而能」《九章算術》的基礎，這《幾何原本》自然也能靠自學而領會。值得注意的不是李善蘭的數學天賦，而是一個普通鄉紳的家裡竟會有《幾何原本》這樣的科學書籍，可見當時「西風」已漸漸吹拂了沿海的城市乃至鄉村。為歐氏幾何所深深吸引的李善蘭，這時肯定沒有意識到，多年後他譯出《幾何原本》後九卷的因緣，已在此時種下了。在領悟《九章數學》所代表的中國古代數學的精髓

的基礎上，《幾何原本》又訓練了他嚴密的邏輯體系、清晰的數
學推理，李善蘭的數學水準也因此而上了一個新的臺階。

從記載看，李善蘭在學習數學時還有過一個叫吳兆圻的老
師。吳兆圻，字秋塍。《硤川詩鈔續》卷五有他的一首詩〈讀疇
人書有感示李壬叔〉：

> 眾流匯一壑，雅志托算術。
> 中西有派別，圓徑窮密率。
> 當其獨到處，有如暗得日。
> 三統探漢法，餘者難具悉。
> 余方好茲學，心志窮專一。
> 常恐費精神，一藝未可畢。
> 紛紛浮世人，視若捷徑逸。
> 偶然得富貴，游談遂橫溢。
> 聖賢日以遠，夷狄安可黜。
> 吾子瑰瑋姿，此事終傑出。
> 安身亮有在，松柏萬年實。

首句「雅志托算術」一句，現在不少有關李善蘭的論著均作
「雅志說算術」，不大好理解。海寧市圖書館和嘉興市圖書館所
藏的的《硤川詩鈔續》，均作「託（托）」。最早引用此詩的，
應該是王渝生先生的發表在《自然辯證法通訊》1983年第5期上
的力作《李善蘭：中國近代科學的先驅者》，也作「雅志說算
術」。「託」與「說」因形近而誤。由於《硤川詩續鈔》並不常
見，此後的論著可能都是從《李善蘭研究》轉引。從文意上看，
「雅志托算術」應該比「雅志說算術」更為通順。

在這首詩後，許涛祥注云：「秋塍承思亭先生家學，於夕

桀、重差[21]之術尤精。同里李壬叔善蘭師事之。」從這裡看來，李善蘭是向吳兆圻請教過數學的。吳氏在數學上成就並不大，大概是在李善蘭剛開始學習時指點過幾次吧。

道光年間，李善蘭同時在向陳奐學習經學。[22]陳奐（1786 — 1863），字碩甫，號師竹，晚自號南園老人，江蘇長洲人。咸豐元年（1851年）舉孝廉方正，不就。後被兩江總督陸建瀛聘校典籍。咸豐十年太平軍占蘇州，陳奐避走無錫，後卒於上海龍華。陳奐是清乾嘉時代著名的經學家，以專治《毛詩》著稱於世。所著有《詩毛氏傳疏》、《毛詩說》、《毛詩音》、《毛詩傳義類》等，尤其是《詩毛氏傳疏》三十卷，「於先漢微言大義，靡不曲發其蘊；而名物訓詁，復與《廣雅疏證》相出入」，為毛詩研究的集大成著作，與馬瑞辰《毛詩傳箋通釋》、胡承珙《毛詩後箋》合稱為三大名著。李善蘭跟陳奐學經的一個成果，是欲著一本《群經數學》，但不知何故而「未成」。陳奐的著名弟子，當時公認有管慶祺、馬釗、費寶鍔、戴望等，李善蘭並不在其中，大概此時李善蘭於經學並未下多大功夫。陳奐在其「記所往來諸公及弟子學行甚具」的《師友淵源記》中，也僅說李善蘭「孰習九數之術，常立表線，用長短式依節候以測日景，便易稽

21　《周禮・地官・保氏》言：「保氏掌諫王惡而養國子以道，乃教之六藝：一曰五禮，二曰六樂，三曰五射，四曰五馭，五曰六書，六曰九數。」「九數」是指「數」學這門功課有九個細目。鄭玄《周禮注》引鄭眾語曰：「九數：方田、粟米、差分、少廣、商功、均輸、方程、贏不足、旁要。今有重差、夕桀、句股也。」唐賈公彥《周禮疏》雲：「雲『九數』者，『方田』已下，皆依《九章算術》而言。雲『今有重差、夕桀、句股也』，此漢法增之。馬氏注以為『今有重差、夕桀』，夕桀亦是算術之名，與鄭異。」（《十三經注疏》。中華書局，1980年版，第731頁。）一般認為，重差是西漢開始發展的數學分支，新增九數之一。劉徽《九章算術注序》云：「凡望極高、測絕深而兼知其遠者，必用重差、句股，則必以重差為率，故曰重差也。」夕桀，也是漢朝新增九數之一，可能是傍晚用表測望目的物的方法。清錢大昕認為「夕桀」系「互 」（互乘）之誤，亦為一說。

22　張文虎《舒藝室詩存》三：「李君精究中西算術，近從碩甫受經。」

考」，對其經學造詣未作評價。大概這個癡迷於數學的學生並沒有給他留下深刻的印象。這也可從側面說明，早年李善蘭的數學造詣，主要還是自學得來的。李善蘭後來在《天算或問》卷一中說：「善蘭自束髮學算，三十後所造漸深。」從十歲「竊閱」《九章算術》，靠自學到三十歲成為專家，李善蘭回憶起這段歲月，肯定是感慨萬千吧。

有意思的是，在《聽雪軒詩存》中，李善蘭記述了他少年、青年時期的作詩、遊覽、酬酢、飲酒，卻沒有一言涉及數學的學習與研究。揣想起來，不外乎兩點，一是從題材而言，學問之事不宜入詩，也很難用詩歌的語言表達出來。近代的吳宓、錢鍾書、蘇步青等，都是大學者兼詩人，卻很少在詩中述說研究學問，也是這個道理。二是從社會環境而言，研究數學畢竟是「小道」，既不能恃之以謀科舉出身，也很難靠此樹立學術地位，李善蘭在詩中自是羞於言說了。這就是為什麼在陳奐的眾多弟子中，今天看來成就最大的李善蘭，當時卻在其「門下之士」中根本就排不上號。因而，在海寧期間李善蘭的數學研究活動，我們現在能看到的，只是後來他在為自己的數學著作作序時的片言隻語、朋友們的簡短回憶以及一些無法細考的遺聞軼事。

跟所有的大學者一樣，有關的傳說總要說到他當年是如何的發憤如何的癡迷。一個故事說，李善蘭日夜鑽研數學，即使夜裡躺在床上，也在不停要思考數學問題，一旦有了什麼心得，立即記錄下來，一時不及找到稿紙，就用筆在帳子上書寫，以至帳子上「墨痕累累」。

一個故事說，李善蘭每到月夜，總要坐到屋頂上去，觀察天象，有時夜深了，就乾脆在屋頂上露宿。一個夏日，鄰居聽到屋頂有人，大喊「捉賊」，不料走下來的卻是李善蘭。

還有一個故事更令人感慨。說的是李善蘭的新婚之夜，在拜

堂時卻找不到新郎了，大家莫名所以，分頭去找。二弟心梅和小弟心葵心有靈犀，他們跑到二樓閣樓的窗前一看，果然李善蘭正探頭窗外，全神貫注地觀察天象，渾不知外面那麼多人等著他拜堂成婚。

這三個故事，第一個見於近人張惠衣教授的《壽梓篇》，後兩個是當地的傳說，一直流傳到現在[23]。老實說，就像大多名人軼事一樣，這幾個傳說也只能是姑妄言之、姑妄聽之而已。比如帳中書寫，李善蘭把毛筆、硯臺等難於放置的東西都留在了帳內，難道還會不放幾張紙？再說，在紗帳上書寫，如何寫得清楚？又如何看得明白？新郎失蹤也是無稽，成婚乃是大禮，尤其在像李家這樣講究禮儀的書香門第，一個個程序都很分明，決無臨到拜堂而不見了新郎這樣的事。李善蘭為研究天文曆算，常到東山上夜觀星象，這是有記載的：「夜嘗露坐山頂，以測象緯躔次」[24]估計這兩個故事是依據「坐山觀天象」而附會出來的。

不過，另一個故事倒是很可能的。說李善蘭一次外出，出門時，「天正晴好」，而李善蘭卻帶著雨傘，大家都很詫異。但到歸途時，「果已風雨交作」。[25]中國古代數學與天文曆算有著很深的淵源，精通數學者必然精通曆法，反之亦然。李善蘭能測算出幾個時辰後的天氣變化，並不奇怪，他有意顯露一手，也是文人習性，更是理所當然。

李善蘭作為一個州縣的生員，平日當然免不了要熟讀聖賢之書，做幾篇八股文章，但他「於辭章訓詁之學，雖皆涉獵，然

23　見吳漢明、陳伯良：〈李善蘭軼事〉《海寧民俗風情大觀》，西泠印社出版社1999年9月，第119頁。）
24　見余楙《白嶽庵詩話》，《皖人詩話八種》，黃山書社1995年版。余楙字嘯松，安徽婺源人。寓居嘉興，生平不詳。《白岳庵詩話》成於同治間，時作者寓居嘉興王店的梅里小鎮。《白嶽庵詩話》中記載了嘉興詩人事蹟和越中民俗土風。
25　張惠衣《壽梓篇》。

好之總不及算學，故於算學用功極深」。[26]有一年，他去杭州參加鄉試，名落孫山。落第的原因，據陳奐在《師友淵源記》回憶說，李善蘭剛下場，就被一個教官教訓了幾句。李善蘭一怒之下，掉頭就走，「終身不就試」。這富有傳奇色彩的拂袖而去，無論是從當時的社會環境看，還是從李善蘭的性格看，是否確有其事，實在難說得很。「終身不就試」的說法也不一定。此後在上海墨海書館翻譯書籍的時候，從《王韜日記》中看，李善蘭應該還去應試過一次。精通數學的李善蘭，可能並不擅長場屋之文，沒有中舉也是很自然的。

不過，李善蘭對這次落第似乎並不太在意，他在杭州倒是有意外的收穫。

李善蘭長期僻處海寧，難得一次到杭州，他就著意搜尋數學書籍。他在書坊裡發現了元朝數學家李冶的《測圓海鏡》和戴震的《勾股割圓記》，如獲至寶，當即買下。

這兩本數學專著，尤其是李冶的《測圓海鏡》，對李善蘭的影響相當大，幾乎是終其一生。這裡有必要對這兩書略說幾句。

李冶（1192－1279），原名李治，字敬齋，號仁卿，真定欒城（今河北欒城縣）人。1230年中金朝的「詞賦科進士」，授高陵縣主簿。1232年蒙古軍破鈞州，他棄官北渡黃河以避難。金朝滅亡後，李冶流落在山西的忻縣、崞縣一帶，「饑寒不能自存」。在崞縣的桐川隱居，潛心研究學問。1251年在河北元氏縣封龍山定居，講學於封龍書院。1257年，忽必烈向他詢問治天下之道，李冶的回答成為一時之名言。他說：「夫治天下，難則難於登天，易則易如反掌。蓋有法度則治，控名責實則治，進君子退小人則治，如是治天下，豈不易於反掌乎？無法度則亂，有名

---

[26] 《則古昔齋算學》序。

無實則亂，進小人退君子則亂，如是而治天下，豈不難於登天乎？」元朝多次徵召，他都辭謝不就，回鄉收徒授課。1265年，在朝廷的一再徵召下，出任翰林學士知制誥同修國史，但不久即辭官回鄉，最後老死於元氏縣。李冶是中國歷史上傑出的數學家，著有《測圓海鏡》、《益古演段》、《敬齋古今黈》等，尤以《測圓海鏡》為最著，有「中土數學之寶書」之稱。據說，《測圓海鏡》是他在元氏縣時，意外地得到了一部叫《洞淵九容》的民間數學秘笈，經過長年的學習和研究，把他的學習心得和研究成果融會貫通，著成了這本《測圓海鏡》。臨死之際，他對兒子說：我一生的著作，死後都可以燒掉，獨獨這本《測圓海鏡》，凝結了我的半生心血，後世一定會發揚光大的，一定要好好保存。

　　《測圓海鏡》是一部用天元術討論幾何問題的專著，而李冶的最大貢獻在於他對天元術的創新和改進。所謂「天元術」，是一種半符號式代數，其實就是現代代數學當中的列方程的方法。即根據已知條件，列出一個包含未知數的方程。「天元術」的具體程式與現代列方程的方法基本是一樣的：首先是「立天元一為某某」，相當於現代代數中「設x為某某」，然後再根據已知條件，列出兩個相等的多項式，最後把這兩個多項式相減，便得到了一個一端為零的方程。在宋代以前，中國的數學家已經能列出某些方程，但由於沒有找到普遍的方法，而且全部要用文字來表達，所以列起來比較困難，特別是列高次方程更加繁難。李冶對「天元術」進行了改進，使之簡明易行、便於操作，從而使中國古代的代數學又上了一個新的臺階。

　　李冶「天元術」的表示方法很簡單，只要在等式的一次項旁邊記一個「元」字，或者在常數項旁邊記一個「太」字就行了。如：

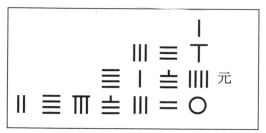

即相當於：

$x^3+336x^2+4184x+2488320=0$

李冶及其《測圓海鏡》對李善蘭的影響可說是終其一生。李善蘭晚年在同文館任算學總教習時，把《測圓海鏡》作為同文館教材，在他67歲時，為《測圓海鏡細草》12卷作序，由同文館鉛版印行。他在序中深有感慨地說：

> 善蘭少習《九章》，以為淺近無味，及得讀此書，然後知算學之精深，遂好之至今。後譯西國《代數》、《微積分》諸書，信筆直書，了無疑義者，此書之力為。

《勾股割圓記》是戴震的數學著作。戴震（1724—1777）字東原，一字慎修，安徽休寧（今屬黃山市）人，是清代著名哲學家、考據學家，同時對數學也很有研究。《勾股割圓記》三篇，上篇言三角八線和平面三角形解法，中篇言球面直三角形解法，下篇言球面斜三角形解法，凡55圖，49術，2000餘字。於情理而言，戴震雖然於學問無所不通，但其過人之處還在於哲學和考據，他的數學造詣當然不錯，但在專治數學的李善蘭那裡恐怕就說不上高深了。《勾股割圓記》在數學史上地位並不高，至少是無法與李冶《測圓海鏡》相提並論。但戴震《勾股割圓記》有

一很大的特色，就是把西法以「恢復古法」之心加以改造。在《勾股割圓記》中，所撰述的平面和球面三角形解法，均屬西法內容，但其中「所用名詞或選用古名，或逕造新名，不肯與當代曆算家通用者雷同」，但為了便於讀者接受，又假託吳思孝之名「以通行之平弧三角術語為之補注於下」。[27]這種西法「經義化」的作法，得到了當時的學界巨擘阮元的讚賞，他在《疇人傳》戴震傳說：「所為步算諸書類皆已經義潤色，縝密簡要，准古作者。」

　　而李善蘭在其年輕時，也頗為服膺「西學中源說」，戴震此書，正與李善蘭的思想互相啟發。李善蘭對《勾股割圓記》的激賞，恐怕正在於此。

27　錢寶琮：《戴震算學天文著作考》，《李儼錢寶琮科學史全集》第9冊，148－149頁。

第二章　天算名家

不信鴛湖甘落魄

　　道光二十五年（1845），李善蘭從海寧來到嘉興，這年他36歲。

　　李善蘭為何要離開海寧來到嘉興，在李善蘭和他的朋友們的詩文中都沒有明確提及。從現在的材料推測，主要有兩個原因。

　　一是學術環境上。李善蘭的算學成就，自30歲後「所造漸深」。但海寧畢竟是一縣城，遠離學術中心，看不到最新的算學書籍（他在杭州考試時才搜尋到《測圓海鏡》和《勾股割圓記》就說明了這一點），也沒有相當水準的數學家可一起切磋琢磨，而在嘉興就彙集了顧觀光、張文虎、夏鸞翔等一流的算學家。同時，在當時這樣一個發表學術成果並不方便的時代，朋友間的互相揄揚與引薦，對於提高在學術界的地位和聲譽也有著舉足輕重的作用。也就是說，僻處海寧的李善蘭，要在學術上更上層樓，要在學術界取得應有的地位，必須要進入學術界的主流和前沿。

　　二是生活環境上。李善蘭當時的生活較為窘迫。這從他一到嘉興便坐館於陸費家可知。在當時，入幕、坐館、作詞曲小說被目為文人失意沒落的三種典型，「家有三石糧，不作童子王」的諺語在道光時就已流傳。蔣杉亭在一首詩中說李善蘭「為言不得志，仆仆終塵埃」，[1]可見其確是生活坎坷。李善蘭來到嘉興，也是換一個環境。

　　此時的李善蘭，生活清苦，仕途無望，在學術上也還沒有成名成家，但他的心情倒是很不錯。嘉興這地方，風光秀美，尤其

---

[1] 蔣仁榮：《長至前四日，壬叔歸自鴛湖見訪東野別墅，因招同蓮舫外舅、許荑坪增、曹蘉坡鐘，暨令兄索梅熙鴻、藹人士燮兩兄小集，分韻得梅字》，《師經室詩存》卷上。

是南湖，更是一時名勝，南湖古稱滮湖，南湖之西為西南湖，兩
湖相連合稱鴛鴦湖。以其「輕煙拂渚，微風欲來」而成為浙江三
大名湖之一。李善蘭在坐館之餘，與三兩詩朋文友，徜徉於小瀛
洲、煙雨樓，寫下了〈南湖水榭八詠〉這樣明快的詩句：

曉樓宿雨
樓閣罨模糊，連宵雨未己。
白鷺一雙明，飛入水雲裡。

晚郭炊煙
遙郭黯殘陽，萬舍炊煙沍。
風散入湖心，霏霏成薄霧。

漁村殘照
落日在菰蒲，矮屋參差露。
老翁賣魚歸，驅鴨上灘去。

水市疎燈
夜市耿疎燈，水際聞人語。
明滅昏煙中，星星涼隔浦。

野寺昏鐘
暝色凝疎林，蒼然全湖暮。
何處一聲鐘，遙潯忽飛度。

夜船涼笛
夜靜笛聲清，殘月漏窗孔。

吹起故鄉心，羈愁壓衾重。

菱浦歌聲
十三採菱女，解唱鴛湖曲。
嬌影落鏡波，窈窕明如玉。

柳堤帆影
高柳冒湖堤，堤外帆影小。
涼逐浦雲飛，片片移樹杪。

　　李善蘭在嘉興時，詩興不淺，與嘉興、海寧的詩友多有唱
和。蔣杉亭之子蔣學堅在光緒十四年（1888）回憶說：「壬叔李
先生算學為中外所共仰，國初王曉庵、梅勿庵二先生後，當首屈
一指。詩非其所注意，然客檇李時，與于辛伯、孫次公、楊小鐵
諸君，時相唱和。里中若許丈奭坪、曹丈篁坡，及先君子亦時有
詩筒往來，興復不淺也。」[2] 這裡所說的許奭坪、曹篁坡和蔣杉
亭等海寧詩人，前面已有介紹。于辛伯、孫次公、楊小鐵等人，
是當時嘉興（嘉興舊稱檇李）一帶的知名詩人，這三人與秦次
游、黃金台、黃憲清、岳鴻慶等四人，合稱「禾中七子」。楊小
鐵即嘉興書畫家楊韻，韻字仲玉，號小鐵，又號鐵公、肯笠散
人、醉裡酒民、夢梅人，著名畫家楊伯潤之叔父。居鴛鴦湖上，
發起成立鴛水聯吟詩社，著有《息笠庵集》、《簾影樓詞》等。
楊小鐵的住處，就叫「南湖水榭」。《聽雪軒詩存》中有《客中
度歲與楊小鐵聯句得詩七首》，記述當時李善蘭客居嘉興，生
活拮据，過年也沒有回老家海寧，於是來到楊小鐵的「南湖水

---

[2]　《海昌藝文志》卷二十四《則古昔齋遺詩》蔣學堅跋。

樹」，共同守歲。可見兩人的感情非同一般。孫次公即孫瀜，瀜字嘯岩，號次公，嘉興人，詩人，曾組織發起鴛湖詩社，著有《始有廬詩稿》、《瀞月樓詞》、《洋涇浜雜事詩》等。于辛伯即于源，源字辛伯，號秋詮，嘉興人，詩人，也是鴛湖詩社的組織者之一，著有《燈窗瑣語》、《一粟廬詩稿》等。秦次游，即秦光第，光第原名廷樞，字少遊，號次遊，嘉興人，詩人，著有《半枯樹齋詞》等。李善蘭與他們酬唱不絕，《聽雪軒詩存》中有〈詠水仙花和秦次遊（光第）韻〉、〈有感和孫次公（瀜）遣懷詩〉、〈不寐寄于辛伯（源）孫次公（瀜）疊前韻〉、〈答于辛伯三疊前韻〉、〈燈下即事並寄于辛伯孫次公〉等。

這時的李善蘭，生活並不如意。蔣杉亭《師經室詩存》卷下〈庚戌秋懷詩（壬叔）〉：「中郎一任演琵琶，薄視科名氣自華。不信鴛湖甘落魄，忽隨舉子踏槐花。」中郎，指蔡邕，官中郎將，把李善蘭比做《琵琶記》中早年貧寒後來富貴的蔡中郎。但這時的李善蘭，生活雖是落魄，在數學研究上卻到達了一個高峰，《則古昔齋算學》中的幾部重要著作，就是在這時完成的。

疑義相與析（上）

江浙一帶一直有著精研天文曆算傳統。晚明引入西方科學的「三巨頭」中，徐光啟是上海人（當時屬於江蘇），李之藻、楊廷筠都是浙江人。在清初，就有精通平面三角術、著《勾股術》二卷附《開方發明》一卷的海寧人陳訐；著《開方捷法》、《弧矢割圓》、《勾股演法》的陳訐之子陳世偌；專門研究垛積算術、著有《少庵補遺》的陳訐之侄陳世仁；著有《中星譜》的

仁和胡璽；著《測量全義新書》的錢塘袁士龍；著《天元曆理》
的嘉興徐發；著《定曆玉衡》的秀水張雍敬；著有《勾股衍》、
《史記三書正訛》、《漢書‧律曆志正訛》等、精通律曆勾股之
學的嘉興王元啟等；都是一時的名家。

　　浙江數學的輝煌時期，是在阮元為官浙江之後。阮元於乾隆
六十年（1795）至嘉慶三年（1798）視學兩浙、嘉慶五年至十年
任浙江巡撫，嘉慶十二年至十四年再撫浙江。他在浙江期間，以
提倡光大算學為己任。數學史專家錢寶琮總結說，阮元對浙江算
學界的貢獻表現在三個方面：「博訪逸書以廣學術之傳佈一也，
編纂《疇人傳》以明算學之源流二也，以算學課諸生使知實學之
足尚三也。於是兩浙學人研治天算之風氣為之大開。」[3] 在阮元
的大力宣導下，浙江在這幾十年中湧現了一大批天文算學專家。
舉其著名者有：開化戴敦元，秀水朱鴻、盛百二，海寧張豸冠、
李善蘭、陳其晉，嘉興錢儀吉、王元啟、繆秋澄，烏程陳傑、徐
有壬、張鑒、汪曰楨、張福僖、楊兆鋆，歸安丁兆慶，吳興章鴻
釗，金華張作楠，錢塘謝家禾、戴煦、夏鸞翔、諸可寶、厲之
鍔、范景福，仁和項名達、丁謙，德清許宗彥、徐養原，臨海董
毓奇、周治平、李鏐，鄞縣周毓英、李炳章、徐世倫，十潛方克
猷，桐鄉勞乃宣、沈粒民，嵊縣支雯甫，嘉善陳仲周，余姚黃炳
垕等。可謂「咸（豐）同（治）之際，人才輩出，著述如林。算
學之盛，遂冠各省」。諸可寶在《疇人傳三編》自序說：「訖今
甲申（1885），垂五十年，聰明才智，我有人焉。茗香四元，梅
侶勾股，壯潛橢圓，戴顧對數，宮簿神解，致曲洞方。徵君妙
用，繪畫測量。秋紉集成，必則古昔。駕乎泰西，我書彼譯」。
這裡，諸可寶舉出了咸豐、同治年間最著名的八大數學家，而其

---

[3]　錢寶琮：〈浙江疇人著述記〉《李儼錢寶琮科學史全集》第九卷，第282頁。

中浙江籍的就有五家，即項名達（梅侶）、徐有壬（壯滬）、戴煦、夏鸞翔（宮簿）、李善蘭（秋紉）。

有學者統計過，在《疇人傳》、《續疇人傳》和《疇人傳三編》三書收錄的明末萬曆年間（1573－1619）到光緒十二年（1886）中國科技人物中，「籍貫確切可考者201名，其中浙江籍的達44名，占總數的22%，這個比例僅低於江蘇，而高於任何其他省份。」[4]

從上面的羅列中還可以看出，當時浙江的數學家基本上集中在經濟十分發達的杭嘉湖一帶，嘉興也可算是一個小小的數學重鎮了。李善蘭的數學成就集中於嘉興完成，當不是偶然。

當時，與李善蘭一起切磋學問的算學家，主要有顧觀光、張文虎、戴煦、汪曰楨等人。《清史稿‧疇人傳》：「並時明算如錢塘戴煦，南匯張文虎，烏程徐有壬、汪曰楨，歸安張福僖，皆相友善。」席淦《殘稿》也稱：（李善蘭）「道光乙巳年，館嘉興陸費家，交當時江浙名士如張嘯山、孫次山、顧尚之等」。他們與李善蘭或座談探討，或書信往來，奇書共欣賞，疑義相與析，李善蘭的數學造詣也在與算友們的相互砥礪中更為成熟。通過這些算友們的生平事蹟和與李善蘭的交往，可以使我們從多個側面對這一時期的李善蘭有更了深入的瞭解。

顧觀光（1799－1862），字賓王，一字漱泉，號尚之，又號武陵山人。江蘇金山縣（今屬上海市）人，世醫出身。初為太學生，博通經史百家、天文曆算，屢試不第，遂棄儒承家學。致力於本草學研究，搜採散見各書中之《本草經》佚文，重輯《神農本草經》，對整理和繼承古代本草學有一定貢獻。顧觀光在行醫之餘，致力於天文學和數學的研究。在數學上的著作有《算剩初

編》、《算賸續編》、《算賸餘稿》、《九數外錄》、《九數存古》、《開方餘義》、《對數衍》等。

顧觀光在天文學上頗有獨到之處。「嘗舉中西天文曆算之術，抉其所以然，而摘其不儘然，蹈瑕抵隙，搜補未備」，[5]他撰有《周髀算經校勘記》一卷，校正了傳刻本《周髀算經》本文中27處錯誤文字，並寫下了《讀周髀算經書後》的論文，發揮他對《周髀算經》「蓋天說」的見解，被譽為是「一篇天文學史的經典著作」。同時，顧觀光還詳細地把中國歷代的曆法與西曆和回曆相比較，探求用新的方法來計算古曆法中閏年誤差日的數值計算。他用數學的「演積術」推斷出《開元占經魯曆》從上元庚子到開無二年的積年少數了3060年。他還指出清著名數學家李銳用「何承天調日法」計算朔餘日出現的錯誤，並創立了一種以日法中的朔日餘數輾轉相減的辦法，使日法在百萬數以上都可以求。諸可寶《疇人傳三編》：「上舍（顧觀光）之於古今中外，中西諸算術，無所祖皆有所發明，可謂能澈中邊者已。」《清史稿》說他「於學實事求是，無門戶之見，故析理甚精，而談算為最云。」偉烈亞力對顧觀光也甚為推重：「微分積分為中土算書所未有，然觀當代天算家如董方立氏、項梅侶氏、徐君青氏、戴鄂士氏，顧尚之氏、李君秋紉所著各書，其理有甚近微分者。」[6]把顧觀光與李善蘭、徐有壬、戴煦、項名達、董力立等一流數學家相提並論，可見顧觀光在學界的地位。

顧觀光是李善蘭一生最密切的朋友之一。這可能跟兩人數學思想的接近有關。顧觀光在研究中國傳統天文曆算的同時，「凡近時新譯西術」都加於認真研究，對每種數學新法加於驗證，

---

[5]　《重修金山縣誌》。

[6]　偉烈亞力：《中國科學箚記：數學》，轉引自杜石然等《中國科學技術史稿》下冊，科學出版社1982年出版，第254頁。

「抉其所以然，而摘其不儘然」。這與李善蘭不斷向西方數學汲取營養的做法十分相似。李善蘭到嘉興後不久，就把自己的新作《四元解》出示給顧觀光，聽取這位比他大12歲、成名已久的兄長的意見。顧觀光對李善蘭的數學才能十分欣賞，尤其對他「師古而不泥古」，博採眾家之長，融中西法於一爐的數學思想更為讚賞。他以一個成名學者的身分的為《四元解》序，在對《四元解》推崇之餘，還在序中指出了李善蘭在論述數理方面的一些不足。

道光二十六年（1846），李善蘭撰成《對數探原》，又請顧觀光為之作序。顧觀光在序中對李善蘭獨創的「尖錐術」，也作了一些修正補充。他認為，以尖錐術來處理對數計算，雖然十分便捷，但計算的布式過程較為繁瑣，而且只能造表不能直接求出。他寫信給李善蘭說：「西人未言其立表之根」，只求得了對數的結果，而未必貫通其原理，尖錐術雖然「精微玄妙」，但如果能用諸乘方差的辦法來直接求對數，則更為簡便。一般認為，顧觀光對李善蘭著作的商榷，屬於補充完善一類，並無多少精闢的見解，但從中也可看出顧觀光在學術界的地位和他與李善蘭的關係之密切。

李善蘭到了上海後，與顧觀光仍保持著學術上的密切聯繫。《疇人傳三編》稱顧觀光：「其他如近時新譯西術，如代數、微分、諸重學，皆有所糾正類此。同縣錢教論熙輔刊《重學》，婁縣韓舍人應陛刊《幾何原本》後九卷，皆與參訂。」李善蘭的《重學》於1858年由錢熙輔刊印，《幾何原本》由李善蘭的摯友韓應陛刊印，顧觀光都以知名學者和李善蘭算友的身分參與了校訂。有意思的是，顧觀光在對《重學》的校核過程中，對經典力學產生了極大的興趣，對之進行了深入的研究，在不長的時間內，編著了《靜重學記》、《動重學記》、《流質重學記》

等力學論文，接著，他又通過對李善蘭譯著《談天》的研讀，撰寫了《天重學記》一文，這四篇論文成為中國科學史上由中國人自行編著的第一批系統的力學著作。顧氏的力學著作，其成就顯然不如李善蘭的《重學》，卻極好地體現了顧觀光勇於並善於接受西方最新科學成果的精神，而這，正是他與李善蘭的共通之處。

　　尤其值得注意的是，顧觀光在其力學論文中，還對李善蘭《重學》中的某些不準確之處進行了糾正。如關於自由落體運動，《重學》中認為：「物於無風氣空中下墜，一秒中過一百三十七寸又千分寸之九百五十七。」「測物向地心下墜，每一秒必加速二十七尺六寸，此數為地心力之率。」清時一尺＝0.32m，按書中所言，重力加速度為8.83m/s²，跟現在的測量值g＝9.81m/s²相比，誤差約10%。而顧觀光利用物體在擺線內的運動，來測定「地力」（即重力加速度），他在《動重學記》第三節中說：「於一秒中測物下墜凡十六尺又萬分尺之六九七，倍之為一秒之地力。」換算得g－10.28m/s²，與現在的測量值誤差4.8%，比李善蘭更為精確些。此後同文館總教習丁韙良的《格物入門》中說：「若無空氣阻礙，則凡物於一秒內可墜一丈四也。」也就是g＝8.96m/s²，誤差為8.7%，也比顧觀光略遜一籌。由此可見顧觀光研究之深入。[7]

　　咸豐十年（1860）年，太平軍席捲上海，顧觀光東走奉賢南匯間，於1862年去世。臨死前，顧觀光仍不忘李善蘭這位老朋友，要他為自己的遺書作序。李善蘭和顧觀光的好友張文虎在他的《顧尚之別傳》中記載，顧觀光在臨死前，把他的長子顧深叫到身邊，指著自己所著的書，對顧深說，這些著作，請你的老師

---

[7]　詳見王燮山：《中國近代力學的先驅顧觀光及其力學著作》，《物理》，1989年第18卷第1期。

幫助整理，成書後一定要請李善蘭作序。可見他對李善蘭的信任與敬佩。

　　張文虎（1808～1885）字孟彪、嘯山，自號天目山樵，別號華穀里民。江蘇南匯人，是李善蘭終其一生的好友。

　　張文虎在當時，是以校勘家、名士而著稱於世。張文虎一生博學多才，博洽群籍，王韜稱他是「於學無不精造」，「生平喜為校勘之學。」他精通經學、小學、曆算、樂律，旁及子史，尤長校勘。甚至他對《儒林外史》的批註，都成為名噪一時的與「臥評」相提並論的「天評」。當然，他最大的貢獻還是在校勘古籍善本上。他主持金山錢氏校席三十年，「所校書若《守山閣叢書》、《指海》、《珠叢別錄》，及鼎卿學博（即錢熙輔）續輯《藝海珠塵》壬、癸集，夢華少尹（即錢培名）輯《小萬卷樓叢書》，無慮數百種」，一時考據家稱為善本。曾國藩也稱他是「大江南北，唯此一人」。[8]張文虎在金陵書局時所校的《史記》，不主一本，擇善而從，兼採諸家意見，金陵書局版《史記》成為校勘的經典之作。張文虎著作等身，有《舒藝室隨筆》六卷《續筆》一卷《餘筆》三卷、《史記集解索引正義箚記》五卷、《舒藝室雜著甲編》二卷《乙編》二卷《剩稿》一卷、《鼠壤餘疏》一卷、《尺牘偶存》一卷、《牧笛餘聲》一卷、《湖樓校書記》一卷《餘記》一卷、《西冷續記》一卷、《蓮龕尋夢記》一卷、《夢因錄》一卷、《懷舊雜記》六卷、選輯《唐十八家文錄》若干卷，分別收入《舒藝室全集》和《覆瓿集》。

　　張文虎撰有《周初朔望考》、《天算書稿》等天文曆算的著作，從成就上來說，還不能稱之為數學名家。華世芳《近代疇

8　　閔萃祥：《州判銜候選訓導張先生行狀》，見《覆瓿集》，同治、光治年間刻本。

人著述記》中收錄了道光、咸豐到光緒時的算學家「凡三十三人」，張文虎並不在其中。但張文虎作為當代名士，卻與顧觀光、李善蘭、胡培翬、陳奐等廣通聲氣，交情極深，他在數學上的成就更多地體現在對數學著作的出版、綜論中西學術以及數學名家的長短得失上。某種程度上，稱他為「曆算學術活動家」或「曆算評論家」比「數學家」更為恰當。諸可寶《疇人傳》三編說：「張明經（張文虎）兼精律曆，力求實是，綜論古今中西諸家得失，頗持其平，讀其書可謂中立而不倚者已」，確是說到了點子上。

　　張文虎與李善蘭相識大概是始於道光十五年（1835）。當時，金山以刊書出名的錢氏家族的錢熙祚輯《守山閣叢書》，請顧觀光主持其事。但顧觀光專擅醫術，深恐不能勝任，就推薦精於校勘的張文虎自代。要校勘必須廣求善本，於是，錢熙祚及其堂兄錢熙泰和顧觀光、張文虎、李善蘭一行五人一起到西湖文瀾閣觀《四庫四書》，「居兩月，校書八十餘種，抄書四百二十二卷」。[9]這時候的李善蘭可能尚未成名，他並未參與校書而任「繪圖」一職，只是校勘工作的高級輔助人員之一。[10]所謂「繪圖」，可能是過錄曆算善本時，需要把其中的圖式也抄下來，這顯然是非行家不能為的。這次所校的80餘種書，有多種涉及算學，如江永的《數學補論》、《歲實消長辨》、《恒氣注曆辨》、《中西合法擬草》、《算賸》、《正弧三角疏論》，瞿曇悉達《開元占經》等。這次文瀾閣校書工作長達兩個月，從閣中抄出善本書432卷，江南私家藏書中也因此出現了一種新的類別

9　　張文虎：《湖樓校書記》。

10　張文虎：《湖樓校書記·餘記》：「是役也，校書者五人，顧尚之、錢即山、鱸香、孫詒堂及予。繪圖一人李蘭垞，計字一人周翁旬，收發二人錢塘周竹所、休寧孫某，抄胥在寓者三十餘人，在外者十餘人，凡四十餘人。」

——「閣抄本」。毫無疑問，以李善蘭的數學才能，在兩個月的校勘工作中，肯定能讓顧尚之、張文虎這樣的名家刮目相看，或許，他們長達一生的友誼就是從這裡開始的。

張文虎道光十二年（1832）年開始，館金山錢氏三十年，先後為錢熙祚（字錫之，一字雪枝）、錢熙輔（字鼎卿）、錢熙祚之子錢培名校編了《守山閣叢書》、《指海》、《藝海珠塵》、《小萬卷樓叢書》等，共刊刻數百種。李善蘭在嘉興的時候，張文虎是他來往最密切的朋友之一。張文虎曾與李善蘭同住一處，朝夕切磋。[11]張文虎曾數次到嘉興訪友遊覽，並在嘉興的幻居庵寓居過一段時間，與當地名士多有過從。幻居庵在嘉興城東，最為有名的是它藏有明末蘇州、松江、嘉興、湖州四郡名流所書的《大方廣佛華嚴經》。道光二十九年（1849），李善蘭一次與于源、何補之一起到幻居庵中觀賞這本經書，恰好碰到了正寓居庵中的張文虎和錢叔保，於是大家興致勃勃地一起欣賞談論，興會不淺。張文虎也記載了此事，他在《華嚴墨海集》稱：「道光二十九年夏，與錢君葆堂（熙哲）寓禾郡幻居庵，庵僧出示明賢分寫《華嚴經》八十一卷」。在《舒藝室詩存》卷三中也說：「偕錢叔保（熙哲）寓禾城幻居庵，坐雨不得出，李（善蘭）、孫（瀜）、楊（韻）、于（源）、何（呂治）、朱大令（緒曾），輒相過話雨，觀所藏明季諸賢分寫《華嚴經》墨蹟，雜記以詩，用少陵『重過何氏山林』韻，」[12]這裡的孫、楊、于、何、朱俱為嘉興的名流學者。「輒相過話雨」，可見張文虎與李善蘭關係十分密切。也正是因為如此，李善蘭的數學著作多被收入張文虎

---

11 張文虎：《與熊蘇林書》：「（1850年）寓郡西郭外，招君（熊其光，詩人）與海寧李善蘭同住，青浦席元章亦頻來。」席元章曾校李善蘭「藝海珠塵」本《弧矢啟秘》。

12 李儼：《李善蘭年譜》，《李儼錢寶琮科學史全集》第八集，第327、328頁。

校刻的叢書中。《對數探原》收入於《指海》，《方圓闡幽》、《弧矢啟秘》收入於《藝海珠塵》。[13]

李善蘭於咸豐二年（1852）離開嘉興到上海，在墨海書館從事譯書。雖與張文虎不再常來常往，但仍時有書函往返，討論學術。張文虎在1853年致信李善蘭：

> 上月望，艾君見訪，弟適先五日南遊，恨未一晤……江氏《數學》、《曉庵新法》、《五星行度解》三種，希致艾君。雖在今日以為吐棄之餘，然曆算之理厭參詳，或可資旁涉。《重學》曾否授梓？《微分法》凡幾卷？中西通書誤字頗多，日過最高距夏至四十七日，尤為顯謬，亟互改正。緣卿欲覓四、五尺長遠鏡，有否？[14]

這裡的「艾君」指著名漢學家、傳教士艾約瑟，與李善蘭合譯《重學》。「緣卿」指韓應陛，出資刊刻《幾何原本》後九卷。從信中可以看出，張文虎對李善蘭的學術工作十分關注，也較為熟悉。寫此信時，李善蘭正與艾約瑟、偉烈亞力共譯《重學》、《幾何原本》後九卷。艾約瑟久聞張文虎之名，數次前往金山造訪張文虎，「質疑問難，咸大折服，謂為彼國專家勿能及。」[15]而《重學》初版於1858年冬由錢熙輔出資刻印，張文虎應該起了很大作用的。在《幾何原本》後九卷剛剛譯竣，李善蘭「即以全稿寄之，顧君尚之、張君嘯山任校覆核，二年功竣。」出版之時，李善蘭在序言中特意談到了顧觀光、張文虎校覆之

---

[13] 李善蘭：《則古昔齋算學·序》：「『方圓』、『弧矢』、『對數』三種，金山錢氏已刻入叢書中。」

[14] 張文虎：《與李壬叔》，《舒藝室尺牘偶存》。

[15] 繆荃孫：《張文虎墓誌銘》，《續碑傳集》卷五十七，轉引自李儼《李善蘭年譜》，第332頁。

功：「非韓君力任剞劂，嘉惠末學，張顧二君同心襄力，詳加
讎勘，則雖譯有成書，後或失傳。」[16]1859年，李善蘭譯竣《談
天》，尚未出版，張文虎就手抄了一份，細細加於研究審核。

　　李善蘭於同治初年，應曾國藩之邀，來到安慶大營曾國藩的
幕府。第二年，他向曾國藩推薦了「精於演算法，兼通經學、小
學」的張文虎，一起成為曾國藩的幕客，詩酒唱和，討論學術。
同治三年（1864），李善蘭與張文虎又同時到南京，成了金陵書
局的同事。李善蘭於1869年入京，任同文館算學總教習。而張文
虎則仍在金陵書局從事校勘出版工作，兩人仍頻頻書信往來。張
文虎於同治十三年告老還鄉，1878年，纂修《奉賢縣誌》、重修
《華亭縣誌》及《南匯縣誌》。於光緒十一年（1885）去世。

疑義相與析（下）

　　汪曰楨（1813－1881）字剛木，一字仲雒，號謝城，又號
薪甫，別號荔牆蹇士，烏程人。汪曰楨博學多通，精於史學，尤
其對天文曆法深有研究。因天文曆法而兼及數學，「汪君剛木，
著述等身，尤長於推步、勾股之學。」[17]汪曰楨最大的成就是對
二十四史的月日考。他認為，史學的功能在於為治國之鑒，而月
日干支，是史學中的末中之末。但如果月、日混亂了，那麼，史
實發生的先後就會弄不清楚，而興衰治亂之間的前因後果，也就
可能沒法細察。因此，對史書中時間的考證，實是發揮史書資治
作用的基礎，而編考曆法也就成為治史的重要工具。他對史書中

16　續譯《幾何原本》序。
17　顧廣譽《四聲切韻表補正》序。

的朔閏詳為勾稽，窮數十年之力撰成《二十四史月日考》五十卷，附《古今推步諸術考》二卷及《甲子紀元表》一卷。《二十四史月日考》上起西周共和元年（前841），下迄清康熙九年（1670），凡二千五百多年，每年詳列朔閏月建大小，並二十四節氣，略如萬年曆書之式。成為中國第一部長達2500多年的歷史年代學和曆法巨著。諸可寶在《疇人傳》三編中，評論此書說：「使讀史者舉二千五百餘年之月日，螯然俱見；治曆者合百四十六家之用數，悉有鉤稽，其津逮後學為何如耶？昔梅勿庵氏有言，一生勤苦皆人為用者，教諭（汪曰楨）之謂歟。」除了《二十四史月日考》，汪曰楨還著有《歷代長術輯要》、《古今推步諸術考》外，還有《四聲切韻表補正》、《太歲超辰表》、《疑年表》、《南潯鎮志》、《烏程縣誌》、《湖州府志》等。

汪曰楨對李善蘭極為推重。李善蘭一到嘉興，他就把自己手鈔的元朱世傑《四元玉鑒》三卷給李善蘭看，就自己所不理解的一些問題向李善蘭請教，李善蘭「深思七晝夜，盡通其法，乃解明之」，並因此而著成《四元解》一書，闡述了高次方程組的消元解法。汪曰楨有《以詩代書與李秋紉善蘭結交》詩云：「絕學天元一，知君探索精。廉隅通少廣，正負借方程。展卷疑思間，懸鐘叩則鳴。不須傾蓋語，魚雁證斯盟。」[18]這詩寫於與李善蘭訂交之時，這裡的「展卷疑思間，懸鐘叩則鳴」，或許正是指汪曰楨向李善蘭請教《四元玉鑒》一事。從詩中可以看出汪曰楨對李善蘭的欽佩之情，也可見李善蘭在當時數學界的地位之高。

汪曰楨與李善蘭在天文曆算上的切磋，還直接促成了李善蘭於1848年著成了《麟德術解》三卷。汪曰楨在撰寫《二十四史月日考》時，見《通鑒》目錄所存宋朝宋義叟編著的《劉氏輯術》

---

[18]　汪曰楨《玉鑒堂詩集》卷三，轉引自《李儼錢寶琮科學史論集》卷八《李善蘭年譜》，第326頁。

謂：唐麟德二年（665）閏三月壬申朔（初一日），四月壬寅朔
是小滿節氣，而按照劉羲叟本書推得辛丑日（閏三月三十日）是
小滿節氣，但又疑而不決，遂移書問於李善蘭。李善蘭就此研究
了李淳風作的《麟德曆》，闡明了其中所採用的二次差內插法。
《麟德術解》卷三「麟德二年閏三月氣朔細草」記載了此事：
「《通鑑》目錄麟德二年閏三月壬申朔，四月壬寅朔小滿。本紀
云：閏三月癸酉日有食之，癸酉乃二日，故不書朔。余友汪君謝
城方撰《二十四史月日考》，以本術推得辛丑小滿，疑之，移書
問余，余既為步細草如右。」

　　戴煦（1805－1860），原名邦棣，字鄂士，一字仲乙，號
鶴墅。錢塘人。戴煦十多歲時即對天文曆算發生了極大的興趣，
「晝讀夜布算，覃思有得，則起秉燭以記」。20歲前，即已寫出
了《重差圖說》（補正李淳風對《九章·重差》的注釋）、《四
元玉鑒細草》、《勾股和校集成》等書。中年以後，在西學東漸
的浪潮下，戴煦與當時許多一流的數學家一樣，積極接受西方的
數學理論，「凡西人所述三角八線之術，皆能通其精蘊」，並能
「吐棄庸近之言，求最上乘」。戴煦在數學史上的最大貢獻，是
對對數及三角函數的研究，被認為是「前人所未曾有」的創造。
戴煦認為，以往的對數表造表，「布算極繁，甚至經旬累月而不
能竟求一數，故言算者鮮不望之而生畏」，對數表「用之甚便，
而求之甚難，非集數十人之力，積數十年之功未易蕆事」。從
1845年到1852年，他「八易寒暑」，著下了《對數簡法》二卷、
《續對數簡法》一卷、《外切密率》四卷、《假數測圓》二卷，
合為《求表捷術》一書，代表了當時中國數學家在對數領域的最
高水準。著名數學家項名達序中稱：

李君壬叔《對數探原》深明對數較之理，而戴君此書（指
《對數簡法》），專明假設對數之理，其續編（指《續對
數簡法》）專明對數根之理。兩君皆學有心得，互相發
明，洵足為後學津梁，而戴君書尤為明快。

戴煦的著作是否比李善蘭的「尤為明快」，姑且不論，但
項名達說「兩君皆學有心得，互相發明」，倒確是實情。作為當
時最有名的兩位對數研究專家，李善蘭與戴煦可謂惺惺相惜，在
交流切磋中「互相發明」。事實上，戴煦的《外切密率》一書，
就是在李善蘭的鼓勵下著成的。這件事，戴煦在他1851年出版的
《外切密率》一書的自序中說得十分明白：

去歲獲交海昌壬叔李君，以所著《對數探原》、《弧矢啟
秘》見示。其《對數探原》，與予《對數簡法》後一術，
殊途同歸。而《弧矢啟秘》，則用尖錐立算，別開生面。
兼有割線諸術，特未及餘弧耳。緣出予未竟殘稿請正。而
壬叔頗賞予餘弧與切割二線互求之術，再四促成。今歲又
寄箚詢及，遂謝絕繁冗，扃戶鈔錄，閱月乃竟。嗟乎！友
朋之助，曷可少哉？……茲非壬叔之勸成，則以予之懶
散，必至廢擱以終其身。

從這段話中，至少可以看出幾點，一是兩人在學術上的互相
發明，李善蘭的《對數探原》與戴煦的《對數簡法》後一術「殊
途同歸」。二是兩人在學術上相互欣賞，李善蘭的尖錐術與戴煦
的餘弧與切割二線互求之術各有獨到之處，可以補對方著作所不
及者。三是兩人在學術上互相促進，李善蘭竭力鼓勵戴煦把餘弧
與切割二線互求之術著書立說，「閱月乃成」。學者間這樣的友

誼，現在讀來，仍是感人。

戴煦還有一件經常為人提及的「軼事」。1854年，英國倫敦會傳教士、漢學家艾約瑟，在李善蘭處看到戴煦的數學著作後，大為佩服，於是專程來杭州求見戴煦，切磋學術。但戴煦卻閉門不納，理由是「中外殊俗異禮」。這件事至少可看出兩點。一是戴煦的數學成就已引起了西方數學家的注意。後來艾約瑟還把戴煦的《求表捷術》譯成英文，遞交英國數學學會，這在當時應該是很稀罕的事，要知道，當時中國數學比西歐數學至少落後了一百多年。二是當時中國的士大夫對西方仍抱著拒絕的姿態。戴煦作為一流的數學家，肯定知道與西方學者交流的重要性，但在他看來，「禮」是比學問更為重要的東西。「禮」是根本，曆算不過是末節而已——儘管他已為此貢獻了自己的一生。這事實上是當時中國知識分子普遍的心理。而此時的李善蘭，正在上海外國人辦的墨海書館裡埋頭翻譯國外的最新科技書籍。兩相對照，更可看出李善蘭超越時代的見識，而這也正是李善蘭成為中國近代科學先驅的一個最主要的原因。

1860年3月，太平軍攻破杭州，戴煦長兄戴熙自殺，戴煦也於同日投井而死。

李善蘭與顧觀光、張文虎、戴煦等人的交往，實際上是當時學者尤其是算學家之間人際關係的一個縮影，正如一些學者所指出的：「道咸同時期之算學，相互間多有密切之關係，或為師生、或為學友，往來頻繁。」[19]

李善蘭及其算友們的活動，有兩個方面值得注意。一是從討論的內容看，大多是比較彼此間的得失及與西方數學的長短。他們的數學都是在西方數學開始傳入中國的大背景下進行的，因而

---

[19]　王萍《西方曆算學之輸入》，轉引自洪萬生《同文館算學教習李善蘭》，（臺灣）《中國近代科技史論集》，1991年5月，第242頁。

不自覺地以最為先進的西方近代科學作為參照的坐標。二是講論的方式，往往是以書信的形式。從上面的敘述中可以看出，李善蘭與顧觀光、張文虎、汪曰楨、徐有壬、戴煦等算學家之間的切磋學問，往往是以書信為工具的，這在現在看來不免有點奇怪，但卻是當時學術界的一種風氣。梁啟超在論及清代學者的這一特色時，分析道：「清儒既不喜效宋明人聚徒講學，又非如今之歐美有種種學會學校為聚集講習之所。則其交換智識之機會，自不免缺乏，其賴以補之者，則函箚也。後輩之謁先輩，率以問學書為贄——著述者則媵以著述——先輩視其可教育，必報書，釋其疑滯而獎進之。平輩亦然，每得一義，輒馳書其共學之以商榷，答者未嘗不盡其詞。凡著一書成，必經摯友數輩嚴勘得失，乃以問世，而其勘也皆以函箚。此類函箚，皆精心結撰，其實即著述也。此種風氣，他時代亦間有之，而清代為獨盛。」[20]

發明尖錐術

　　這時期李善蘭在數學上的最大成就，是他獨創的尖錐術。[21]
　　「尖錐術」是李善蘭創造的一種確定面積（或體積）的普遍演算法，進而用以解決諸如級數展開、對數計算之類的重要問題，李善蘭稱之為「尖錐求積術」。他所謂的「尖錐」，是一類

---

[20]　梁啟超：《清代學術概論》（民國學術經典文庫），東方出版社，1996年3月，第58頁。

[21]　本節綜合了錢寶琮《中國數學史》（《李儼錢寶琮科學史論集》第五卷）、李兆華《李善蘭垛積術與尖錐術略論》（《西北大學學報》自然科學版1986年 第4期）、王渝生《李善蘭的尖錐術》（《自然科學史研究》1983年第3期）等有關研究成果。

幾何圖形，在平面情形，乃指兩邊下凹的曲邊三角形（包括三角形），在空間情形，則指四個側面背凹的方底錐體（包括方錐）。尖錐術的基本思想，是將待求積的圖形分成無限多個特定的尖錐，然後計算各尖錐積的總和。尖錐術是在中國傳統數學的垛積術和極限思想基礎上產生的積分法，實質上就是近代數學中的冪函數的定積分公式和逐項積分法則。

李善蘭尖錐術的思想，主要體現在《方圓闡幽》中的十條「當知」中。

> 一、當知西人所謂點、線、面皆不能無體；
>
> 二、當知體可變為面，面可變為線；
>
> 三、當知諸乘方有線、面、體循環之理；
>
> 四、當知諸乘方皆可變為面，並皆可變為線；
>
> 五、當知平、立尖錐之形；
>
> 六、當知諸乘方皆有尖錐；
>
> 七、當知諸尖錐有積迭之理；
>
> 八、當知諸尖錐之演算法；
>
> 九、當知二乘以上尖錐其所迭之面皆可變為線；
>
> 十、當知諸尖錐既為平面則可並為一尖錐。

從這十條「當知」中可以看出，李善蘭實際上已有了微積分的意識。他在第一條「當知」：「當知西人所謂點、線、面皆不能無體」下解釋說，天地間只要有色存在，就不可能無形，只要有形存在，就不可能無體。因為色是依附在形上的，而形是憑藉體來呈現的。比如紙上有一細點墨色，哪怕它再小再小，也不是憑空來的，而是由墨所形成的。墨，就是這這一墨點的體。所以，「點者，體之小而微者也；線者，體之長而細者也；面者，

體之闊而薄者也。」也就是說，點、線、面、體皆有實體，只是形狀和大小的不同而已，小而微就是點，長而細就是線，闊而薄就是面。他還給出了這樣的如意圖：

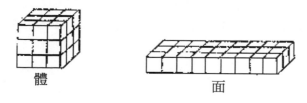

體　　　　　　　面

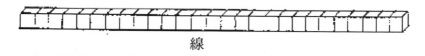

線

接著，在第二條、第三條、第四條「當知」中，他進而指出，「體可變為面，面可變為線」，「線、面、體」之間可以互相循環變換。所謂體、線、面的變換，實際上是通過將作為幾何單元的點按不同方式排列而實現的。所以，李善蘭以點、線、面作為構成幾何圖形的元素，其中點（體之小而微者）是最基本的。由點形成「細而長」的線，由線形成「闊而薄」的面，進而由面形成體。李善蘭打了個比喻來說明這個道理。他說，面就像是一張薄而又薄的紙，一張張紙疊上去，就可以形成一本厚厚的書；線就像一根細而細的絲，一根根絲積起來，就形成了一匹絹。「為面便可如紙之薄，為線便可如絲之細。故盈尺之書由迭紙而得，盈丈之絹由積絲而成也。」反過來，如果把一本盈尺的書不斷地分開，就成了一張張的紙，把一匹絹不斷地裁開，就成了一根根的絲。「方而因之則長，長而因之則闊，闊而因之則復方，此理之自然也。」

從這裡可以看出，李善蘭的尖錐術，顯然是從中國古代的極限理論發展而來的。《墨子》中就有：「斨半進前取也，前則

中無為半，猶端也。前後取則端中也。斮必半，毋與非半，不可斮也」的說法。「斮」是分割的意思。錢寶琮對這一條的解釋是：「譬如取一物，平分為兩個一半，又將前面的一半平分為兩個一半，這樣繼續分割下去，勢必分到一個無可再分的『端』。如果棄掉前後的部分而保留中間的一半，那末，這個不可分割的『端』也將留在中間。提出這個論題的人雖然沒有明說，這個被分割的東西究竟有多少『端』，但我們根據經說，可以體會，不可分割的『端』應當是有窮的。」[22]《莊子・天下篇》中也說：「一尺之棰，日取其半，萬世不竭」。一根一尺長的木棍，每天截下一半，千秋萬代也截不完。如果翻閱一下微積分的發展歷史，就會發現，從本質上講，李善蘭的尖錐術已十分接近於微積分的思想。尤其跟提出「不可分量方法」的義大利數學家卡瓦列里（B. Cavalieri, 1598-1647）十分相似。卡瓦列里的「不可分量方法」其基本思想是：線是有無窮多個點構成的，面是由無窮多條線構成的，立體是由無窮多個平面構成的。點、線、面分別就是線、面、體的不可分量。在《幾何學》[23]第7卷，卡瓦列里通過比較兩個平面或立體圖形的不可分量之間的關係來獲得這兩個平面或立體圖形的面積或體積之間的關係，這就是著名的「卡瓦列里定理」。[24]

「卡瓦列里定理」跟李善蘭的思想可說殊途同歸。有趣的是，卡瓦列里用來說明這一定理所舉的例子跟李善蘭的也是一

<hr>

[22]　錢寶琮：《中國數學史》，《李儼錢寶琮科學史全集》第五卷，第21頁。
[23]　《用新方法促進的連續量的不可分量的幾何學》（*Geometria indivisibibus continuorum nova quadam ratione promota*, 1635，一般簡稱《幾何學》。
[24]　卡瓦列里定理（又稱卡瓦列里原理）：「夾在兩條平行直線之間的兩個平面圖形，被平行於這兩條直線的任意直線所截，如果所得的兩條截線長度相等，那麼，這兩個平面圖形的面積相等；夾在兩條平行平面之間的兩個立體圖形，被平行於這兩個平面的任意平面所截，如果所得的兩個截面面積相等，那麼，這兩個立體圖形的體積相等。」

樣。他說，面積由不可分量組成，就像一根項鏈由珠子串成，一塊布由線織成，一本書由許多頁組成。值得注意的是，卡瓦列里這裡組成珠子、布、和書的卻是沒有精細、厚薄的線段與平面，這樣，他就無法解釋沒有粗細厚薄的元素怎樣能構成一個有限物體的。而李善蘭認為「點、線、面皆不能無體」，不過其大小、粗細、厚薄極為微小而已。這一點，李善蘭與微積分的另兩個先驅者克卜勒（J. Kepler, 1571-1630）和羅伯韋爾（Roberval）倒是不約而同。克卜勒在他的《測定酒桶容積的新方法》（*Nova stereometria doliorum vinariorum*, 1615）一書中，把球看成是由無窮多個無窮小棱錐組成的，每個無窮小棱錐的頂點都在球心，底面在球的表面上，其高等於球的半徑，從而得出球的體積是半徑與球表面積乘積的三分之一。也就是把一個立體劃分成無窮多個無窮小的部分，即立體的「不可分量」，其大小和形狀都便於求解給定的問題。而在羅伯韋爾的不可分量方法中，線段被看成是由無限多個以點為代表的小線段組成，平面圖形是由無限多個以線段為代表的細小塊面組成，立體則是由無限多個以面積為代表的細小個體所組成。

　　卡瓦列里、克卜勒、羅伯韋爾的理論導致了西方微積分的產生，從這個意義上講，李善蘭的尖錐術，實際上已可視作是微積分的雛型了。事實上，現在數學家完全可以把《方圓闡幽》中的原埋用現代微積分表達出來。數學史專家錢寶琮指出：第四條「當知諸乘方皆可變為面，並皆可變為線」，用現在的數學術語來說明是：n為任何正整數，x為任何正數，x^n的數值可以有一個平面積來表示，亦可以用一條直線段來表示。第六條「當知諸乘方皆有尖錐」，第七條「當知諸尖錐有積迭之理」，說明：當x在$0 \leq x \leq h$區間內變動，表示x^n的平面積疊成一個尖錐體。第八條「當知諸尖錐的演算法」指出：由平

面積ax^n積迭起來的尖錐體，高為h，底面積為ax^n，它的體積是$ax^n \times h/n + 1$。這個命題相當於定積分$\int_0^h ax^n dx = \frac{ah^{n+1}}{n+1}$。第九條「當知二乘以上尖錐，其所迭之面皆可變為線」說明ax^n可以用一個直線段來表示。第十條「當知諸尖錐既為平面則可並為一尖錐」說明：同高的許多尖錐可以合併為一個尖錐，這相當於定積分

$$\int_0^h a_1 x dx + \int_0^h a_2 x^2 dx + \cdots + \int_0^h a_n x^n dx =$$
$$= \int_0^h (a_1 x + a_2 x^2 + \cdots + a_n x^n) dx$$
。[25]

　　李善蘭以尖錐術為利器，用在數學研究中，獲得了不少在當時處於領先水準的成果。這主要體現在三個方面：一是求圓面積從而求圓周率的無窮級數運算式。計算圓周率和圓面積的方法，中國傳統的是「割圓術」。三國時期的著名數學家劉徽在《九章算術・方田章》的注文中指出：「割之彌細，所失彌小，割之又割，以至於不可割，則與圓周合體而無所失矣。」劉徽認為，當圓內接正多邊形數無限增加時，其周長即愈益逼近圓周長。就是說，用圓內接正多邊形來近似代替圓。圓內接正多邊形數無限多時，其周長的極限即為圓周長，面積的極限即為圓面積。明清時的數學家明安圖、董祐誠、項名達則用「割圓連比例法」來求圓周率和圓面積，就是把任意弧n等分，根據等腰相似三角形對應邊成比例的關係，得出一系列比例關係式，求出相應折線的長度，然後用折線逼近圓弧，從折線與弦矢的關係導出弧與弧矢的關係。而李善蘭的尖錐術，採用了「分離元數」的方法，歸納出一個二項平方根展開式，然後在四分之一單位圓內應用尖錐術就可以計算出一個方內圓外尖錐的合積，從而獲得圓周率 π 的無窮級數值，以此來逼近方圓之較的面積。成為在「割圓術」和「割圓連比例法」之外又一別開生面的方法。

25　《戴煦李善蘭等的數學研究》，《中國數學史》第18章，《李儼錢寶琮科學史全集》第五卷，第354頁。

　　二是求解三角函數和反三角函數的冪級數展開式。採用方內圓外的「截積」與尖錐合積的關係得到「正弦求弧背」，也就是反正弦的冪級數展開式。然後用直除、還原等方法得到其他很多的三角函數和反三角函數的冪級數展開式，特別是正切、正割、反正切、反正割的冪級數展開式是在中國首次獨立地得到的。現代學者認為：「李善蘭用自創的尖錐術這種解析的方法，配合還原、商除等代數運算方法，卓有成效地展開了各種三角函數，把自明安圖以來對三角函數冪級數展開式的研究工作大大提高了一步。」[26]偉烈亞力在當時就評價說：「他（指李善蘭）給出了推演八線互求的新方法，特別是從正割求弧長和從弧長求正割的方法，則是在任何先前本國的工作中尚未給出過的。」[27]

　　三是對數冪級數的展開式。李善蘭在《對數探原》一書中列出了10條命題，從各個方面描述對數合尖錐曲線的性質，然後，根據這些性質就可以得出對數的冪級數展開式。對此，李善蘭也十分自負，稱他「用諸尖錐遞加遞除得」的求對數方法，「以視舊術之正數屢次相乘開平方，對數屢次相加折半至開方數十次而得者，其簡易何啻倍徒也。」偉烈亞力說：「李善蘭的對數論，使用了具有獨創性的一連串方法，達到了如同聖文森特的格列哥利於十七世紀發明雙曲線求積法時一樣的結果。」「（李善蘭）頂多只得到《律曆淵源》所提供的幫助，經過四年的思索，他在書中給出了一個定理，這個定理如果是生在布里格斯和納皮爾時代，足可以使他聞名於世。」[28]

　　李善蘭的尖錐術理論及其應用，主要體現在他的《方圓闡

26　王渝生《李善蘭的尖錐術》。
27　A.Wylie,Notes on Chinese Literature,London（1867）。
28　偉烈亞力：《中國科學簡記：數學》，轉引自汪曉勤《中西科學交流的功臣——偉烈亞力》，科學出版社2000年9月，第7頁。

幽》、《弧矢啟秘》、《對數探原》三書中。《對數探原》最早
見於1850年刊刻的《指海》，《方圓闡幽》、《弧矢啟秘》最早
見於1851年刊刻的續輯《藝海珠塵》壬、癸集。李善蘭直到1859
年在上海墨海書館時，才開始研究微積分，並與偉烈亞力一起譯
出了《代微積拾級》，因此，他在創造「尖錐術」的時候還沒有
接觸微積分，但事實上，李善蘭已經得出了有關定積分公式。偉
烈亞力就認為李善蘭所著書中，「其理有甚近微分者」。李善蘭
的這一成就表明，即使沒有西方傳入微積分，中國數學也會通過
自己特殊的途徑，運用採取中國傳統的思維方式達到微積分，基
本上完成了由初等數學到高等數學的轉變。

第三章　海上異民

隻身遊滬瀆

　　咸豐二年（1852）的五月[1]，李善蘭作出了一個在現在看來可稱作有著歷史意義的決定：離開嘉興，來到上海。

　　咸豐初年的李善蘭，隨著《方圓闡幽》、《弧矢啟秘》、《對數探原》等著作的刊印，「尖錐術」的發明，已無可爭議地成了第一流的算學家。如果他仍在嘉興，在江浙一帶濃厚的學術氛圍中，以李善蘭的勤奮和天才，他將成為像他的前輩李銳、梅文鼎這樣的傳統曆算學的大家——這正是許多算學家夢寐以求的地位。然而，李善蘭在其算學研究到達一個高峰的時候，卻離開了他熟悉的學術環境，來到了一個對絕大多數中國人來說很隔膜的地方——墨海書館，做起了一件他從未做過的工作——譯書。

　　傅蘭雅（John Fryer）《江南製造局翻譯西書事略》記載：

> 李君（李善蘭）係浙江海寧人，幼有算學才能，於一千八百四十五年初印其算學新著。一日，到上海墨海書館禮拜堂，將其書予麥先生展閱，問泰西有此學否。其時有任於墨海書館之西士偉烈亞力，見之甚悅，因請之譯西國深奧算學並天文等書。

　　這一段記載是很值得玩味的。

　　這裡的「麥先生」是指墨海書館的英國老闆麥都思，這裡的「其書」，據說是李善蘭的得意之作、代表當時中國數學界對數

---

[1] 王韜《瀛壖雜誌》：「海昌李壬叔茂才，名善蘭，一字秋紉。精疇人家言，為吳門陳碩甫先生高足弟子。咸豐壬子夏五月來滬，僑居大境傑閣。」上海古籍出版社1989年5月，第76頁。

研究最高水準的《對數探原》。李善蘭專門在禮拜堂前等候麥都思，可見是有備而來，對西方的生活習俗進行了一定的瞭解。據郭嵩燾的記載，墨海書館前面就是一個禮拜堂，麥都思佈道的這個禮拜堂應該就是這一個，而李善蘭在禮拜堂前結識麥都思，其用意更是昭然。李善蘭把《對數探原》展示給麥都思，顯然有毛遂自薦之意，但他問出來的話卻是：你們西方也有這門學問嗎？卻又像有幾分炫耀。李善蘭一面有求於麥都思，希望他能賞識自己，一面卻又放不下知識分子的架子，以表面上的自傲來掩飾內心的渴望。李善蘭的這種委曲細緻、面面俱到的做法，正是典型的江南文人式的聰明。

這實際上也是李善蘭當時的處境和心態的反映。李善蘭的「獨遊滬瀆」，既有主動的追求，也有被迫的無奈。

作為中國頂尖的數學家，李善蘭清楚地知道，中國數學與西方數學的差距有多大。即就李善蘭的尖錐術而言，當時無疑是國內最為領先的，但也就相當於卡瓦列里的時代。顯然，一個一流的數學家要在學術上有進一步的突破，就必須進入到數學研究的前沿，融入到世界數學發展的潮流中，而這在嘉興這樣一個小城中是難於辦到的。從西學傳播的歷史來看，鴉片戰爭後，歐美傳教士將活動基地從南洋的麻六甲、新加坡、巴達維亞等漸漸轉移到廣州、福州、廈門、寧波、上海等東南沿海的通商口岸。而當時的上海，藉著地處富庶的江浙地區、離中國中心地帶比較近的地理優勢，自1843年開埠以來，外國人日益聚居，著名的傳教士如麥都思、雒魏林、文惠廉、偉烈亞力、美魏茶、艾約瑟、合信、施敦力約翰、叔未士、賈本德、慕維廉、高第丕、哥伯播義、楊格非等等，絡繹而來。他們在上海傳播宗教、開設學堂、開辦醫院、出版報刊，上海逐漸成為全國西學傳播的中心。有學者統計，從1843年到1860年，香港、廣州、福州、廈門、寧波、

上海六個城市中，共出版天文、地理、數學、醫學、歷史、經濟等方面的書籍105種，其中香港23種，廣州13種，福州16種，廈門0種，寧波20種，上海33種，上海出版的科學書籍數量名列第一。至於墨海書館，在麥都思、偉烈亞力、艾約瑟等人的主持下，隱然成了中西文人、中西文化交流的一個基地，更是西方知識分子傳播現代科技的一個視窗，與寧波的華花聖經書房一起成為當時最大的兩個西書出版機構。

李善蘭清醒地認識到，要在學術上求得突破，就必須深入接觸和研究西方當代數學研究成果，從這個意義而言，他來到墨海書館是出於主動的追求。後來李善蘭在京師同文館的同事，著名漢學家丁韙良在談到此事時說：

> 聽說上海來了外國人，他（指李善蘭）前往尋求知識之光。在那裡他遇見了倫敦傳教會的偉烈亞力先生，並幫他漢譯侯失勒的《談天》（天文學）、棣麼甘的《代數學》、歐幾里德的《幾何原本》（利馬竇譯過第一部分）、羅密士的《圓錐曲線說》與《代微積拾級》。艾約瑟博士翻譯胡威立的《重學》（力學）時也得到了李的幫助。這些書對李是一系列的啟示錄，他欣喜地發現自己置身於光明的世界，不再在黑暗中摸索。[2]

「欣喜地發現自己置身於光明的世界，不再在黑暗中摸索」，正是李善蘭這時候心情的寫照。

事實上，李善蘭來到上海，還有謀生這一層意義在。他在嘉興的生活狀況並不如意，這從蔣仁榮給他的詩中可以看出。當

---

[2] 《花甲記憶：一位美國傳教士眼中的晚清帝國》，廣西師範大學出版社，2004年5月，第250頁。

時與李善蘭齊名的大數學家，如顧觀光是名醫世家，戴煦出身官僚大家庭，夏鸞翔做過詹事府主薄的小官，項名達家裡是鹽商，中過進士、做過國子監學正，徐有壬本身就官至巡撫，即使如張文虎一介書生，也有固定的可以一做三十年的「校席」。而李善蘭孤身一人在嘉興，做著坐館一類的活。從家譜看，他家裡也無人做官或從商，他的兩個弟弟心梅和心葵也在早年就去世了，生活之窘迫可想而知。李善蘭需要一份固定的同時待遇也不錯的工作，來支持他專心地從事學術研究工作。

簡單地說，李善蘭這時迫切的願望無非兩個：一，能接觸到最新的科學研究成果；二，能讓他衣食無憂，全身心地投入到學術研究中去。而墨海書館，正是這樣一個能同時滿足他這兩個願望的理想所在。

墨海書館的這些優勢，肯定不是李善蘭一個人看到了，但為何絕大多數知識分子沒有作出像李善蘭這樣的選擇呢？這顯然是跟當時知識分子對外國人的認識的有關。

鴉片戰爭以後，清政府於1842年與英國簽訂了中英《南京條約》，1843年英國政府又強迫清政府訂立了《五口通商章程》和《五口通商附粘善後條款》（《虎門條約》）作為《南京條約》的附約。1844年7月、10月，美國和法國乘火打劫，先後與清政府簽訂了中美《望廈條約》和中法《黃埔條約》。從1845年起，比利時、瑞典等國家也都脅迫清政府簽訂了類似條約，中國的主權遭到進一步破壞。鴉片戰爭的失敗和《南京條約》等一系列不平等條約的簽訂，使中國社會發生了根本性的變化。政治上獨立自主的中國，戰後由於領土主權遭到破壞，自給自足的自然經濟解體，逐漸成為世界資本主義的商品市場和原料供給地，中國開始淪為半殖民地半封建社會。這是一直以來以「天朝大國」、「禮儀之邦」自居的清朝士大夫所不能接受的。戰爭與賠款，

「夷」與「夏」的先進與落後，生存與滅亡，這些尖銳對立的現實問題，無情地擺在他們面前。空前的民族危機，使知識分子深深地體會到「知己知彼，方能百戰不殆」。許多有識之士開始睜眼看世界，瞭解國際形勢，研究外國史地，總結失敗教訓，發出了學習西方科學技術、圖強禦侮的呼聲，形成了「師夷之長技以制夷」的思想意識。但同時，絕大多數傳統的士大夫對仗著炮利船堅肆意欺凌中國的英美各國，還是視之為不開化的「蠻夷」，從心裡底是瞧不起他們的，所謂「聞洋人之長便怒、聞洋人之短則喜」。即使迫不得已要向洋人學習「強兵富國之術」、「尚學興藝之方」，但內心還是十分抵觸，腦子裡還是「吾聞用夏變夷者，未聞變於夷者也」之類的舊觀念，甚至視之為是一種有失大國身分的屈辱。與李善蘭幾乎同時代的郭嵩燾的際遇就是一個典型。十分賞識李善蘭的郭嵩燾是清朝政府正式派出的第一個駐英法公使，在當時卻被視作是有辱祖宗的行為，他家鄉的士大夫企圖毀掉他的老宅，還寫了一副對聯來諷刺他：「出乎其類，拔乎其萃，不見容堯舜之世；未能事人，焉能事鬼，何必去父母之邦。」郭嵩燾曾把使英途中見聞逐日詳記，輯為《使西紀程》一書，其中有稱讚西洋政教修明、中國應採用其治國之道等語，一時激起滿朝士大夫公憤，認為他「有二心於英國，欲中國臣事之」，要求將其撤職查辦。郭嵩燾在遊覽炮臺時披洋人衣服，兒了外國國土站立致敬，聽音樂會時拿著節目單，竟也成為「漢奸」的罪狀。郭嵩燾退職回鄉時，斥罵他「勾通洋人」的標語貼滿了大街小巷。郭嵩燾死後9年，還有京官上奏請開棺鞭戮郭嵩燾之屍以謝天下。

更典型的事發生在李善蘭墨海書館的同事王韜身上。王韜於1849年就來到墨海書館，協助艾約瑟等傳教士翻譯《聖經》，其思想遠比同時代的知識分子先進，也是最早認識到學習西方科

學技術是中國強盛的必由之路。然後，即使開通如王韜，當年也是極為鄙視為外國人工作的。他的一位朋友因家道中落，被迫到上海外國洋行去謀職。王韜聽說後，大為激憤，立即寫信勸友人辭職歸來。他在信上說：「足下寄跡瀛壖，雖蘇涸轍，而處身之道未得焉」，即使不得志於科舉，也應該『茹蔬飲水，藉泉石以自晦』，何必干時挾策，為非分之求耶？」王韜並說：「裹足不前者保身之哲也，決心舍去者果斷之士也，事機猶或轉圜，昔非何必不今是，翩然辭去，鼓櫂而西，彈長鋏以歸來，謝知音於海上，尚不失為佳士耳。」[3]

在這樣的氣氛下，士大夫出身的李善蘭隻身一人來到外國人辦的書館裡，給外國人打工，與外國人一起翻譯書籍，可謂是冒天下之大不韙。更何況，李善蘭此時正處於學術的成熟期，在士林中也有了較高的聲望，如果他像大多數士大夫一樣走科舉的「正路」，在科場上博取個功名，可以說是意料中的事。放棄看得見的正途而走上「歪門邪道」，這是要下大決心的。大概也因為這個原因吧，李善蘭到墨海書館後不久，就數次找王韜長談，希望從這位當年極力排斥傭工西人，後來卻在墨海書館工作得甚為愉快的詩人身上，找到自己投身翻譯西書的自信。

王韜的日記《瀛壖雜記》中，咸豐二年（1852）六月四日下記：「晨，李壬叔來舍。壬叔名善蘭，海昌諸生，精天文，善算學，能詩。」從語氣看，這應該是王韜與李善蘭的初次相見。李善蘭來到外國人開設的墨海書館，肯定迫切需要瞭解情況，也需要有一個性情相近的朋友互相幫襯，王韜顯然是最合適的人選。兩天后，王韜記：「壬叔來舍，以《鏡說》一篇相視，詞甚簡峭，頗似柳柳州筆意。……晚間壬叔來舍，劇談竟晷」。「劇

3　《弢園尺牘‧與友人》。清光緒六年香港重刊本，第19頁。

談」之內容雖不得而知，從常理推測，完全可能是王韜向李善蘭介紹墨海書館的種種情形。

王韜向李善蘭說了些什麼，不得而知，當不管怎樣，最後李善蘭是決然來到了墨海書館，可見他對現代西方科技知識的渴望，更可見他的世界眼光與開放進取的文化意識，而這正是李善蘭高出同時代知識分子的地方，也是他最終能成為中國近代科學先驅的思想基礎。十多年後，身為廣東巡撫的郭嵩燾推薦李善蘭到同文館任教，或許正是與李善蘭同氣相投的原因。這當然是後話了。

麥都思在教堂門口接過李善蘭的《對數探原》後，對這本代表著當時中國對數研究最高水準的著作，他不大看得懂，因為他畢竟不是一個數學家，但作為長期在中國生活、浸淫漢學多年的出版家，他深知此書的價值。於是，他約定李善蘭第二天到他的家中詳談。第二天，麥都思專門叫來了在墨海書館負責印刷事務的偉烈亞力。偉烈亞力對中國數學頗有研究。他看了《對數探原》，又與李善蘭進行了深入的交談，對李善蘭的數學才能十分驚奇。於是，就聘李善蘭進墨海書館譯書。偉烈亞力對《對數探原》一書的印象十分深刻，他在《北華捷報》陸續刊出的著名論文《中國科學劄記：數學》中，特別介紹了李善蘭和《對數探原》：

> 有一位李善蘭……現住在上海。他最近出版了一部名叫《對數探原》的小著作，書中以幾何公式為基礎，詳細論述了全新的對數計算方法；他在前言中說，他的方法「較西人簡易百倍」，還說「歐羅巴造表之人僅能得其數，未能知其理也」。這種細微的自滿跡象就這樣一個人而言是完全可以得到寬容的：他頂多只得到《律曆淵源》所提供

的幫助，經過四年的思索，他在書中給出了一個定理，這個定理如果是在布里格斯和納皮爾時代，足以使他聞名於世。[4]

就這樣，李善蘭來到墨海書館，打開了他生命中新的一頁。

墨海書館

李善蘭在墨海書館的時間並不長，從1852年入館到1860年離去，前後不過八年時間，然而，這卻是李善蘭一生中最重要的一站，他作為中國近代科學先驅的地位也是在這時期確立的。因此，瞭解一下墨海書館及其創始人麥都思，有助於充分理解李善蘭在這一時期的思想軌跡。

墨海書館（London Missionary Society Press），創立於1843年，其經費由基督教倫敦會提供，受倫敦會管轄。墨海書館是上海自1843年開埠以後建立最早的新式出版機構。

墨海書館的創始人是英國傳教士麥都思（Walter Henry Medhurst）。麥都思1796年4月29日出生於倫敦，他在14歲時，在格老塞斯跟一位名叫伍德的印刷工人學習印刷技術。當倫敦會在麻六甲設立印刷所時，麥都思申請前往傳教。1816年6月12日，年僅20歲的麥都思抵達麻六甲，開始對華人傳教，同時努力鑽研印刷業務，輾轉活動於檳榔嶼、巴達維亞（今雅加達）等地，成為著名傳教士米憐（William Milne）最重要的助手。1819

---

[4]　偉烈亞力：《中國科學簡記：數學》，轉引自汪曉勤《中西科學交流的功臣——偉烈亞力》，科學出版社2000年9月，第7頁。

年4月27日麥都思被任命為牧師，並於第二年單獨赴巴達維亞傳教。在巴達維亞，他設立教會學校，並於1823年開辦巴達維亞印刷所，並逐漸使之與麻六甲印刷所、新加坡印刷所鼎足而三，成為1842年以前傳教士在南洋建立的三大印刷基地之一。在這期間，他獨立編寫、發表中文書刊達30多種。1842年第一次鴉片戰爭結束以後，麥都思把活動重點從巴達維亞移往上海。麥都思於1843年12月中旬抵達上海，他和雒魏林是最早來到上海的傳教士。12月23日，在上海縣城北門外的大境傑閣附近租賃了一間簡陋的民屋，定居下來，並將巴達維亞印刷所遷到上海，改名為「墨海書館」。之所以命名為「墨海」，一方面自是取其書墨瀚海之意，另一方面，也是「墨海」的讀音與「Medhurs」相近的緣故。1846年8月，墨海書館遷往山東路，這地方附近皆是農田，視野開闊，空氣清新，因麥都思的關係，這塊地方被人們稱為「麥家圈」。「麥家圈」恰好位於由英法租界構成的方塊中心，東至外灘、西至泥城浜、南至縣城、北至蘇州河的距離都差不多。因而在開埠初期的上海，墨海書館自然而然成了英租界上海英僑重要的文化與社會活動場所。

墨海書館開始時，仍和在南洋一樣，印刷《聖經》和一些宗教小冊子。書館所用的印刷設備，是由麥都思從南洋所帶來，使用中文活字。有大小英文鉛字7種、中文鉛字2種（等於2號、4號大小）。擁有鐵製印刷機3台。當時一般所用的凸版印刷機是手扳架，日印刷不過數百張。後來發展為用手搖輪轉機，印速雖增至每小時數百張，但仍不夠理想，而且頗費人力。墨海書館的印刷機開始也是用手搖，到1849年，為了適應大批印刷《聖經》的需要，改用機械印刷，以牛拉代替蒸汽動力，印刷速度大為提高，幾小時能印幾千頁紙。墨海書館首先用牛拖拉機器以代替人力，成為當時的一大奇觀。王韜曾在墨海書館工作多年，他對墨

海書館及印刷過程作過具體的描述。

在《漫遊隨錄》，他記述了戊申（1848年）正月初到墨海書館的見聞：

> 上海自與泰西通商，時局一變。丁未仲夏，先君子饑驅作客，小住滬北。戊申正月，余以省親來遊，一入黃歇浦中，氣象頓異。從舟中遙望之，煙水蒼茫，帆檣歷亂，浦濱一帶，率皆西人舍宇，樓閣崢嶸，縹緲雲外，飛甍畫棟，碧檻朱簾。此中有人，呼之欲出；然幾如海外三神山，可望而不可即也。

> 時西士麥都思主持墨海書館，以活字版機器印書，竟謂創見。余特往訪之。竹籬花架，菊圃蘭畦，頗有野外風趣。入其室中，縹緗插架，滿目琳瑯。麥君有二女，長曰瑪梨，幼曰婭珊，皆出相見。坐甫定，即以晶杯注葡萄酒殷勤相勸，味甘色紅，不啻公瑾醇醪也。又為鼓瑟一曲，抗墜抑揚，咸中音節。雖曰異方之樂，殊令人之意也消。後導觀印書，車床以牛曳之，車軸旋轉如飛，云一日可印數千番，誠巧而捷矣。書樓俱以玻黎作窗牖，光明無纖翳，洵屬琉璃世界。字架東西排列，位置悉依字典，不容紊亂分毫。與麥君同在一處者，曰美魏茶，曰雒頡，曰慕維廉，曰艾約瑟，咸識中國語言文字。

在《瀛壖雜誌》中，他詳述了墨海書館的印刷機：

> 西人設有印書局數處。墨海其最著者。以鐵製印書車床，長一丈數尺，廣三尺許。旁置有齒重輪二，一旁以二人司理印事，用牛旋轉，推送出入。懸大空軸二，以皮條之

為經，用於遞紙，每轉一過，則兩面皆印，甚簡而速，一日可印四萬餘紙。字用活板，以鉛澆製。墨用明膠、煤油合攪煎成。印床兩頭有墨槽，以鐵軸轉之，運墨於平板，旁則聯以數墨軸，相間排列，又揩平板之墨，運於字板，自無濃淡之異。墨勻則字跡清楚，乃非麻沙之本。印書車床，重約一牛之力。其所以用牛者，乃以代水、火二氣之用耳。[5]

　　墨海書館的印刷機，當時稱之為「印書車」，屬於時髦之物，自是引人注目。李善蘭的摯友徐有壬在家鄉湖州丁憂時，專門於咸豐七年（1857）四月來墨海書館觀摩印書車，而王韜也一本正經地把這事記到日記中。王韜在日記中還記述了嘉定縣知縣王壽邁（佛云）於咸豐十年四月來墨海書館，「觀印書車良久，歎共奇妙，罕與之比」。可見這印書機實是非同小可。李善蘭在嘉興時的詩友孫瀜，這時也到了上海。一次，他在王韜的帶領下參觀了墨海書館的「印書機」後，「歎其機輪巧妙」。接著又來到一家制衣作坊，是一被稱為「桑娘」的美國女子所開，有一件西國縫衣奇器，「見其縫衣之器，輪軸圓轉，運針若飛」。他把這兩件稀罕物相提並論，寫下了兩首絕句：

　　　　車翻墨海轉輪圓，百種奇編宇內傳。
　　　　怔殺老牛渾未解，不耕禾隴種書田。

　　　　鵲口銜絲雙穗開，銅盤乍轉鐵輪回。
　　　　纖纖頃刻成千縷，親見針神手制來。

5　《瀛壖雜誌》，上海古籍出版社，1989年5月，第118、119頁。

　　李善蘭來到墨海書館後，立即成為一位引人注目的人物。在當時對墨海書館的記載中，多次提到了李善蘭。近代詩人黃燮清[6]咸豐八年遊覽上海，寫了一組專門詠新奇事物的詩，叫做《海上蜃樓詞》，三十首，其中有一首即是《詠墨海館》（墨海書館當時人多稱為墨海館）一詩云：

> 榜題墨海起高樓，（王韜注：西人印書館。）
> 供奉神仙李鄴候。（王韜注：謂壬叔。）
> 多恐秘書人未見，
> 文昌光焰借牽牛。（王韜注：謂印書車以牛曳。）[7]

　　這裡的「李鄴候」即是指李善蘭。唐代李泌以布衣身分而為帝皇師，屢建奇功，被封為鄴候。李泌藏書很多，後來稱書架為「鄴架」。黃燮清把李善蘭比如李泌，顯然是讚賞他學問淹博。「借牽牛」則是指以牛拖動印書機。

　　郭嵩燾咸豐六年（1856）二月初九，參觀了墨海書館，他在當天的日記中寫道：

> 至墨海書館。有麥都事者，西洋傳教人也，自號墨海老人。所居前為禮拜祠，後廳置書甚多。東西窗下各設一球，右為天球，左為地球。麥君著書甚勤。其間相與校訂者，一為海鹽李任叔，一為蘇州王蘭卿。李君淹博，習勾股之學。王君語言豪邁，亦方雅士也。為覓《數學啟蒙》

6　黃燮清（1805～1864），近代文學家。原名憲清，字韻甫，號韻珊，又號吟香詩舫主人。浙江海鹽人。著有《倚晴樓詩集》12卷，《倚晴樓詩續集》4卷，《倚晴樓詩餘》4卷，存詞220餘闋，《國朝詞綜續編》24卷，《倚晴樓七種曲》等。

7　《瀛壖雜誌》，上海古籍出版社，1989年5月，第79頁。

一書，為偉烈亞力所撰。偉君狀貌無他奇，而專工數學。又有艾君，學問尤粹然，麥都事所請管理書籍者也。外贈《遐邇貫珍》數部，前格物理一二事，而後錄中外各處鈔報，即所謂新聞報也。王君挈眷寓此，所居室聯云：「短衣匹馬隨李廣，紙閣蘆簾對孟光」，亦有意致。詢其所事，則每日出坐書廳一二時，彼所著書，不甚諳習文理，為之疏通句法而已。[8]

這裡郭嵩燾稱李善蘭為「海鹽李任叔」，誤「壬」為「任」，可見郭是第一次與李善蘭見面。值得注意的是，郭嵩燾在「即所謂新聞報也」一句，旁注道：「刷書用牛車，范銅為輪，大小八九事。書板置車箱平處，而出入以機推動之。其車前外方小輪，則機之所從發也，以皮條套之。而屋後一柱轉於旁設機架。牛拽之以行，則皮條自轉，小輪隨之以動，以激轉大輪。紙片隨輪遞轉，則全板刷印無遺矣。皮條從牆隙中拽出，安車處不見牛也。西人舉動，務為巧妙如此。」連見多識廣的郭嵩燾也在其日記中專門記載墨海書館的印書機，可見其在當時確屬於先進科技之列了，也可見墨海書館影響之大。

墨海書館自1860年以後便不再出版新書，其西學出版基地的地位被從寧波遷來上海的美華書館所替代。據學者統計，從1844年到1860年，墨海書館共出版各種書刊171種，屬於基督教義、教史、教詩、教禮等宗教內容的138種，占總數的80.7%；屬於數學、物理、天文、地理、歷史等科學知識方面的33種，占總數的19.3%。[9]值得注意的是，墨海書館出版的科學書籍基本上全在1852年李善蘭來到墨海書館以後。雖然不能說，是李善蘭的到來

8　郭嵩燾：《郭嵩燾日記》，第一卷，湖南人民出版社1981年版5月，第33頁。
9　熊月之：《西學東漸與晚清社會》，上海人民出版社1994年版，第188頁。

使墨海書館開始大量出版科學知識書籍，但毫無疑問，墨海書館所以能成為當時最有影響的西學傳播中心，李善蘭是起了極其重要的作用的。

詩酒徜徉

　　李善蘭來到墨海書館後，住在大境傑閣。大境傑閣位於上海縣城北門，是墨海書館的舊址，1843年墨海書館設立時就是在這裡的，後來才搬到「麥家圈」。

　　大境傑閣是上海的一處名勝。明代中葉，為抵禦倭寇襲擊和騷擾，上海的士民構築了城牆，並在城北築了4座大箭台，以供瞭望禦敵之用，分別取名為「萬軍」、「制勝」、「振武」和「大境」。後來，隨著倭寇平靖，箭台也漸漸廢棄不用。人們在箭臺上分別建造了丹鳳樓、觀音閣、真武廟和關帝廟，其中關帝廟就建在大境臺上，成為登高遠眺、拈香膜拜和休閒娛樂的好去處。清嘉慶二十年（1815），又在大境箭台及城牆上建造了一座三層抱廈式的廟宇樓閣，飛簷翹角，危欄曲檻，金碧輝煌，被譽為「三層傑閣」。當時，大境三層傑閣在上海城內可以算是一座很高的建築了，又附庸城牆、箭台，背靠城廂，「其下槿籬茅屋，古樹叢篁。時於缺處望見危欄曲檻，而即之則小澗平橋，紆回始達。曠土數畝，間植桃柳，暮春花開，朱碧相映，時當祓禊，士女如雲。比日夭桃零落，僅數十株著花矣，然踏青者猶接跡也。」[10]平民百姓在此休閒遊覽，達官貴人則是在三層傑閣上

10　王韜《瀛壖雜誌》，上海古籍出版社，1989年5月，第41頁。

飲酒、賦詩、作畫，以為風雅。

　　大境傑閣面對城外，過護城河，就是大片農田，有茅屋、古樹、小橋和流水，附近還有桃林、柳樹，春天桃紅柳綠，是踏春者喜到之處。冬天登樓遠眺，一片銀裝素裹。清時上海城廂八景之一的「江皋雪霽」，就是指登臨大境燈閣，遠眺城外初晴後的雪景。李善蘭選擇在大境傑閣居住，可能因為這裡是墨海書館的舊址，麥都思在此有空閒的房屋。而大境傑閣開闊的視野，優美的風光，鬧中取靜的環境，也很合李善蘭的性情。正如王韜所言：「大境閣甚高，窗櫺四達，清風徐來，盡堪追署。」李善蘭剛住大境傑閣時，王韜時常去看他，在閣上「納涼玩月，煮酒縱談」。王韜看到大境傑閣的四壁上寫滿了遊客的「惡詩」，大呼惡俗，就請人叫人泥水匠，把閣壁粉刷一新。一次兩人登上閣頂，李善蘭縱聲長嘯，四周松林竹園為之答響。王韜說，李善蘭是三國時的大名士陳元龍一流的人物，真該高臥此百尺樓上。據史載，大境傑閣在咸豐三年至十年間（1853－1860），曾兩次毀於清軍與太平軍的戰火。李善蘭一生對太平軍抱著仇視的態度，跟他親歷其境有著很大的關係。

　　自進入墨海書館後，李善蘭的世界打開了一扇新的大門，他從相對封閉的嘉興來到得風氣之先的上海，生活的空間一下子擴大了許多，他的人生立即變得豐富起來，旺盛的生命力在上海找到了一個釋放口，無論是著書立說還是社交生活，墨海書館的八年都是李善蘭一生中最為多姿多彩的一段。

　　李善蘭在墨海書館時，他的朋友圈子基本上可分為明顯的兩個，一是墨海書館裡的外國同事，如偉烈亞力、艾約瑟、慕維廉等，他們共同譯書，一起工作，相互之間不可謂不熟悉，關係不可謂不密切，但從個人感情上說，始終隔了一層。這除了風俗習慣的因素，更主要的還在於「華夷之防」。士大夫出身的李善

蘭，即使他在思想上能充分地認同，從感情上是無論如何不可能
與一個外國人成為真正的知己朋友的，退一步說，即使李善蘭在
感情上能夠認同，當時的社會環境也很難認可這種華夷之間的友
誼。而對於偉烈亞力等人而言，可能會由衷佩服李善蘭的數學才
能，並視作工作上的好夥伴，但他們的生活圈子還是會本能地拒
絕中國人的融入。這種情形一直到二十多年後在京師同文館仍是
如此。另一個朋友圈子是江浙一帶寄寓在上海的詩人、畫家等文
人墨客、社會名流，如姚燮、胡公壽、周騰虎、龔孝珙、郭友
松、黃韻珊、張鴻卓、江弢叔、楊醒逋、張熊等。他們幾乎天天
在一起吟詩作賦、飲酒作樂、征逐聲色，完全是傳統文人的那一
套。即使是墨海書館裡的中國同事，如王韜、管嗣復、蔣敦復
等，形成他們同氣相投的，也因為是文人而不是因為同事。李善
蘭這兩個朋友圈子的形成及其互相間的關係，是很值得回味的。

　　李善蘭似乎是一個把工作和生活截然分開的人，用現在的話
來說，是一個瘋狂工作又瘋狂娛樂的人。他在墨海書館的七八年
間，翻譯了七八本西方科學著作，領域涉及數學、物理學、天文
學、植物學等，他甚至還翻譯過一本《照影學》，每一本都是精
品力作，此外還著有《火器真訣》一書，工作之緊張可想而知。
然而，從墨海書館出來回到大境傑閣，他又變得放浪形骸，似乎
成了一個「才子狂生」。他與王韜、蔣敦復經常「同至酒樓轟
飲」，[11]「以詩酒徜徉於海上，時人目為三異民」。[12]

　　「異民」之「異」，從下面這個故事中可見一斑。姚燮一
次作了一幅《懺綺圖》，這是姚燮的傳世名畫之一。這幅圖是描
繪姚燮在家中的生活情景。畫中姚燮端坐於蒲團上，怡然微笑若
有所悟。身邊侍姬環繞，或解書囊，或鋪帛紙，或輕聲對語，或

---

[11]　王韜：《淞濱瑣話》，重慶出版社2005年版，第99頁。
[12]　黃式權：《淞南夢影錄》卷三。上海古籍出版社1989年版，第130頁。

倚樹觀望，或正結伴趕來，神態各異，栩栩如生。空中一輪明月，夜色如水，桃林煙彌霧漫，竹林枝葉蕭蕭，構成一幅清逸出塵的畫面。姚燮畫成後，十分得意，邀了朋友同賞，其中便有李善蘭、王韜、吳公壽等人。姚燮請胡公壽為《懺綺圖》題詩。胡公壽作畫是行家，但作詩就未必了。胡公壽思之良久，感覺無法措詞，就請李善蘭代作。李善蘭說，代作可以，但必須讓蔡韻卿為我捧硯。蔡韻卿是上海名妓，為胡公壽所悅，輕易不讓她與人相見。但這次為了讓李善蘭代詩，只得答應。李善蘭就先與蔡韻卿下了一局圍棋，弈罷，又讓蔡韻卿捧來冰桃雪藕，說是「聊以滌詩腸也。」蔡韻卿為李善蘭磨墨鋪紙，說：「請償詩債！」李善蘭於是一揮而就，題了兩首七絕。詩曰：「難了茫茫蘭絮因，劇憐清淨兒女身。盡教紅粉歸香界，大向花叢展法輪。」「懺綺何如不懺便，綺情深處即真禪。阿難不入摩登席，那得楞嚴第一篇。」

　　詩人、畫家，名畫、名妓，這可謂是典型的文人娛樂。「懺綺何如不懺便，綺情深處即真禪。」說是悟禪也能，說是自嘲也罷，李善蘭此語，正是其此時心理的真實寫照。

　　像這樣的場合，可說是此時李善蘭生活中的日常情景。在王韜的《瀛壖雜記》（收入王韜咸豐二年六月到咸豐十年的日記）中，隨處可見這樣的記載：

　　　　（咸豐二年六月七日）夏日薄暮，予偕壬叔散步城閩，見垂楊影裡斜露雙扉，有一女子亭亭玉立，淡妝素抹，神韻不可一世。旁侍小婢，年齒稍長，見余至即掩扉而入。板橋一曲，竹籬四圍，無從覓其蹤跡。於麂眼中窺之，只見羅裙窣地，隱約可辨而已。予戲效表聖《詩品》，口占四句以紀其事曰：「清飆颯至，晚蟬微鳴；美

人一笑，小橋前橫。」壬叔聞之，亟稱其妙。

（咸豐二年六月十四日）薄暮，遹唔正參小集茶寮，藹堂、長卿、子卿咸在，閒話良久。頃之圓月已上，色甚皎潔。同正參至大境遹訪壬叔，與之劇談。壬叔徘徊月下，曰：「萬里無雲，上下一色，如此良夜，何以消遣？」予曰：「有此明月，對此良景，絕無杯酒，其何以堪？」壬叔大笑。乃命小僮沽酒對酌，出詩文與正參閱之。

（咸豐二年六月二十三日）薄暮，至大境閣赴壬叔宴，同席錢石葉、胡小橋、春帆、鍊師以及篠峰、約軒、循甫，異饌佳餚，臚列几案。壬叔飲甚豪，期作酒國之王，春帆、鍊師已頹然醉矣！是日立秋，篠峰為作《賀新涼》一闋以紀其事。壬叔於夢中得句云：「落花湖畔曾經過，經過何人問落花。」

（咸豐二年七月十四日）既夕，以酒券取淳醪一石，薄具祭肉祀品數簋，招諸友小飲於西窗。期而不至者，藹堂、梅苑，不速自來者，杏圃一人。螢燭已剪，賓朋未集，乃折簡召壬叔至，以破寂寞。壬叔將至西泠，即借此筵以為祖餞。是夕正參辯論鋒起，壬叔、長卿與之力爭，余亦抵掌和之。旁人見之盡詫為癡，而此中人不自覺也。

（咸豐二年十二月十三日）裳卿來舍，至四牌訪壬叔，約軒、小坡出「乞詩圖」，與余閱之。頃之，蔣劍人亦至，共詣黃墟轟飲，座中聯句多不成篇：著屐踏殘雪，買醉黃公墟，相逢酒賢聖，載賡詩唐虞，時清束高閣，吾輩猶江湖，歲暮歸未得，痛哭聊狂呼。聯至此，興盡不能再屬。乃往蔬館中啖飯。劍人期嗜片芥，即至勾欄院中。

（咸豐八年九月九日）重陽，晴，是日購螯一簋，小

如蟛蜞。夜間沽燒春一卮，特邀壬叔、小異，持螯為樂，
聊應佳節。

（咸豐九年四月十五日）薄暮，同壬叔往訪公壽，
與之縱談書畫，約往酒樓小飲，所煮鰣魚極肥美。酒罷飯
飽，同公壽供養煙雲，亦是一樂。[13]

　　呼朋喚友，詩酒流連。奇文共欣賞，豔跡同尋訪，吟詩、作
畫、互相間開一些「謔而不虐」的玩笑甚至惡作劇，喝酒是「轟
飲」，聊天是「劇談」，辯論是「力爭」，李善蘭的生活似乎總
是很熱鬧。他一回到朋友中間，就不再是一個嚴謹的學者，倒像
是一個放浪形骸的狂生了。

　　有意思的是，這時期的李善蘭還經常和王韜等一班文人朋
友一起「訪豔」。王韜說：「滬城青樓之盛，不數揚州。二分明
月，十里珠簾，舞榭歌臺，連甍接棟。每重城向夕，虹橋左側曲
巷中，燈火輝耀，笙歌沸騰，無不爭妍取憐，弄姿逞媚，門外鈿
車駢溢，飛塵散香。裙屐少年，洋舶大賈，輒墜鞭留謙。……酒
地花天，別一世界，女閭成市，脂夜為妖，風俗淫靡，可謂極
矣。」[14]在這樣的氣氛中，李善蘭和他的朋友們一起訪豔，不僅
不是一件惡俗的事，反而是一樁風流雅行，所以，王韜在日記中
多次津津樂道地記載了他與李善蘭一起冶遊的經過：

（咸豐八年十月八日）飯罷，與次公、壬叔往詣新關，訪
孫澄之……乃迂道往清桂堂，忽晤邱謙六亦來，同登樓
上，見金珠校書，頗可人意。……復往雙慶堂訪豔，有愛

---

[13]　《瀛壖雜記》現藏臺灣「中央研究院」傅斯年圖書館，轉引自洪萬生《王韜日記
中的李善蘭》，臺灣《科學史通訊》1991年第十期，第9至第14頁。

[14]　王韜：《瀛壖雜誌》，上海古籍出版社，1989年版，第11頁。

卿校書，容雖中人，而談吐詼諧，妙解人意，亦頗不俗。
壬叔遂與定情，纏綿久之而別。

「校書」者，即是妓女，因唐時名妓薛濤而得名。晚清時的
上海，校書一般是指書寓、長三這兩類高級妓女，她們往往「工
吟詠，擅書畫」，身邊都有著一個或幾個文人朋友，如上面講到
的蔡韻卿之於胡公壽，還有像胡寶兒之於王韜等，而李善蘭，則
與一名叫「薛銀濤」的相好。

王韜在日記中多次記述李善蘭訪豔之事：

> （咸豐十年三月八日）暮，壬叔來，同入城中訪豔，
> 得見桂馥校書，潔白肥澤，不殊顧大肉屏風也。鴇母供片
> 芥，坐良久，乃與壬叔別去。

> （咸豐十年三月十四日）薄暮，壬叔來，同入城往遊
> 北里。有薛銀濤者，眉目娟秀，豐致苗條，為此中翹楚。
> 壬叔極所屬意。兩情方濃，殆溺不肯出矣。

> （咸豐十年三月二十五日）酒罷，同梅塢訪豔，迄
> 無所遇。聞壬叔在褚桂生家，即乘興闖入。桂生為吳門名
> 妓，豔噪一時。茲年大色衰，而俊骨珊珊，尚可為此中翹
> 楚也。所蓄雛鬟二三，善解人意。薛銀濤亦在，壬叔左擁
> 右抱，意頗得。甚恐一入迷香洞中，不能復出，待至金盡
> 裘敝，浩然思歸，則晚矣。

> （咸豐八年十月二十五日）飯罷，次公來訪，將遷寓
> 至東關外矣。約作北里之遊，為竟日歡。遂同壬叔至四牌
> 樓雙福小舍，有巧妹錄事，容色頗可，宛轉隨人，為此中
> 翹楚。

> （咸豐十年閏三月六日）薄暮，入城訪壬叔，不值，

至褚桂生校書家訪得之。同往薛銀濤小舍，銀燭乍燃，鴇
母前請肴饌，設宴於外舍，斗室精潔，卮饌皆有序。[15]

　　在咸豐十年三月八日至閏三月六日的短短個把月，在日記
中就記下了李善蘭的四次冶遊。而在此期間，王韜在日記中還記
下了與別的朋友多次冶遊經歷，也完全可以推斷，李善蘭單獨或
與王韜外的其他朋友一道訪豔的肯定也還有。這幾乎等同於今天
的文人之間相約結伴吃飯、喝茶了。名士龔孝拱是龔自珍之子，
也以縱情聲色出名。他自稱「半倫」，半倫者，是言其無君臣、
父子、夫妻、兄弟、朋友之道，只愛一個小老婆，五倫去了四倫
半，故曰「半倫」。咸豐十年，他看到王韜自著的一冊《海阪冶
遊錄》，這實際上是上海各處妓院的說明書。就問王韜：「今日
可能按圖索驥否？」王韜半是炫耀半是心酸地說：「自遭亂離之
後，風流雲散，芳訊頓杳，此編只可當作白頭宮人談開寶繁華
耳。」逛妓院逛到能編出一本書來，當年王韜與李善蘭訪豔之頻
繁，可見一斑。

　　冶遊在他們看來是那樣的正常，以致他們冶遊往往喜歡帶著
朋友一起，即使是自己的相好也不避諱，很有點「獨樂樂不如眾
樂樂」的意思，而朋友之間，也不妨拿這種事來開玩笑。王韜有
個相好的妓女叫作胡寶兒，據王韜《瀛儒雜誌》中說，清同光年
間，胡光鏞（雪岩）是上海最出名的買辦，胡公壽是上海最出名
的畫家，胡寶兒是上海最出名的妓女。同時，這三人是上海的有
錢名人，遂被合稱「海上三胡」。王韜一次在日記中惟妙惟肖地
記錄了他和李善蘭共至胡寶兒處的情形，今天讀來，有如小說，
令人發噱：

---

[15]　王韜：《王韜日記》，第150頁、第154頁、第157頁、第159頁。

仲夏中，瀚（王韜）同海昌李君壬叔詣寶兒。寶兒淡妝素
抹，挽慵來髻，不施脂粉，自覺嫵媚異常。見予驚喜殊
甚，雙眥熒狀，盈盈欲涕。一兒哭跌於榻，視余而笑。寶
兒私謂予曰：「自郎別後，妾靡日不思，屢遣董嫗藉達微
波，而郎君門深如海，無由得達。繼我家老僕遇郎於途，
其時郎與數友偕行，又難啟齒。妾每晨臨鏡理妝，輒為泫
狀，自恨命薄，不得復與郎相見吐妾衷曲。妾家盍無餘
粟，桁無懸衣，惟郎君是賴，郎君獨不憐妾乎？妾與郎君
緣雖淺情實深，妾非飛茵墮溷之流也。願偕郎君堅囊盟踐
宿約，永矢白頭。郎君其勿棄妾也。」余聞其言，為之潸
狀，執其手曰：「余何忍負卿？」時將薄暮，余辭而出，
寶兒以纖手攜余送至唐梯，囑余復至，意依依若不忍舍
者。余撫慰再三，乃始褰帷而入。壬叔笑曰：「予從壁上
觀，猶代君魂消，況身歷其境者？寶兒其殆一往情深者也
耶！」

　　有一次，李善蘭和一幫朋友在訪豔時，還糊裡糊塗地惹上
了一場官司。王韜對此有詳細的記載。那是一個冬天的晚上，李
善蘭、王韜、蔣敦復、雷約軒等一起「聯詩擊節，飲酒高歌」，
然後醉醺醺地同至勾欄院中。興致正濃時，有一妓女對蔣敦復出
言不遜，蔣敦復「怒而出」，一口氣無處發洩，藉著酒勁，把別
的客人轎子上的玻璃打破了。在那個時候，玻璃還是很稀罕的東
西，這事就不大不小了。眾人趁著酒意，一哄而走。李善蘭走在
最後，被妓院裡的人抓住了。王韜等人等了一宿，也不見他回
來。到縣衙裡去打聽消息，也是沒有著落。一直到第二天午後，
李善蘭才被釋而歸，身上的羊裘、頭上的帽子都被剝去了，披頭
散髮，十分狼狽。後來大家請官府的朋友幫忙，這事才算了結。

浪跡歎飄零

　　李善蘭雖然放浪不羈，卻倘就此認為他是一醉生夢死之輩，則未免皮相。事實上，在狂放的生活中，李善蘭也時刻在關注著時局，內心渴望著能有一用武之地，為國家的中興出力。

　　鴉片戰爭後的清王朝，內憂外患日益嚴重。一面是英美列強咄咄逼人，倚仗炮利船堅，一步步想把中國變成殖民地。一面是太平天國起義聲勢浩大，席捲了大半個中國，內亂不已。上海是五口通商的城市之一，李善蘭又身處於外國租界內。同時，上海又是太平軍與清軍交戰的前沿。李善蘭在墨海書館期間，太平軍在江浙滬一帶連年大戰，咸豐三年（1853），劉麗川領導的小刀會更是在上海起事，抓獲了上海道台吳健彰。可以說，李善蘭對於內憂外患有著切身的認識。因而，朋友之間聚會，他們經常熱烈討論，發表對時局的意見，抨擊社會弊端。在《王韜日記》中，多次記載李善蘭與朋友之間「劇談」、「雄辯」：

> 　　雷約軒葆廉、李壬叔善蘭、陳循父來訪。同至茶寮，登樓啜茗，劇談竟日。
> 　　午後同壬叔至玉泉軒啜茗，縱譚天下大計。
> 　　往訪壬叔不值，夜飯後再過大境與壬叔劇談。
> 　　薄暮，偕壬叔至玉泉軒啜茗，劇談軼事。
> 　　午後，往福泉城，往茶寮小啜，得見次公、近泉、小異、壬叔皆在，縱談一切。
> 　　夜，煮酒剪燈，與壬叔縱談一切，宵深始睡。
> 　　既夕，同蓮溪、壬叔、晝三至馨美樓啖牛脯。高談雄辯，四座皆驚。

　　「劇談」的具體內容雖沒有記載，但從「縱譚天下大計」、「縱談一切」、「四座皆驚」等推測，不外是評時事、斥當局、發牢騷、言志向之類，而談論得最多的，是列強對中國的入侵和太平天國起義。如一次李善蘭的一位朋友來信勸李善蘭應試，信中談及「跳樑小寇事」（當是指太平軍），深可扼腕。李善蘭與王韜一邊喝酒一邊劇談，「酒酣耳熱之餘，徒呼負負」。還有一次，李善蘭與王韜喝茶時，深為國事擔憂，兩人議論來議論去，竟認為「天下之壞，始於林少穆（林則徐）焚煙之舉」。因為虎門銷煙，「啟釁邊疆，而又不能臨事決斷，奮剪逆氣，以安海內。迨乎王師敗績，興屍啟羞，而天下始知中國之無人，外邦亦窺朝廷之虛弱，引粵西賊匪所以陰蓄異謀，肆然無忌也。」把外侮與內亂一古腦兒地推到了林則徐禁煙上。

　　李善蘭也仇視太平天國。李善蘭出身於士大夫家庭，從小受到的是「君君臣臣」、忠於朝廷的正統教育，把太平天國視為「反賊」，這是完全可以理解的。同時，李善蘭在嘉興、上海之際，正是太平天國如火如荼之時。太平天國自咸豐三年三月佔領南京後，對浙江、江蘇、上海一帶影響強烈，幾年中社會激烈動盪，曾國藩的湘軍在江蘇、上海一帶與太平軍反復較量，戰火連天，生靈塗炭，百姓流離失所，民不聊生，有的地區「男女逃避，煙火斷絕」。對經濟社會造成了極大的破壞，李善蘭目睹這一切，自然而然地把這一切歸之於太平軍之亂。太平天國不少錯誤做法，如戰敗逃跑途中的燒殺搶掠，如反對儒家倫理，「詩書典籍，掃地蕩盡」，知識分子聞風而逃，這是在租界裡學習西方科學技術的李善蘭所不能接受的。而李善蘭的一些朋友，如徐有壬、張福僖、韓應陛、顧觀光等，或直接或間接地死於太平軍起義，則更加深了李善蘭對太平天國的敵對情緒。有一件事頗可說明問題，《蕩寇志》剛剛刻印，李善蘭就想方設法找到一部，放

在家裡。《蕩寇志》又名《結水滸》，是一部宣揚鎮壓農民起義的小說，於咸豐三年初版，為《蕩寇志》作序的正是李善蘭的老師陳奐。咸豐三年，太平軍攻下南京，清政府官員們逃至蘇州，竟把《蕩寇志》版片也帶去，在蘇州大量印行。李善蘭愛看這本政治意義極強的小說，其立場是顯然的。王韜在向李善蘭借閱此書就說：「《蕩寇記》，暗指今楊秀清而言。」

咸豐三年，太平軍攻克南京，寓居南京的武官湯貽汾帶著全家投荷池以殉國。湯貽汾字若儀，號雨生，江蘇武進人。是著名畫家，與戴熙並為清中期的山水畫大家，有「戴湯」之稱。李善蘭在上海聽說湯貽汾之死，十分悲傷，當場就寫了一首詩以挽之：

> 欃槍掃空乾坤黑，猰貐百萬飲人血。
> 炮車殷城飛霹靂，熊羆驚竄鴛皇泣。（自注：賊令居民男女異居，雖夫婦不得見。）
> 將軍披髮見列祖，手握丹心照天赤。
> 媵妾驕兒含笑隨，肌膚瓊瑛肝腸鐵。
> 天廷一哭銀河翻，傾向人間妖氛熄。[16]

這首詩的感情色彩十分強烈，可見李善蘭對太平軍的敵視程度。

這個時期的李善蘭，有了在墨海書館裡固定的工作，應該是衣食無憂了。從他與朋友之間詩酒流連、縱情聲色看，好像還有點一擲千金的派頭。而事實上，李善蘭的生活是相當窘迫的。他幾年中刻印了七八本譯作，但這非但沒有稿酬一說，刊印時還得求人資助，他多次奔走於松江、南匯等地，向熱心於西學傳播的

---

[16] 〈題湯雨生將軍絕命詞後〉，見《聽雪軒詩存》卷上，第6頁。

富紳求助。李善蘭這時期的生活，有點像三四十年代上海灘上的窮文人，名聲不小，成就不小，牢騷更是不小。天天除了寫作，就是一幫文人朋友浪跡於酒肆、妓院，動不動就使酒罵座，抨擊當局。上午還跟某大員平輩論交談笑風生，下午卻就得找朋友借錢買醉。看起來是風光無限，實際上卻是窮得可憐。

李善蘭的經濟狀況似乎從來就沒好過。他到墨海書館的目的之一，就是要擺脫潦倒的困境。事實上，當時來墨海書館的中國士子，都可說走投無路才出此「下策」的。比如王韜，1849年江南水災，王韜的父親又因病逝世，家境難於維持，一時又找不到合適的出路。想起前一年在墨海書館參觀時，麥都思對他的才能十分欣賞，就來墨海書館做了麥都思的中文助手。管嗣復是江蘇南京人。咸豐三年太平軍攻克南京，他從俘虜隊伍中伺機逃出，後被艾約瑟帶到墨海書館。蔣敦復是江蘇寶山人，秀才出身，五赴省試不售。太平軍起，相傳他曾上策東王楊秀清，不用，轉而又多次向朝廷獻策，又不用。不得已，來到墨海書館翻譯西書為生。可見他們之所以來墨海書館，都不同程度地有點無可奈何的意思。

平心而論，在墨海書館中工作，待遇也不見得很差，但李善蘭等卻總是在說窮。這裡有文人喜歡哭窮的習性，也是相當部分的事實。李善蘭是家裡的長子，父親死後，家庭的重擔就落到了他的身上，家計負擔重，這是一。李善蘭幾乎天天要和一幫朋友喝酒、飲茶、遊園、逛妓院，開銷也很大，這是二。更重要的是，李善蘭是第一流的數學家，在學術界有著相當高的地位和名聲。像中國大多數文人一樣，無論表現得如何的不關心世事，潛意識裡總以為自己有著經天緯地之才，一有機會便可治國平天下的。以李善蘭的自負，墨海書館只以翻譯西書的薪水來雇傭他，無論如何是感到委屈的。

　　李善蘭此時生活的窘迫，可從跟他狀況相同的王韜來參照。咸豐八年年底，王韜曾兩次寫信向當時的上海道台吳彰健求助。先是送上西書六種和他自己的一本著作，「以書換羊」。此後又致一信，說時到年底，「酌鄰款客，非空廚之可延；折券償逋，必障籬之如舉」，並隱約透露出如不滿足，「有挾與求」。但吳彰健對王韜這位大名士並不大買賬，「書去，仍得杳然。要求無術，竿牘徒勞。」王韜不免有點惱羞成怒，一面大罵吳彰健，「滬人憾之次骨，將來邑志中載其穢跡，定不曲筆相宥」，一面卻又反省自己「貶節以謀利，吾誠過矣」，可見確是無可奈何之下才想到要打秋風的。這年年關，一個郁姓朋友送來六枚呂宋銀餅，「以為卒歲之需」，王韜就以此買了一些雞魚肉脯，感慨地說：「可以度殘臘矣」，大約生計真成問題。[17]李善蘭當時住在大境傑閣，想搬到城內，跟王韜做鄰居。但兩人看了好幾處屋子，不是低濕逼人、幽暗破舊不合心意，就是索價昂貴無法承受，「貧士力不能貰」，最後只好不了了之，「卜居之舉，竟躊躇未敢決也」。連好一點的房子都租不起，李善蘭當時的生活可想而知。李善蘭窮歸窮，對朋友仍很慷慨，遇到有比他更窮的文人朋友找上門來，他總是盡其所能以救燃眉之急。周白山字雙庚，號四雪，余姚人，是姚燮的弟子。他的文章「光怪陸離，沉鬱頓挫，別創一格」，所作古詩，「直抉韓孟之精」。後來「賣文來滬，迄無所遇」，窮困潦倒之下「丐食滬濱」，在街上擺攤賣卦。李善蘭一次與王韜「偶與之談，歎為異才」，與王韜一起「招之下榻城外，供其饔食，得以昕夕聚首」，並介紹給墨海書館的慕維廉做助手。但周白山做了一個多月就不做了，李善蘭和王韜就「贈以資斧，令作歸計」。[18]

---

[17]　王韜：《王韜日記》第71頁、73頁。
[18]　王韜《王韜日記》第8頁，《瀛壖雜誌》第83頁。

　　身為中國的知識分子，而為外國人做事，這在當時是為社會所不屑甚至所排斥的，「傭書覓食」，「遭人姍笑醜詆」。社會地位的低下常使李善蘭感到壓抑和憤懣。王韜在他30歲生日時就說：「墮地以來，寒暑三十易。精神漸耗，志氣漸頹，而學問無所成，事業無所就。徒踢天蹐地於西人之舍，仰其鼻息，真堪愧死，思之可為一大哭」。[19]到了「愧死」、「大哭」的地步，雖不免誇張，但仰人鼻息之感總究是難受的。當時的墨海書館，規定中國職員也要和外國人一起參與做禮拜等宗教活動。中國職員如果是住在外國人的機構內，「不能祭神祀先，並送灶禳鬼諸俗例亦無之」，這是傳統士大夫所難於接受的。王韜說他自己，「飲食者欲，固不相通，動作語言，尤所當慎。每日辨色以興，竟暮而散，幾於勞同負販，賤等賃春」。這樣的牢騷以其說是源於生活上的，還不如說是因為心理上。這種壓抑鬱結胸中，所以李善蘭要在「新涼之夕，珠露既零，桂月如畫」之時，在大境傑閣「憑欄長嘯，林籟振盪，行雲不流」所謂「此皆不得志於時，聊一發聲以宣鬱積耳」。[20]

　　李善蘭這時期的心情，從下面一首詩中可見端倪。咸豐八年十月十二日，孫次公從嘉興來到上海，約了李善蘭和王韜、秦次游、李靜宣（李涵，字靜宣，嘉興監生，工詩，明醫理。）等人在挹清樓喝茶。劇談之際，李靜宣口吟一詩，抒發其「頗有感慨無聊、侘傺不平之概」：「何時江上息干戈，空向秋風喚奈何。綺歲自傷為客早，窮途轉覺受恩多。飄零身世哀鴻似，迅速光陰野馬過。來日大難悉不寐，挑燈試詠五噫歌。」「五噫歌」是漢梁鴻所作，全詩僅五句：「陟彼北芒兮，噫！顧瞻帝京兮，噫！宮闕崔巍兮，噫！民之劬勞兮，噫！遼遼未央兮，噫！」。乃是

19　王韜：《王韜日記》咸豐八年十月四日，第34頁。
20　王韜：《瀛壖雜誌》，上海古籍出版社1989年版，第77頁。

一首諷刺時政之作。李善蘭為李靜宣的詩所觸動，說自己也有一
首詩，跟李靜宣此詩相彷彿，於是在茶樓上朗聲吟道：

　　海上干戈感乍停，當筵重話淚星星。
　　酒杯欲吸寒潮盡，詩句猶餘戰血腥。
　　合座名山誇著述，有人浪跡歎飄零。
　　明朝風順揚帆去，回首雲山幾點青。

　　「合座名山誇著述，有人浪跡歎飄零。」自負中有自憐，牢
騷中有自嘲，正是李善蘭這一時期心情之寫照。

第四章　墨海譯事

西譯中述之模式

　　李善蘭到了墨海書館後，其在數學上的精深造詣得到了麥都思、偉烈亞力等人的讚賞，偉烈亞力就邀請他一起譯書。譯書的工作十分緊張，正如他自己所說的，是「朝譯《幾何》，暮譯《重學》」。從1852年到1859年，李善蘭與短短幾年時間裡，分別與偉烈亞力、艾約瑟、韋廉臣、傅蘭雅等合譯了《幾何原本》後九卷、《代數學》13卷、《代微積拾級》18卷、《談天》18卷、《重學》20卷附《圓錐曲線說》3卷、《植物學》8卷、《奈端數理》4冊、《照相學》（未完成）等，成果極為豐碩。

　　翻譯外國的科技書籍，早在明代的西學東漸第一次潮流中，就有人進行過這方面的工作了。最著名的，是利瑪竇與徐光啟合譯的《幾何原本》前六卷，但總體上來說，明代翻譯外國科技圖書的種類還很少，並未形成潮流。並且從那時到晚清西學東漸的第二次高潮，中間隔了200多年，不少翻譯過來的外國科學技術圖書，也沒有得到完好的保存。在十九世紀初，傳教士在南洋、廣州、寧波等地所出版的西書中，間或也有一些涉及到自然科學，如1849年合信在廣州出版的《天文略論》，同年哈巴安德在寧波出版的《天文問答》，雖沒有署上中國「筆受」者的名字，應該有中國文人參與其中。但這些零星的翻譯還不足於形成氣候，從這個意義上，可以說李善蘭是晚清西學東漸史上，致力於西方自然科學著作翻譯的第一個中國學者，同時，也完全可以說，在中國歷史上，比較全面、系統地翻譯和刊印、傳播外國科技知識，是由李善蘭肇其始的。

　　在李善蘭從小接受的是中國的傳統教育，沒有也不可能學習英語。一個對外語一竅不通的人竟來翻譯科技著作，在今天看來

是不可思議的事，在那個時候卻是一件很正常的事，或者說，翻譯的事本來就是這樣的。在晚清的大部分時間裡，「西譯中述」是西書中譯的基本模式。

所謂「西譯中述」的模式，其程序大致是這樣的。先是西方學者把所要翻譯的書細細研讀一遍，對於書的主要內容、基本原理大致瞭解清楚，然後就可以與中國學者共同翻譯了。翻譯的時候，西方學者把書裡的話，一句句用中文口譯出來，中國學者則把它筆錄下來。西方學者如果覺得某個地方用中文無法表達的，就停下來，把意思詳細解釋一番，與中國學者斟酌怎樣表達才簡明而到位。如果中國學者聽不明白西方學者所說，則又停下來，由西方學者把書中的意思反復講清楚。全書翻譯完畢後，中國學者再把書稿通讀一遍，改正潤色，去掉硬譯的痕跡，使之合乎中國人的閱讀習慣。[1]

這樣的翻譯，說起來簡單，做起來卻不容易。外國語與漢語各有固有的表達方式，有時很難恰如其分地對譯，即使是精通英語如嚴復者，也要「一名之立，旬月踟躕」，更何況不諳外語者。晚清時另一位西書翻譯名家華蘅芳在記述他與瑪高溫合作翻譯時感慨地說：

> 惟余於西國文字未能通曉，瑪君於中土之學又不甚周知，而書中名目之繁、頭緒之多，其所記之事蹟每離奇恍惚，迥出於尋常意計之外，而文理辭句又顛倒重複而不易明，往往觀其面色、視其手勢，而欲以筆墨達之，豈不難哉！[2]

1　傅蘭雅：《江南製造總局翻譯西書事略》，見《中國科學翻譯史料》，黎難秋等編，中國科學技術大學出版社，1996年9月。
2　華蘅芳：《地學淺釋·序》，江南製造局本。

試想，通過觀察西方學者的臉部表情，看他打的手勢，來理解、判斷離奇恍惚、出於尋常想像之外的東西，再用文字把它準確地表達出來，真正是「豈不難哉」！

至於翻譯數學、力學、天文學等科學著作，其難度更大。華蘅芳對此深有感觸：

> 翻譯算學比翻譯尋常文理之書較難，因西書文法與中華文法不同，其字句之間每有倒轉者，惟尋常文字譯時可任意改正之，而算學則不能也。因文理中有算式在，若顛倒之，則算式之先後亂其次序，無從與西書核對矣，所以口譯筆述之時，須以文理語氣遷就之，務使算式之次序無一凌亂為要。[3]

這種「西譯中述」的模式，在今天看來是極為可笑也很不科學的。一個絲毫不懂外文的人，即使有外國人「口述」，把大致意思講出來，但如何能保證他有無「口述」錯誤？如何能保證自己不理解錯誤？這些都很成問題。更何況，在晚清這樣一個科學十分落後的國度，西方先進科學技術中的大多數術語，在現有的漢語中根本就找不到對應的詞，也很難用現有的語言來表述。而且，西方科學體系中的思想、原理，不是讀「四書」「五經」的士大夫所能理解的。用「夏蟲不可以語冰」來比擬或許有點絕對，但晚清普通民眾甚至知識分子對西方科學的隔膜確是十分的嚴重。在這種情形下，翻譯著作的粗糙甚至詞不達意就是一件無法避免的事。事實上，晚清學者就對當時的翻譯提出了批評。《馬氏文通》的作者、精通法文的馬建忠說：「今之譯者，大抵

---

[3]　華蘅芳：《學算筆談》卷十二，行素軒算稿本，1885年。

於外國之語言，或稍涉其藩籬，而其文字之微辭奧旨，與夫各國之古文詞者，率茫然而未識其名稱；或僅通外國文字語言，而漢文則粗陋鄙俚，未窺門徑；使之從事翻譯，閱者履卷未終，俗惡之氣，觸人欲嘔。又或轉請西人之稍通華語者為之口述，而旁聽者乃為彷彿摹寫其詞中所欲表達之意，其未能達者，則又參己意而武斷其間。蓋通洋文者不達漢文，通漢文者又不達洋文，亦何怪夫所譯之書皆駁雜迂訛，為天下識者所鄙夷而訕笑也」。[4]

應該說，馬建忠的批評，並不算太過分，在很大程度是當時翻譯界的實情。但同時也要看到，中國的科技翻譯畢竟要經歷這麼一個過程，這時期的「粗製濫造」正是「後出轉精」的前提和基礎。而李善蘭的翻譯，卻是這個「粗製濫造」時期的極為少見的精品，這就是李善蘭的貢獻所在，這也是李善蘭譯作數量不多但影響極大的原因所在。

李善蘭之所以在不懂外語的情況下翻譯得如此精當，顯然跟他及其合作者的科學素養有著很大的關係。李善蘭的合作者，偉烈亞力、艾約瑟、韋廉臣本身就在某一方面術業有專工，可說是半個科學家。這就保證他們能準確地理解和把握原著。而李善蘭更是當時第一流的的數學家、曆算家，這就使得他從合作者半生不熟的漢語口譯中，迅速找到對方所要真正表達的意思，對術語的理解也極為到位、準確。

美魏茶（Milne, William Charles）回憶墨海書館當時譯書的情景說：

> 我們的日常工作是：開始是讀一段《聖經》，然後祈禱，從上午十點到下午兩點半。翻譯程式……是逐句逐字推

[4] 見《擬設翻譯書院議》，載中國史學會主編《戊戌變法》第一冊，上海人民出版社1957年，第169頁。

敲，使每人都有機會提出他認為最滿意的辭句以供選擇。
代表中一些成員都有自己的當地教師陪同……提供了最有
價值的幫助。[5]

偉烈亞力在談到他與李善蘭合譯續《幾何原本》時說：

> 余愧譾陋，雖生長泰西，而此術未深，不敢妄為勘定。會
> 海寧李君秋紉，來遊滬壘，君固精於算學，於幾何之術，
> 心領神悟，能言其故。於是相與翻譯，余口之，君筆之，
> 刪蕪正偽，反復詳審，使其無有疵病，則李君之力居多，
> 余得以藉手告成而已。[6]

「精於算學，於幾何之術，心領神悟，能言其故」，這就是
李善蘭比其他翻譯者高出一籌的地方，沒有這一點，就無法「刪
蕪正偽，反復詳審，使其無有疵病」。同時，李善蘭多年吟詩作
賦所訓練出來的嫻熟的漢語技巧，也使得所譯西書更能為中國知
識分子所接受。當時一起在墨海書館幫助麥都思從事文字工作的
蔣敦復，曾為在上海交涉外事的清朝官員擬給英國公使威妥瑪的
信中說：

> 若夫天教，明季始入中國。利瑪竇、南懷仁諸人，皆通天
> 算與地之學，材藝絕倫。其所著《七克》等書，切理饜
> 心，頗近儒者，故當時士大夫樂與之遊。今之教士，其
> 來者問有如利、南其人者手？無有也。所論教事，荒謬淺

5　偉烈亞力：《聖經在中國》，上海，1897年版。轉引自【美】保羅・柯文：《在
　　傳統與現代性之間——王韜與晚清改革》，江蘇人民出版社1998年版，第24頁。
6　偉烈亞力：《續幾何原本・序》。

陋，又不曉中國文義，不欲通人為之潤色。開堂講論，剌
剌不休，如夢中囈。稍有知識者，聞之無不捧腹而笑。[7]

　　顯然，並不是《聖經》的文學不好，教士的神學太差，只
是當時的傳教士們，不與士大夫交遊，沒有得到李善蘭這樣的
「通人」來為之潤色和疏解，中文表達欠佳，這才顯得「荒謬淺
陋」。

　　李善蘭的翻譯工作具體是怎麼進行的？李善蘭在其譯書中
序言中對此語焉為不詳，但應該和上面引用的傅蘭雅、華蘅芳的做
法大同小異。至於譯書一些具體的細節，我們可以從華蘅芳的一
些記載瞭解。華蘅芳年輕時，曾專門到墨海書館拜訪過李善蘭，
親眼看到了李善蘭與偉烈亞力譯書的過程，並向他們請教了譯書
之法。因而，華蘅芳譯書方法是跟李善蘭一脈相承的，從華蘅芳
《論翻譯算學之書》一文中的譯書細節來推測李善蘭的譯法，
「雖不中亦不遠矣」。

　　華蘅芳和傅蘭雅在譯書時，「翻譯之先，豫作一種工夫」，
那就是列一張字母、符號、術語的中、西文對照表：

　　　　將應譯之干支、列宿、天地、人物及算學中各種名目，如
　　　　弧角、八線等名列為一表，左書西文，右用華字，則閱此
　　　　表者可從西文檢得應用之華字。故筆述之時，凡遇圖及算
　　　　式，可不必一一細譯其字，但於譯稿之上記明某圖某式，
　　　　至謄清之時，可自看西法，從表間得其字，以作圖上及算
　　　　式中之字。所以必須如此者，因可比口中一一譯出者較為

便捷，且不致錯誤也。[8]

有了這張表，碰到一些口譯無法說得清楚的如算式、數表等，就好辦得多了。譯書過程中碰到數學算式，就先畫上一圈以作標記。口譯的西方學者看到算式，就在原著的算式上畫一圈，口裡說：「圈」。筆述的中國學者就口中應一聲「圈」，隨手在譯稿上畫上一個O。算式有大有小，有長有短，口譯者就相應地叫做大圈、小圈、長圈、短圈，筆述的也就畫上一個個長、短、大、小的O。如果遇到兩算式相乘得一算式，或兩算式相加得一算式，則口譯的西方學者就說，圈乘圈得圈，或圈加圈得圈，筆述者就寫作O乘O得O，或O加O得O。至於一長串的數目字，也是照此辦理，畫上一O。如有圖表，則口譯者說：「圖」或者「表」，筆述者就在譯稿上寫上一個「圖」字或「表」字。等到謄清時，細細按照原著對著中西文對照表把算式、數位、圖表等翻譯出來。

這樣的做法，在今天看來近乎兒戲，但細細一想，在當時這樣的情況下，這還真是一個多快好省的方法。

華蘅芳還特別強調了對原著的忠實，「務得原書之面目，使之惟妙惟肖」。他說：

筆述之時，務須將口譯之字一一寫出，不可少有脫漏，亦不可稍有增損改易也。至謄出清本之時，則須酌改其文理字句，然所致之字句必須與口譯之意極其切當，不可因欲求古雅致，致與西書之意不合也。所譯之書若能字字確切，則將華文再譯西文，仍可十得八九。所以譯書之人務

8　見汪曉勤：《中西科學交流的功臣——偉烈亞力》，科學出版社2000年版，第79頁。

得原書之面目，使之惟妙惟肖，而不可略參私意也。[9]

那麼，如果在譯書過程中發現原著有錯誤，能不能直接改正呢？華蘅芳認為：「原書本有謬誤，自己確有見解，則可作小注以明之，不可改動正文。」

李善蘭在墨海書館裡的譯書，大抵就是這樣的一種做法。

《續幾何原本》

李善蘭到墨海書館後所做的第一件事，就是與偉烈亞力合作續譯世界數學名著《幾何原本》。

李善蘭續譯《幾何原本》，可說是是晚清科學史上的一件大事，對近代數學的發展更有著舉足輕重的作用。那麼，《幾何原本》是本什麼樣的書？它又是如何來到中國的？

《幾何原本》原名《原本》（*Euclidis Elementa*），是古希臘著名數學家歐幾里德的傑作。《幾何原本》所創造的公理化演繹方法，成功地將零散的數學理論編織成一個從基本假定到最複雜結論的嚴密的網路，被認為是數學書寫形式與思維訓練的經典著作，在歐洲各國長期作為標準的教科書。《原本》對西方思想有深刻的影響，曾被哲學家羅素視為「古往今來最偉大的著作之一，是希臘理智最完美的紀念碑之一」，以至有人認為，在西方文明的所有典籍中，只有《聖經》才能夠與《原本》相媲美。

《幾何原本》的基本結構是選取少量原始概念和不需證明的

9　　見紀志剛：《傑出的翻譯家和實踐家——華蘅芳》，科學出版社2000年版，第58頁。

幾何命題，作為定義、公理和公設，使之成為全部幾何學的出發點和邏輯依據，然後運用邏輯推理證明其餘的命題，從而得到一系列的幾何定理。《幾何原本》共13卷。第1卷討論關於直線和由直線構成的平面圖形的幾何學；第2卷建立了代數恒等式；第3、4卷討論圓的性質、某些圓內接和圓外切的直線圖形等圓的幾何學；第5、6卷是比例論及關於比例的一般理論在平面圖形中的應用；第7、8、9卷討論算術（數論）以及連比例；第10卷討論無理數；第11至13卷專門討論立體幾何。

　　《幾何原本》在明萬曆三十五年（1607）被引入中國，它是由著名科學家徐光啟和義大利傳教士利瑪竇合作翻譯的第一本西方數學著作。十六世紀末，利瑪竇來到中國傳教，為了取得朝廷和知識分子的信任，他還帶來了一些科學書籍，這其中就有他在羅馬學院學習用的課本《幾何原本》。它是由利瑪竇的老師、當時歐洲著名的數學家克拉維烏斯（Clavius）神父根據歐幾里德的《幾何原本》整理編纂的。本來歐幾里德的《幾何原本》為13卷，克拉維烏斯神父在後面又增添了兩卷注釋，這樣總共15卷。從1606年秋天開始，徐光啟和利瑪竇在北京開始合作翻譯《原本》。徐光啟請利瑪竇「口授，自以筆受焉，反覆輾轉，求合本書之意，以中夏之文，重複訂政，凡三易稿」，終於在1607年春，譯出了《原本》的前六卷，並在北京刊印。徐、利的譯作，把《原本》定名為《幾何原本》。「幾何」的原文是「geometria」，徐光啟和利瑪竇在翻譯時，取「geo」的音為「幾何」，而「幾何」二字又是中文的固有辭彙，意為「衡量大小」的意思。用「幾何」譯「geometria」，可謂音義兼顧。

　　《幾何原本》是中國最早第一部自拉丁文譯來的數學著作。梁啟超在《中國近三百年學術史》中譽為：「字字精金美玉，是千古不朽之作。」徐光啟對此也十分自豪，他在《幾何原本雜

議》中說：

> 此書有四不必：不必疑，不必揣，不必試，不必改。有四
> 不可得：欲脫之不可得，欲駁之不可得，欲減之不可得，
> 欲前後更置之不可得。有三至三能：似至晦，實至明，
> 故能以其明明他物之至晦；似至繁，實至簡，故能以其簡
> 簡他物之至繁；似至難，實至易，故能以其易易他物之至
> 難。易生於簡，簡生於明，綜其妙在明而已。

就是說，《幾何原本》中的定理不必懷疑，不必揣測，不
必試驗，不必修改。不可能脫漏一字，不可能找出錯誤，不可能
減少一段，不可能前後次序顛倒。它能化晦為明，為繁為簡，化
難為易。可謂是完全、絕對的正確。在封建社會裡，能如此評價
一本西方科學著作，幾乎把它等同於儒家經典，這是需要極大的
勇氣和自信的。徐光啟還說過：「此書為益，能令學理者祛其浮
氣，練其精心；學事者資其定法，發其巧思，故舉世無一人不當
學。」

事實證明，徐光啟的話並不算太誇張。《幾何原本》問世
後，對數學發展產生了極大的影響。在《幾何原本》中，徐光啟
和利瑪竇創造了許多數學概念，如點、線、面、平面、曲線、曲
面、直角、鈍角、銳角、垂線、平行線、對角線、三角形、四邊
形、多邊形、圓、圓心、平邊三角形（等邊三角形）、斜方形
（菱形）、相似、外切等等，許多譯名都十分恰當，不但在中國
一直沿用至今，並且還影響了日本、朝鮮各國。更重要的是，
《幾何原本》一改中國古代數學書籍編寫方式，引入了公理化的
數學理論結構，形成了一個嚴密的演繹體系，給了人們一套科學
的思想和方法，而這正是中國傳統數學所缺乏的，因而，《幾何

原本》所體現出來的那種邏輯推理的說服力和科學結構的嚴謹性，直接影響了一大批學者。正如梁啟超所言：「自明末葉，利瑪竇等輸入當時所謂西學者於中國，而學問研究方法上，生一種外來的變化，其始惟天算者宗之，後則漸應用於他學。」[10]

前六卷翻譯完成之後，徐光啟曾要求繼續翻譯，「意方銳，欲竟之」，將後面的九卷也翻譯出來，但利瑪竇卻不同意，說「請先傳此，使同志者習之，果以為用也，而後徐計其餘。」利瑪竇拒絕的原因，有多種說法。或說是瑪竇根本不想翻譯，其根本的目的是在中國傳教而非科學傳播。翻譯完了前六卷，便已感到沒必要再繼續下去了。或說是後面的九卷涉及到了立體幾何和數論等知識，利瑪竇不懂立體幾何，知難而退。或是說利瑪竇想停一下，先看看出版之後的效果如何，然後再翻譯後面的。或是說因徐光啟喪父，急著回去料理家事，就耽擱下來了。但《幾何原本》沒有完整地翻譯過來，無論如何都是件很遺憾的事，徐光啟本人也在《幾何原本》的跋中急切地說：

　　續成大業，未知何日？未知何人？書以俟焉。

這一「俟」，就是250年。在徐、利合譯《幾何原本》前六卷之後，不斷有學者對《幾何原本》進行整理、研究，如1608年孫元化的《幾何體論》、《幾何用法》、《泰西算要》，1631年艾儒略（Aleni, Jules）與瞿式耜合撰的《幾何要法》，1661年方位伯節《幾何原本》而成《幾何約》，1679年李子金的《幾何易簡錄》，1700年杜知耕的《幾何鑰》、《幾何論約》，著名數學家梅文鼎的《勾股舉隅》、《幾何摘要》、《幾何通解》、《幾

---

[10]　梁啟超：《清代學術概論》東方出版社，1996年3月，第26頁。

何補編》、《幾何類求》，莊亨陽的《幾何原本舉要》等，康熙時的《數理精蘊》還收入了滿文譯本改編的《幾何原本》內容。但都沒有沒人對後九卷進行翻譯，一直到咸豐二年（1852）的李善蘭。

李善蘭與《幾何原本》可以說有著不解之緣。他十五歲就開始研讀《幾何原本》前六卷，「通其義」，「時有心得」。《幾何原本》對李善蘭的影響是深刻而深遠的，這不僅表現他的數學思想上，如他的解析幾何和微積分的思想，應該是受到了《幾何原本》的啟發。這也表現上他的著作方式上，就是邏輯演繹體系的推進，在他翻譯《幾何原本》前的數學著作中，就明顯地打上了《幾何原本》的印記，儘管可能他自己根本就沒有意識到。例如在他的數學代表作《方圓闡幽》中，先列出「尖錐術」的基本理論即十條「當知」，這十條「當知」就相當於《幾何原本》中的公理。「十條之理既明，然後可明方圓之理」，在此十條「當知」下，應用尖錐術解決各種數學問題。這樣的先羅列公理和基本命題，從而推出新的結論，這種邏輯演繹的體系，在當時的數學著作中並不常見，這顯然是從《幾何原本》中來的。

《幾何原理》對李善蘭的影響是如此之深，以致他深為徐光啟、利瑪竇未盡譯全書而遺憾。常常揣想，後九卷必定是更為精微，但「欲見而不可得」，於是非常渴望有朝一日好事者從海外帶回來並翻譯出來，這樣就能見到《幾何原本》的全璧了，如他所說的：「中國天算家願見全書久矣。」他當時可能沒有想到，幾十年後，他自己就成了這個「好事者」。

李善蘭在墨海書館的合作者偉烈亞力也是個對《幾何原本》很感興趣的學者，他在中學時就學過《幾何原本》，印象很深，因而對《幾何原本》沒有中文全譯本也十分遺憾，說：「學問之道，天下公器，奚可秘而不宣？」到中國後，他一直有意要續譯

《幾何原本》，這一方面是「繼利氏之志」，消除二百多年來學者的遺憾。同時，也有意通過後九卷的翻譯，推進中國人和西方人的溝通，也利於傳教事業之發展，所謂「借曆算為名，陰以行其耶穌主教者。」因而他特意從英國買來了從拉丁文譯成英文的15卷本《幾何原本》。但由於他本人在數學方面的造詣並不十分的精深，對翻譯並無十分的把握，他需要一位精通數學、熟悉《幾何原本》的中國學者來合作，而李善蘭正是這樣一個最為合適的人選。於是，兩人一拍即合，李善蘭來到墨海書館後不久，咸豐二年的六月上旬，就開始了續譯《幾何原本》的工作。

　　李善蘭對於自己能擔當續譯《幾何原本》這樣的歷史重任，十分感慨。他認識到這不僅是一本學術著作的翻譯問題，更體現了西學東漸的時代潮流。他在續譯《幾何原本》序中寫道：「道光壬寅，國家許息兵，與泰西各國定約，此後西士願習中國經史、中士願習西國天文算法者聽，聞之心竊喜。」又說：「非國家推恩，中外一視同仁，則懼於禁綱不敢譯……後之讀者勿以是書全本入中國為等閒事也。」能夠翻譯此書，「其欣喜當何如耶……實千載一時難得之會」。此話十分真切地反映了李善蘭對近代科學的渴求，反映了《幾何原本》在李善蘭心目中至高無上的地位。二百多年前徐光啟、利瑪竇合譯的《幾何原本》後，掀起了一股西學東漸的熱潮，但隨著雍正之後的文化專制政策，閉關鎖國長達一百多年。「京師諸君即素號為通人者，無不望之反走，否則掩卷而不談，或談之亦茫然而不得其解。」[11]一直到鴉片戰爭後，清皇朝才在洋槍洋炮下被迫打開國門，開始了東學西漸的第二次高潮。其間的曲折，正顯示了中國知識分子向西方尋求科學和真理的艱難歷程。《幾何原本》得以續譯，真非「等閒

11　李子金：《數學鑰》序，轉引自劉鈍《從徐光啟到李善蘭——以《幾何原本》之完璧透視明清文化》，《自然辯證法通訊》，1989年第3期，第55頁。

事」也。李善蘭翻譯此書時的心境，肯定是十分複雜的吧。

　　續譯《幾何原本》所用的底本，據偉烈亞力說：「顧我西國此書，外間所習或六卷或八卷，俱非足本，自來海上，留心蒐訪，實鮮完善，仍購之故鄉，始得是本，乃依希臘本翻中國語者。中國近未重刊，此為舊版」。據學者考證，偉烈亞力這裡所說的「舊版」，極有可能是英國十七世紀數學家、牛頓的業師巴羅（I.Barrow）的英譯本（*Elements The Whole Fifteen Books*）。巴羅精通希臘文，他於1655年先從希臘文譯成拉丁文，又於1660年譯成英文，此書在英國有一定影響，直到1751年還被再版。[12]

　　李善蘭與偉烈亞力合譯的方式是當時流行的一人口譯一人筆述。由於英文舊版「校勘未精，語訛字誤，毫釐千里，所失非輕」，同時「各國語言文字不同，傳錄譯述，既難免差錯」，因而譯書的進度並不快，每天只譯一題。

　　《幾何原本》的後九卷涉及數論、立體幾何等方面的問題，非專家不能準確理解和傳達，加上底本又非校勘精良的善本，因此，李善蘭筆受的過程，實際上是一次對底本的整理和加工，他自己也說「當筆受時，輒以意匡補」。又說：「異日西土欲求是書善本，當反訪諸於中國矣。」有一個細節可說明李善蘭在「匡補」上的用力之巨。王韜在日記中記載，李善蘭曾請王韜給郁泰峰[13]寫一信，他拿著這信向郁借其所刊刻的《九章算術》、《數

---

[12]　見梅榮照、王渝生、劉鈍：《歐幾里德{原本}的傳入和對中國明清數學的影響》，《明清數學史論文集》，江蘇教育出版社，1990年8月，第59頁。而徐義保在 *The first Chinese translation of the last nine books of Euclid's Elements and its source*（《歐幾里德〈幾何原本〉後九卷的初次漢譯及其底本》）一文中認為，李善蘭和偉烈亞力所譯《幾何原本》的底本應是1570年出版的比林斯利的英文譯本 *THE ELAMENTS*。

[13]　郁泰峰（1800～1866），名松年，字萬枝，號泰峰。世居上海縣城喬家浜。家資巨萬，樂善好施，性好讀書。曾斥鉅資收購歷代名著典籍數十萬冊，築藏書樓。選其中宋、元佳本親自校讎，編纂《宜稼堂叢書》六種六十四本，計二百二十四卷，因而名聞大江南北。

學九章》兩書。王韜在信中說，這兩書「搜奇採軼，集秘羅珍，繼《周髀》之古經，採泰西以巧法，誠足以紹述絕學矣。」李善蘭「見譯《幾何原本》……急欲得此二書一覽，吾丈處倘有零印本，祈以見賜。」[14]

　　李善蘭這裡所說的「匡補」，除了修訂、補正，更值得注意的是他在《幾何原本》原著上所加的「按語」。在「按語」中，他對《幾何原本》作了一些補充、闡述和發揮，這些「按語」，據學者統計，共有近二十條。如在卷十第117題「凡正方形之邊，與對角線無等」（「等」指最大公約數，「無等」即無公度）下，李善蘭按曰：

> 凡求得無等二線，如甲乙，必得其外無等諸面。如以丙線為甲乙連比例中率，則甲與乙比若甲丙線上二相似等勢相比，如徑線上二正方相比，故求得無等二線，必可得無等諸面。

　　研究者認為，在這條按語中，李善蘭把無公度的線段推廣到無公度的面積進行討論，這種涉及無理數的問題在中國數學史上還是第一次。[15]續譯《幾何原本》的進展不快，還有一個很重要的原因，是在譯此書的同時，李善蘭還與艾約瑟譯《重學》，所謂「朝譯《幾何》，暮譯《重學》」。更由於太平軍與清軍在上海一帶打仗，李善蘭數次避兵，中間還參加過一次的科舉考試，因此譯譯停停，「屢作屢輟，凡四歷寒暑，始卒業，」一直

---

[14]　王韜：《弢園尺牘》郁泰峰（一）條，轉引自李儼《李善蘭年譜》，《李儼錢寶琮科學史全集》第八卷，第330頁。

[15]　梅榮照、王渝生、劉鈍：《歐幾里德{原本}的傳入和對中國明清數學的影響》，《明清數學史論文集》，江蘇教育出版社，1990年8月，第77頁。

到1856年才告成功。譯完之後，李善蘭又請他的摯友顧觀光、張文虎任校覆，細細核較，這樣，直到1858年，[16]才由其朋友，松江人韓應陛出資木刻印行。韓應陛（？－1860）是江蘇松江人，字對虞，號綠卿，道光二十四年（1844年）舉人，官內閣中書舍人。知識廣博，通西方數學、光學、聲學等多種學問，收藏圖籍及古器物甚富。他除了資助出版續譯《幾何原本》，還參與校訂墨海書館所出光學、聲學、重學等多種書籍。1860年死於兵亂。韓應陛助刻《續幾何原本》，亦見偉烈亞力的《基督教在華傳教士回憶錄》中。這樣，經過整整250年，《幾何原本》才算有了第一個完整的中譯本。

　　然而好事多磨。《續幾何原本》初刊之時，太平軍與清軍在

---

[16] 續譯《幾何原本》初刊的時間，一種認為是在1857年，根據是李善蘭、偉烈亞力的序和韓應陛的跋，持此說如如王渝生、劉鈍、熊月之等，見《李善蘭研究》、《歐幾里德{原本}的傳入和對中國明清數學的影響》、《東學西漸與晚清社會》等。一種認為是1858年，根據是李善蘭《代微積拾級》序，持此說者有李儼的《李善蘭年譜》。按：李善蘭在《幾何原本》序中說：「歲壬子來上海，與西士偉烈亞力約，續徐、利二公未完之業。」「壬子」即是1852年。又云：「凡四歷寒暑，始卒業。」則完成翻譯當在1856年。汪曉勤《中西科學交流的功臣偉烈亞力》也說「直到1856年，終於大功告成」。《幾何原本》序又云：「甫脫稿，韓君綠卿（即韓應陛）寓書稱捐資上版，以廣流傳。即以全稿寄之。顧君尚之（即顧觀光）、張君嘯山（即張文虎）任校覆，閱二年功竣，韓君復乞序之。」在1856年譯完後不久，韓應陛寫信來稱出資刊印，但可能從譯作品質考慮，又請顧觀光和張文虎校覆了兩年，也就是說，到1858年才「功竣」。韓應陛在刻印前，又請李善蘭自序。可能在李、偉、韓等作序、跋後因種種原因並未付印。又：《王韜日記》咸豐八年十二月二十二日下記：「雲間韓綠卿應陛來訪，以所刊《幾何原本》相贈，得之如獲拱璧。……《幾何原本》八卷，系偉列君與壬叔所譯，而綠卿以其特探秘鑰，西法大明，特出資授梓，今已藏事，因攜一冊來餉予，殊可感也。夜挑燈將此書略展一過。」咸豐八年即1858年。韓應陛與王韜、李善蘭均是極為熟悉的朋友，時相過從，如果韓應陛在1857年就已刊刻了《幾何原本》後九卷，絕無可能到咸豐八年的年底（已是1859年1月了）才送給王韜。從「今已藏事，因攜一冊來餉予，殊可感也。」的語氣上看，應該是刊刻後不久即贈王韜，所以才會「殊可感也。」王韜當夜挑燈夜讀，說明從未見過此書。如果在一年前即已刊刻，以王韜和李善蘭的關係（他們幾乎天天在工作在一起，吃喝玩樂在一起），李善蘭又豈有不贈送他一冊之理？所以，《幾何原本》後九卷的初刊日期，應為1858年的年底。

蘇滬激戰正酣，松江首當其衝，《續幾何原本》沒刊刻多少，雕版就毀於兵火，存世者極少。幾年之後，李善蘭在金陵面見兩江總督曾國藩，極言此書學術價值，謂「此算學家不可少之書，失今不刻，行復絕矣」。曾國藩於1865年取徐光啟、利瑪竇合譯的《幾何原本》前6卷與李善蘭、偉烈亞力合譯的後9卷並為一書，重校付梓。這是中國的第一部《幾何原本》的足本。後來的金陵書局刊本（1878）、江寧藩署刊本（1882）、上海積山書局石印本（1896）和古今算學叢書本（1898）都從它而出。

　　《續幾何原本》問世，意味著中國有了《幾何原本》之完璧，故而受到中國知識界的熱切讚譽。王韜得書以後，視若拱璧，挑燈展閱，並轉贈友人，予以推薦。他在致郁泰峰的信中說：「幾何之學，素重於泰西。自利瑪竇入中國，與徐文定公譯成此書，其學乃大明。然原書十有四卷，所譯僅得六卷，有未全之憾。定九梅氏謂精奧處皆在後八卷，前數卷略備軌法耳。匿其所長而不以告人，猶有管而無籥也。今西士偉烈與海寧李君，不憚其難而續成之，功當不在徐、李下。」[17]曾國藩在全本《幾何原本》序中則認為，中國的傳統算學，「以九章分目，皆因事而立名，各為一法」，因此，學者往往拘泥於具體的算術，而沒有對理論的歸納和昇華，即使是畢生習算，也只能是「知其論而不知其所以然」，而「《幾何原本》不言法而言理，括一切有形而概之曰點、線、面、體……徹乎《九章》立法之原，而凡《九章》所未及者無不賅也。」《幾何原本》全譯本以一種非常簡潔的演繹方法，道出了自然的和諧和合理的法則之所以然，給中國學術界帶來對一種全新的理念和方法。

　　《幾何原本》後九卷譯出後，近代的數學家紛紛參與研

---

[17]　王韜：《王韜日記》，中華書局1987年7月，第69頁。

究，顧觀光有《幾何原本六和六較淺解》（1883），吳慶澄有
《幾何釋義》與《幾何淺釋》（1896），潘應祺有《幾何贅說》
（1906），吳起潛有《無比例線新解》（1906），周達有《幾何
求作》、《幾何原點論》，宗森保有《幾何原本例題》等。[18]這
從另一個側面說明了《續幾何原本》在當時的影響之大。

《重學》

在與偉烈亞力合作續譯《幾何原本》的同時，李善蘭與墨海
書館另一位傳教士艾約瑟合譯了《重學》一書。

重學，就是現在所說的力學。最早從西方較為系統地譯介
力學的中國學者，應是明末著名的發明家和翻譯家王徵。王徵字
良甫，號葵心，又號了一道人，支離叟，陝西涇陽魯鎮人。明天
啟七年（1627）由傳教士鄧玉函口授，王徵譯繪的《遠西奇器圖
說》是中國第一部介紹近代歐洲機械工程學、物理學方面的專
著。《遠西奇器圖說》卷一中說：「其術能以小力運大，故名曰
重，又謂之力藝，大旨謂天地生物有數、有度、有重，數為演算
法，度為測量，重則即此力藝之學。」但此後並無專門的介紹力
學方面的著作，因此，力學對於晚清時的中國學術界來說還是十
分的陌生，被認為是西學中最深奧的學科，所謂「西人於器數之
學，殫精竭思，其最奧者曰重學。以輕重為學術，行止升降，必
藉乎力，高下疾徐，必因乎理，而所以制器測象者，非此不可。
凡助力之器有六：杠杆、輪軸、滑車、斜面、螺絲、尖劈，賴此

---

[18] 見王渝生：《中國近代科學的先驅李善蘭》，科學出版社，2000年9月，第40頁。

可以舉重若輕，其中各有算學比例在。」[19]

　　李善蘭翻譯《重學》的起因似乎有些偶然，源於他與艾約瑟的一次閒談。

　　艾約瑟（Edkins Joseph, 1823-1905）是英國人，畢業於倫敦大學。1848年，被基督教倫敦佈道會派來中國，9月2日到上海，是倫敦會駐滬代理人。艾約瑟先是在墨海書館協助麥都思工作，1856年麥都思離任回國後，他繼任監理，主持墨海書館的編輯出版工作。在墨海書館期間，他編譯《中西通書》（原名《華洋和合通書》，即年曆），年出一冊（其中有三年由龐台物、偉烈亞力編）。與王韜、李善蘭、張福僖等合譯了《格致西學提要》、《重學》、《光論》等書。艾約瑟的一樁驚人之舉，是在1860年與楊篤信等5名傳教士應太平天國李秀成之邀，去蘇州見忠王李秀成、干王洪仁玕。此後，他又赴天京（南京）上書洪秀全，被駁。1872年，在北京與丁韙良創辦《中西聞見錄》月刊。1905年在上海逝世。艾約瑟是英國傳教士中著名的中國通，著有介紹中國經濟、政治、語言、宗教的著作多種。如《中國的宗教》（*Religion In China*,1878）、《鴉片史，或中國的罌粟》（*Opium: Historical Note,or the Poppy In China*, 1898）、《中國的佛教》（*Chinese Buddhism: A Volume of Sketches, Historical, Descriptive and Critical*,1893）、《中國在語言學上的位置》（*China's Place In Philology*,1871）、《中國的金融與價格》（*Banking and Price In China*,1905）等。其中以與李善蘭合譯的《重學》為最著名。

　　艾約瑟在科學上頗有造詣。在李善蘭到墨海書館後不久，一日，艾約瑟問李善蘭，你知道什麼是「重學」嗎？對於剛開始

---

[19]　王韜：《弢園著述總目》。

接觸西方近代科學的李善蘭來說，「重學」是一個陌生的名詞，他就問：「何謂重學？」艾約瑟就說：「幾何者，度量之學也；重學者，權衡之學也。昔我西國以權衡之學制器，以度量之學考天，今則制器考天皆用重學矣，故重學不可不知也。」接著，艾約瑟又告訴李善蘭說，西方有關重學的書可謂是汗牛充棟，其中胡威立所著的《重學》，簡明扼要，條理清晰，是最好的版本。他問李善蘭，你是否願意一起翻譯此書。李善蘭大喜過望，一口答應，於是，「朝譯幾何，暮譯重學」，同時開始了兩本科學名著的譯介。

李善蘭與艾約瑟所用的底本，是被艾約瑟稱為「最善」的胡威立的《初等力學教程》（*An Elementary Treatise on Mechanics*）。胡威立（William Whewell, 1794-1866，現譯作休厄爾或惠威爾）是英國的著名物理學家、科學與哲學史家，曾任劍橋大學倫理學教授，三一學院院長、副校長等職，其著作除了《初等力學教程》（即《重學》外，還有《質點自由運動，萬有引力》（1832），《有約束或有阻力的運動及體的運動》（1836），《歸納科學史》（1837）、《歸納科學原理》（1840）、《科學思想史》（1858）、《發現的原理》（1860）等。《初等力學教程》是胡威立的代表作之一，初版於1819年，作為英國大學的物理學教科書，曾多次再版（共七版），《重學》譯自第五版。原書分三編，李善蘭與艾約瑟的中譯本《重學》僅是其中編。梁啟超在《讀西學書法》中說：「李壬叔所譯《重學》甚精。然聞西人原書，本分三編。其前編極淺，以教孩孺。其後編極深，一切重學致用之理在焉。李譯者僅其中編耳。」可見李善蘭選擇翻譯中編，也是充分考慮了當時中國知識界的接受水準的。

《重學》全書分靜重學、動重學和流質重學三部分。卷一

至卷七靜重學部分詳細討論了有關力及其合成分解，簡單機械及其原理，重心與平衡、靜磨擦等靜力學問題。卷八至卷十七動重學部分詳細討論物體的運動，包括加速運動、拋物運動、曲線運動、平動、轉動等，碰撞、動磨擦，功和能等動力學問題。其中關於牛頓運動三大定律，用動量的概念討論物體的碰撞、功能原理等，是在中國首次介紹。卷十八至卷二十流質重學部分簡介了流體的壓力、浮力、阻力、流速等流體的一般性質，其中包括阿基米德定律、波義耳定律、托里拆利實驗等。胡威立在此書中，較為廣泛地採用了微積分作為分析的工具，這可能是引起李善蘭翻譯興趣的因素之一。

　　值得注意的是，《重學》中雖沒有提到牛頓的名字，但明確地介紹了牛頓的力學三大定律（書中稱為動理）：

　　　動理第一例：凡動，無他力加之，則方向必直，遲速必
　　　　　　　　　平；無他力加之，則無變方向及變遲速之根
　　　　　　　　　源故也。
　　　動理第二例：有力加於動物上，動物必生新方向及新速
　　　　　　　　　度，新方向即力方向，新速與力之大小率，
　　　　　　　　　比例恒同。
　　　動理第三例：凡抵力正加生動，動力與抵力比例恒同，此
　　　　　　　　　抵力對力相等之理也。

　　這是牛頓力學三大定律第一次介紹到中國。

　　《重學》自1852年開始翻譯，李善蘭一邊學習一邊翻譯，在翻譯的過程中，對力學知識也有了較為全面的掌握。他在《重學》自序中就簡明地闡述了力學的基本原理和主要作用：

重學分二科，一曰靜重學。凡以小重測大重，如衡之類，
靜重學也；凡以小力引大重，如盤車、轆轤之類，靜重學
也。一曰動重學也。推其暫，如飛炮擊敵，動重學也；推
其久，如五星繞太陽，月繞地，動重學也。靜重學之器，
凡七：杆也，輪軸也，齒輪也，滑車也，斜面也，螺旋
也，劈也，而其理唯二：輪軸，齒輪，滑車，皆杆理也；
螺旋、劈，皆斜面理也。動重學之率凡三，曰力、曰質、
曰速。力同則質小者速大，質大速小；質同則力小者速
小，力大者速大。靜重學所推者，力相定或二力方向同
定於一線，或二力方向異定於一點。動重學所推者力生
速動，若動後恒加力則以漸加速動。而其理之最要者有
二：曰分力、並力。曰重心，則靜動二字之所共者也。凡
二力加於一體，令之靜必定於並力線，令之動必行於並力
線……胡氏所著凡十七卷，益以流質重學三卷，都為二十
卷，制器考天之理皆寓於其中矣。

寥寥數百言，把力學的基本知識說得如此透徹而扼要，在當
時，李善蘭應該是第一人，此後對重學的描述，基本上也就是李
善蘭的這幾句話。[20]

在序言中，李善蘭還直言了他翻譯此書的主旨之所在：

---

[20] 如1889年格致書院的考課問：「泰西格致之學與近刻翻譯諸書詳略得失何者為最
要論」，考生孫維新在答題中說：「蓋重學者，權衡之學也；幾何者，度量之學
也。昔西人以權衡之學制器，以度量之學考天，今則制器考天，皆重學矣。」考
生鍾天緯在同題答辯中寫道：「力有動靜，動者遇力而靜，靜者遇力而動，兩力
相抵而止，兩力相並而前。西人機械之學，胥本乎此。……爰考其制，則分為七
類，一為杠杆，二為輪軸、三為轆轤、四為斜面、五為螺絲、六為齒輪、七為尖
劈，凡造鐘錶之擺錘，器具之機簧，無不籍此七種而為之。」（《格致書院課
藝》，春季超等第一名己丑上，光緒丁酉（1897）上海書局石印本。）無論是基
本概念還是語言表述，顯然是從《重學》序中而來的，可見《重學》在當時之影
響，更可見李善蘭對重學介紹的簡明和恰當。

呼呼！今歐羅巴各國日益強盛，為中國邊患。推原其故，製器精也；推原製器之精，算學明也。……異日人人習算，製器日精，以威海外各國，令震懾，奉朝貢。

　　這幾句話，作為李善蘭最為著名的言論，被廣為傳播。科學救國，這也正是當時許多進步知識分子的心聲。

　　在翻譯《重學》的過程中，李善蘭與艾約瑟相互合作，甚為相得。咸豐四年（1854）秋，[21]他們兩人甚至相約共遊西湖。當時杭州從未見過外國人在大庭廣眾中遊覽，引起了轟動。仁和縣令大為緊張，立即把艾約瑟驅逐回上海，把李善蘭發回海寧州。李善蘭就寫了一首詩呈給州守。詩曰：「遊山不合約波臣，奉譴還鄉判牘新。刺史風流公案難，遞回湖上一詩人。」這州守大概也是個風雅之士，見詩大喜，立即放了李善蘭，還贈送了他一些金銀。

　　《重學》大概在1853年就已初步譯畢。張文虎1853年致李善蘭的信中問：「《重學》曾否授梓，《微分法》凡幾卷？」[22]估計是李善蘭在給張文虎的信中提到翻譯《重學》的事，張文虎才有此一問。從《重學》自序中「朝譯幾何，暮譯重學，閱二年（據李儼考證，「閱二年」為「閱四年」之誤），同卒業」之言推斷，則在1855年肯定已譯畢。《重學》至1859年由錢熙輔在松江木刻刊印，顧觀光、張文虎校。錢熙輔在作於咸豐己未冬十一月的序中說：「書中多以代數之說，中土雖無其術，而西人《代微積拾級》一書，上海已有刊本，且與中法天元大略相似，不復

---

[21] 王韜：《蘅華館雜錄》第一冊咸豐四年九月二十九日記：「是日艾君歸自西泠，壬叔未回，云為浙撫羈留，殊可詫也。」

[22] 張文虎：《舒藝室尺牘偶存》，上海文明書局本，第15頁。

詳釋。」則《重學》刊印在《代微積拾級》之後。《重學》刊刻後，「印行無幾」，房屋被燒，印板被毀。同治五年（1866）再版的《重學》中，附錄了艾約瑟口譯、李善蘭筆受的《圓錐曲線說》三卷，書名為《重學廿卷附曲線說三卷》。《圓錐曲線說》寫作的具體日期已不可考。華蘅芳在光緒十八年（1892）跋《拋物線說》中說：「憶余二十余歲時閱《代微積拾級》，粗知拋物線之梗概，而《重學》中，《圓錐曲線說》尚未譯出也。李君秋紉以所著《火器真訣》見示。」則可知《圓錐曲線說》的出版是在《代微積拾級》稍後，也就是在1859年至1892年之間。

《重學》一出版，就獲得了極高的評價。錢熙輔在序中稱此書：「可以補算術之闕文，導步天之先路，而用定質、流質，為生動之力，以人巧補天工，尤為宇宙有用之學，」王韜也說此書「制器運物，意精理妙，能開無窮之悟」。張文虎在《送壬叔以算學徵入同文館》一詩中稱：「律度量衡事本連，誰從墨翟溯遺篇；成書細譯胡威立，機器無如《重學》先。」梁啟超在《讀西學書法》中稱《重學》所譯「甚精」，徐維則《東西學書錄・重學第十三》亦盛讚此書「以演算法推論諸理，深加著明，實在善本。」幾十年後，《重學》還被認為「論格致理兼明算學法，不惟有用於制器，並有裨於考天。」[23]

《重學》在當時產生了極大的影響，因而，不少人把它作為中國譯介的第一部西方力學專著。[24]其實，在《重學》出版的前一年，偉烈亞力與王韜就合譯了一本僅有14頁的小冊子，叫做《重學淺說》，於1858年由墨海書館出版。《重學淺說》所據的底本是一本英文的普通力學書。它首先介紹了力學之由來，力

23　《格致書院課藝》，春季超等第一名己丑上，光緒丁酉（1897）上海書局石印本。
24　如《中國通史》第十一卷 近代前編（下冊）中說：「《重學》是中國近代科學史上第一部力學譯著，也是當時最重要、影響最大的一部物理學著作」。

學的分類，諸如動力學、靜力學、流體力學、氣體力學等，然
後依次介紹重學總論、槓桿、輪軸、滑車、斜面、劈、螺旋，
最後總論重學之理，說明重學與地球、重學與攝力（即萬有引
力）的關係，研究和掌握重學原理的意義。當時被認為是「意簡
詞明，最省便覽」。當然，細究起來，李善蘭的1859年出版的
《重學》，始譯於1852年，至遲於1855年就已譯成，而僅14頁
的《重學淺說》應該是在出版的當年即1858年譯成的，因而，把
《重學》說成是第一部譯介的西方力學著作也不能說錯。而在學
術的系統性、社會的影響力上，《重學》更是非《重學淺說》所
能比。

《代數學》

在譯畢《幾何原本》後九卷後，李善蘭又和偉烈亞力一起翻
譯了中國第一部符號代數學的譯作《代數學》。

代數學是數學中的一個重要的、基礎的分支。初等代數學
（或古典代數學）是更為古老的算術問題的推廣和發展，是指通
過用字母、而不是用數位來代表一般的數，以研究數的性質和運
算的數學分支。

中國古代在初等代數學方面，有著光輝的成就。初等代數
學中的正負數加減運算和求聯立一次方程組與正係數的二次方程
的數值解是中國古代數學家的發明創造，且早就見之於《九章算
術》和魏晉劉徽的《九章算術》注。求正係數的三次方程的數值
解，在唐初王孝通《緝古算經》中已經出現。中國古代代數學在
11-13世紀宋、元間達到了發展的高峰。初等代數學在清初即由

歐洲傳入中國，當時，中國數學家稱為「阿爾巴朱爾」、「阿而熱八達」、「阿而熱八拉」，其中以大數學家梅文鼎之孫梅瑴成的譯名「阿爾熱巴拉」最為通行，「阿爾熱巴拉」即英語algebra的音譯，[25]所以，偉烈亞力在《代數學》序中稱：「代數術略與中土天元之理同，而法則異，其原始即借根方，西國名阿爾熱巴拉，系天方語，言補足相消也，昔人譯作『東來法』者非。」而「代數」這一名詞，正是從李善蘭與偉烈亞力的這本《代數學》開始創譯的。《代數學》卷首的「代數之各種記號」說明了「代數」一詞的取意於「以字代數」：

> 西國之算學，各數均以〇一二三四等十個數目字為本，無論何數，均可以此記之。用此十個數目字，雖無論何數皆可算，惟於數理之深者，則演算甚繁；用代數，乃其簡法也。代數之法，無論何數，皆可任以何記號代之。今西國所常用者，每以二十六個字母代各種幾何，因題中之幾何有已知之數，已有未知之數。其代之之例，恒以起首之字母代已知之數，以最後之字母代未知之數。今譯至中國，則以甲乙丙丁等元代已知數，以天地人物等代未知數。

李善蘭與偉烈亞力合譯《代數學》的時間，從《北華捷報》[26]發表的一名中國官員的信中可以推測。1857年1月24日的

25　algebra一詞最初來源於9世紀阿拉伯數學家和天文學家花拉子米的重要著作《Hisab al-jabr w'al muqabala》，其中al-jabr意為還原或移項，w' al muqabala意為化簡、並項，此書後譯為拉丁文，書名為《ludus algebraae at almucgrabalaeque》，而後，這門學科簡稱為algebra。

26　《北華捷報》（North-china Herald）又名《華北先驅週報》、《先鋒報》，1850年8月2日由英人Henry Shearman創辦於上海，是清朝境內最早的英文週報，也是上海出現的第一家近代報刊。1859年起成為英國駐上海領事館和商務參贊公署公

《北華捷報》上說：「我聽說《幾何原本》後九卷剛剛譯成。我還聽說力學、代數學和微積分著作已譯成。當他們出版時，我將感到十分高興。只是苦無機會先睹為快」。從這裡可知，《代數學》的翻譯至少在1856年即已開始，可能是與《重學》（就是信中所說的「力學」）和《代微積拾級》（就是信中所說的「微積分」）同時進行。其實，早在幾年前，偉烈亞力即有翻譯《代數學》的打算。他在寫於1853年的《數學啟蒙》序中說：「爰述一書曰《數學啟蒙》，凡二卷，舉以授塾中學徒，由淺及深，則其知之也易。譬諸小兒，始而匍匐，繼而扶牆，後乃能疾走。茲書之成，姑教之匍匐耳，扶牆徐行耳。若能疾走，則有代數、微積分諸書，余將續梓之。」可見這時，偉烈亞力已有了《代數學》的底本，準備在出版《數學啟蒙》後「續梓之」，但可能一時找不到合適的合作者。直到與李善蘭合譯《幾何原本》後，對李善蘭的才華有了充分的認識，才開始與之合譯《代數學》。

　　《代數學》所用的底本，是英國數學棣麼甘（Augustus De Morgan, 1806-1871，現在通譯為德摩根），著於1835年的《代數初步》（*Elements of algebra*）一書。棣麼甘是英國著名的數學家、邏輯學家，倫敦大學教授，倫敦數學會第一任會長，在分析學、代數學、數學史及邏輯學等方面作出重要的貢獻。對當時19世紀的數學具有相當的影響力。主要著作有《微積分學》及《形式邏輯》等，著名的「德摩根定理」即是由他所建立。

　　《代數學》一書，主要論述初等代數以及指數函數、對數函數和冪級數展開式。中譯本除卷首外，共分十三卷，卷首綱領。一論一次方程；二論代數與數和數學之記號不同；三論多元一次

　　佈通告、發佈消息的機關報。

方程；四論指數及代數式漸變之理；五論一次二次式之義及二次
方程之數學解；六論限及變數；七論代數式之諸類並約法；八論
級數及未定之係數；九論代數與數學之相等不同；十論紀函數
法；十一論合名法；十二論指數對數之級數；十三論用對數為算
術之捷法。

中譯本《代數學》，對於當時的中國數學界來說，有著不少
的新內容。如第一次講到虛數。認為「今號無意，且不合理，而
其所解、所用，或俱合理，蓋非一處用之，大概可用也，已有
人立如是之法，今未暇論及。」（卷四）。書中還討論了數列
的極限，對於無理數也有所論及。還討論了無窮級數及收斂性
問題（卷八）、函數和記法（卷十）以及二項式定理（卷十一）
等等。

尤其值得一提的是，是李善蘭在翻譯《代數學》的過程中，
創立了許多新概念、新名詞、新符號。這些新概念、新名詞、新
符號引自於西文原本，經李善蘭的再創造，成為現今通用的辭
彙。創立的新名詞有代數學、係數、根、方、方程式、函數、微
分、積分、幾何學、橫軸、縱軸、無窮、極大、極小等等。這些
新名詞創設得十分貼切，一直流傳了下來。像把algebra從音譯的
「阿爾熱巴拉」改譯為「代數學」，更為貼切，更能表達出這門
學科的特點。還有像「函數」。函數（function）一詞，是德國
數學家萊布尼茲在1692年首先採用的，李善蘭在《代數學》一書
中，將「function」譯作「函數」。李善蘭的解釋是：「凡此變
數中函彼變數，則此為彼之函數」，這裡「函」是包含的意思，
與歐洲當時的概念十分相近。再比如「方程」一詞，本是《九
章算術》中的九數之一，相當於現在的線性方程組。而李善蘭
在《代數學》中把「Equation」（相當於中國古代的開方式或天
元開方式）第一次譯作「方程」。此後，華蘅芳與傅蘭雅合譯

華里司（J. Wallis）的《代數術》中，按照李善蘭的譯法，譯作
「方程式」。以後一直沿襲下來，改變了中國傳統數學術語「方
程」的含義，1934年數學名詞委員會確定用「方程（式）」表示
「Equation」。

　　至於《代數學》中的數學符號，李善蘭更是別出心裁加於
創譯。中國古代數學中較少使用符號，而《代數學》中的許多數
學符號是中國人從來沒有接觸過的，這顯然是翻譯中的一個難
題。對此，李善蘭採用了兩個辦法。一是直接引入西方數學符
號，如×、÷、＝、（）、√、∞等，這樣的直接引入，使運算
式更為簡便實用，一目了然。但李善蘭也很清楚，在當時的知識
背景下，全部換用外來符號固然有益於代數學的引進與發展，卻
有點不切實際，除了極少數精通西學的專家，絕大多數知識分子
對著滿紙符號將不知所云無從下手。同時，從當時士大夫的感情
上說，也不能接受這樣的「全盤西化」。於是，李善蘭就根據數
學符號的意義，結合漢字的特點，創譯了一套「改良」的數學
符號，以符合中國人的閱讀習慣。如阿拉伯數字1、2、3、4、5
用中國記數符號一、二、三、四、五來代替（為了避免混淆，加
號和減號則用篆文的上即「⊥」、下即「丅」來表示），26個代
數字母a、b、c、d到z等，依次用十天干（甲、乙、丙、丁等）
加十二地支（子、丑、寅、卯等）再加天、地、人、物四字來
代表，大寫字母A、B、C、D到Z，則在天干、地支和天、地、
人、物上加一「口」旁，如「呷」、「叮」等。希臘字母用用二
十八星宿（角、亢、氐、房等）來代表。函數符號寫作「函」，
積分符號用「積」字的「禾」旁表示，微分符號用「微」字的
「彳」旁來表示，等等。如下表：[27]

[27] 本表引自汪曉勤：《中西科學交流的功臣——偉烈亞力》，科學出版社，2000年9
月，第79頁。

英文字母				英文字母				希臘字母		希臘字母		數字		運算符號	
a	A	甲	呷	n	N	卯	唧	α	角	ξ	璧	1	一	＋	丄
b	B	乙	吃	o	O	辰	唥	β	亢	o	奎	2	二	−	丅
c	C	丙	唡	p	P	巳	吧	γ	氐	π	周	3	三	×	×
d	D	丁	叮	q	Q	午	咛	δ	房	ρ	婁	4	四	÷	÷
e	E	戊	哦	r	R	未	味	ε	心	σ	胃	5	五	O	O
f	F	己	吧	s	S	申	呻	ζ	尾	τ	昴	6	六	√	√
g	G	庚	唐	t	T	酉	哂	η	箕	υ	畢	7	七	＝	＝
h	H	辛	哸	u	U	戌	哦	θ	斗	φ	觜	8	八	＜	＜
i	I	壬	旺	v	V	亥	咳	ι	牛	χ	參	9	九	＞	＞
j	J	癸	喫	w	W	物	吻	κ	女	ψ	井	0	0	∫	禾
k	K	子	呼	x	X	天	吷	λ	虛	ω	鬼			dx	彳天
l	L	丑	吡	y	Y	地	咃	μ	危					∞	∞
m	M	寅	嗔	z	Z	人	叺				室				

比如：

$$\int x^m dx = \frac{x^{m+1}}{m+1} + C$$

譯作：禾天^{寅丄一}彳天＝$\dfrac{寅丄一}{天^{寅丄一}}$丄口丙

$$\int abx^2 dx = ab\int x^2 dx$$

譯作：禾甲乙天^{二}彳天＝甲乙禾天^{二}彳天

$$\int \frac{adx}{x} = a\ln x + C$$

譯作：禾$\dfrac{天}{甲彳天}$＝甲天对丄口丙

$$\int u dv = uv - \int v du$$

譯作：禾戊彳亥＝戊亥丅禾亥彳戊

這樣的翻譯，在現在看來可說是不中不西、不倫不類，但在當時，卻是最為合適的既照顧原著體例又適合中國人閱讀方式的變通方法。當時的學者對李善蘭的這一套方法頗為推崇，認為起到了化繁為簡的功能。李善蘭的摯友張文虎在與朋友的信中說：

四元位置已繁，而天、物、地、人相乘，寄位夾縫，尤易淆亂，毫釐之差，非一一演算，未由周知也。明靜庵《割圓密率捷術》周疊借諸根，暗合四元之法，但一根又一

根，稱名易混。李壬叔以意創為置太極於一隅，而以四元如積諸廉，依次分別旁行衰上，縱橫相遇，較舊法為明顯，且免剔消之繁。近西人新譯代數，只用記號，似亦便捷，苟會而通之，不直為四元別開生面，且立元可不限於四也。[28]

　　這封信寫於1859年，正是《代數學》出版的當年，因而這裡所說的「西人新譯代數」，當是指李善蘭翻譯的《代數學》。

　　正因為李善蘭創譯的這套數學符號比中國傳統數學中的表達更為便捷，因而在此後相當大的一段時間裡，翻譯數學著作基本上是採用李善蘭創譯的這一套數學符號。如華蘅芳和英國傳教士傅蘭雅譯海麻士（Hymers）《三角數理》、譯華里士（Wallace）《代數術》，趙元益與傅蘭雅所譯棣麼甘《數學理》；賈步緯編譯《弦切對數表》、《八線對數簡表》、顧澄所譯哈迪《四原原理》等。直到1890年狄考文（Mateer, Calvin Wilson）與鄒立文所譯《代數備旨》中，仍用「天」、「地」等字來代表未知數，用「甲」、「乙」等字來代表已知數或者幾何點。

　　《代數學》於1859年冬刊刻，深受知識界歡迎，銷路頗好，以至有人感歎「其書（《代數學》）固詳備矣，惜以活字擺印無多，久已告罄，今無從覓矣」。[29]40年後，華蘅芳的弟子程英又重刻此書，稱《代數學》「其言立款、辨數、演式、求證、合名諸法，莫不窮究奧窔、推闡靡遺，觸類旁通，心從矩應，啟造化

---

[28]　張文虎：《與馬遠林書》，《雜著》甲編卷上。轉引自洪萬生《張文虎的舒藝室世界：一個數學社會史的取向》，載臺灣《漢學研究》1993年第2期，第179頁。
[29]　王韜編：《格致書院課藝》，春季超等第一名己丑上，光緒丁酉（1897）上海書局印本。

之秘藏，導疇人以捷輪，誠算學家不可少之書也」。著名學者、畫家張世准為該重刻校訂本的序中稱：「泰西各國所由以致富強，不外光化電汽聲重諸學，壹是皆以算為本，而代數又算學之至精，其為用甚廣，諸學階梯……是書進探光化電汽聲重之奧，以補中學所未及。而上佐國家富強之業者，則是書之益吾中國豈淺鮮哉。」[30]《代數學》一書還由日本高杉晉作、中牟田倉之助譯介入日本，明治五年（1872）日本數學家塚本明毅翻刻出版《代數學》後，不少代數學名詞在日本廣泛流傳。

《代微積拾級》

《代微積拾級》是李善蘭最為重要、影響最大的譯著之一，是中國第一本微積分教材。《代微積拾級》的翻譯出版，標誌著西方高等數學在中國的傳入。

《代微積拾級》翻譯的時間，至少在1856年時已經開始，至1857年時基本完成，很可能是與《代數學》同時進行的。這一點，可從上一節所引《北華捷報》發表一名中國官員的信函可知。在信中，這位官員在咸豐七年（1857）一月就聽說李善蘭與偉烈亞力合譯的「微積分著作」已譯成。這裡的「微積分著作」，顯然就是指《代微積拾級》。這位官員的「聽說」雖未免完全可靠，但至少在1856年，《代微積拾級》即已開始翻譯，而至少在1858年，《代微積拾級》已經完稿。慕維廉（ReV.William Muirhead）在《*China and the Gospel*》中說：

---

[30] 《代數學》戊戌仲春江夏程英新刻本。

1848年或日，有一中國算學家攜其四年來所研究之《微積學》，來見麥都思博士及墨海教士，謂曾從偉力亞力受《代數》、《幾何》後九卷，三角、微積等科。且嘗譯侯失勒《談天》、胡威立《重學》，又著意從事奈端《數理》。當時從事此學之人雖少，而此君嘗介紹數人於教士。其一人為江蘇顯宦，惜其信佛之心過於信耶耳。[31]

據李儼先生考證，這裡的「中國算學家」即是李善蘭，「1848」為「1858」之誤，「江蘇顯宦」指的是李善蘭的算友徐有壬。從這段記載可以看出，至1858年時，李善蘭已譯出《幾何原本》後九卷、《代數學》、《談天》、《重學》和《代微積拾級》等重要著作，並正著手翻譯奈端《數理》（即牛頓的《自然哲學的數學原理》）。從「四年來所研究之《微積學》」一句推測，則很可能《代微積拾級》的翻譯工作1854年即已開始。至於為什麼墨海書館要在一年以後的1859年才出版《代微積拾級》，不外乎兩個原因，一是墨海書館以出版基督教書籍為主業，出版科學書籍的動機只是為了吸引更多的中國人對基督教的興趣，因此在安排出版計畫時，科學書籍只能是服從於基督教書籍，李善蘭與偉烈亞力等翻譯的書籍一時排不上隊。二是可能出版經費不足。李善蘭翻譯的科學書籍，因並不完全切合墨海書館的出版宗旨，需自籌經費出版。在王韜日記中，數次可見李善蘭為出版經費多次奔走於南匯、金山等當地富豪士紳家的有關記載。[32]籌

---

[31] 見ReV. William Muirhead：《China and the Gospel》，轉引自李儼《李善蘭年譜》，《李儼錢寶琮科學史全集》第八卷，第333頁。

[32] 如咸豐十年二月朔日：「壬叔將往南匯訪顧金圃祖金廣文。金圃居南匯之二團鎮，富有田產，去年曾一過此，與予有杯酒之歡。顧嗜曆學，能算日月交食、五星躔度。著有《庚申年七政四餘考》。欲從壬叔授西法，許為百金刻書。壬叔故

集不到經費，出版時間只能一推再推。所以《代數學》、《談天》、《重學》和《代微積拾級》等著作，雖非同時完成，卻都是在1859年出版。

《代微積拾級》所用的底本，是美國數學家愛里亞斯·羅密士（Elias Loomis）的《Elements of Analytical Geometry and of the Differential and Integral Calculs》（《解析幾何與微積分初步》）。從這個底本的選擇上，可見李善蘭與偉烈亞力的識見。

羅密士1811年8月7日出生於美國康涅狄格州的威靈頓，1889年8月15日卒於康涅狄格州的紐海文。羅密士除了研究數學外，對氣象學、實用天文學也頗有研究。他1830年畢業於耶魯學院，後去法國留學。1844年至1860年，任紐約市立大學的數學與自然哲學教授。1860年去耶魯大學任教授，直到去世。《代微積拾級》著於他在紐約市立大學任教期間。1851年由美國紐約的哈普兄弟出版公司（New York Harper & Brothers Publishers）出版發行。全書分為18章，其中解析幾何部分9章，微分學7章，積分學2章，最後附有雜題及解答。羅密士其他被譯為中文的數學著作有：《代數備旨》（*Elements of Algebra*）、《形學備旨》（*Elements of Geometry*）、《八線備旨》（*Trigonomenty*）和《代形合參》（*Elements of Analytical Geometry*）等，在中國多次印刷，廣為流傳。

《代微積拾級》並非是數學研究專著，而是一本大學教材。羅密士在1851年版的前言中寫道：「本書不是為數學家而寫，也不是專為有數學天賦或數學愛好的學生作準備的，而是面向中等能力的多數大學生們。」「我在本書中採用的處理方法，比我所知的一切方法更為初等。我沒有任何藍本，除了倫敦大學Ritchic

有此行。」見《王韜日記》，第136頁。

教授的一本小冊子以外」，「本書的每一個原理都用實際例子加以解釋，書的末尾附有許多應用雜題，可按教師和學生的情況自由選用。」由於內容通俗易懂，在編寫方式上重視學生的接受能力和接受心理，因此在美國學校廣受歡迎。從1851年初版到1874年重新修訂時，累計發行25000冊，這在當時的美國是一個相當大的數字。美國牧師J. 麥克林托克（McClintock）曾評價羅密士的教科書是「簡明、準確和適合學生實際需要的典範」。尼柯爾則推崇這些教科書是「用英文寫成的這類著作中最好的一本」，「對美國和歐洲和各種科學出版領域都是一項貢獻。」[33]

　　這樣一部在美國聲譽鵲起的微積分教材，不能不引起偉烈亞力的重視，作為一個決心要向中國傳播西方現代科學的學者，偉烈亞力曾立志要翻譯一套西方的數學教材，讓中國人循序漸進地學習。在1853年，他就用中文寫作了一本數學的入門書《數學啟蒙》，在這期間，他也注意到了羅密士的《代微積拾級》。他在《數學啟蒙》的序中說：「爰述一書曰《數學啟蒙》，凡二卷，舉以授塾中學徒，由淺及深，則其知之也易。譬諸小兒，始而匐匐，繼而扶牆，後乃能疾走。茲書之成，姑教之匐匐耳，扶牆徐行耳。若能疾走，則有代數、微積分諸書，余將續梓之。」這裡所說的「代數」、「微積分諸書」，極有可能就是德摩根的《代數學》和這本羅密士的《代微積拾級》。李善蘭在《代微積拾級》序中的一段話可為佐證：

　　　　羅君密士，合眾之天算名家也。取代數、微分、積分三
　　　　術，合為一書，分款設題，較若列眉，嘉惠後學之功甚

---

[33] The National Cyclopaedia of American Biography, vol.vll, p233（1897），轉引自張奠宙：〈《代微積拾級》的原書和原作者〉，《中國科技史料》，第13卷，1992第2期。

> 大。偉烈君亞力聞而善之，亟購求其書，請余共事，譯行
> 中國。偉列君之功，豈在羅君下哉？

偉烈亞力「聞而善之」，所看中者顯然是《代微積拾級》面向大眾，適合初學者的特點。當時中國學者對微積分尚是聞所未聞，偉烈亞力從普及的角度選取這樣一本淺顯易懂的教材，可謂是用心良苦。但即使是這樣一本初級微積分教材，也被眾多的中國知識分子稱為難懂，這大概是偉烈亞力和李善蘭所始料未及的。

《代微積拾級》於1859年夏由墨海書館出版，題為「米利堅羅密士撰，英國偉烈亞力口譯，海寧李善蘭筆述」。之所以名為《代微積拾級》，李善蘭在序言中解釋說：「是書先代數，次微分，次積分，由易而難，若階級之漸升。譯既竣，即名之曰《代微積拾級》」。先易後難，像臺階一級級攀升，期望讀者拾級而上，所以名為「拾級」。應該說明的是，這裡的「代數」，實際上指的是解析幾何，《代微積拾級》之「代」，是「代數幾何」的省略（Analytical Geometry = Algebraic Geometry）。[34]

《代微積拾級》全書共十八卷，一至九卷是解析幾何，十至十六卷是微分，十七、十八兩卷為積分。各卷分別為：卷一：以代數推幾何；卷二：作方程圖法；卷三：論點、論線、易縱橫軸法；卷四、論圓；卷五、論拋物線；卷六、論橢圓；卷七：論雙曲線；卷八：諸曲線依代數式分類；卷九：論越曲線、擺線、對數曲線、螺線、亞奇、默德螺線、雙曲線螺線、對數螺線；卷

---

[34] 有的學者因這一「代」字，認為《代微積拾級》是從Augustus De Morgan的《Elements of Algebra》和《Elements of Analytical Geometry and of the Differential and Integral Calculs》兩書翻譯而來，見Smith D.E.and Mikami ,Y.A.《History of lapanese Mathematics》，P.274，轉引自李儼《李善蘭年譜》，《李儼錢寶琮科學史全集》第八卷，第334頁。但實際上，《代微積拾級》跟《Elements of Algebra》並無關係。

十：論函數微分；卷十一：疊積分、馬氏捷術、戴氏新術、諸自變數之子函數；卷十二：第一次微係數解、論函數極大極小、求函數極大極小捷法；卷十三：越函數、指函數微分、對函數微分、圓函數微分；卷十四：曲線儀、用微分推曲線之四線法、論極曲線之次切線切線、論曲線及曲線之面積曲面體積諸微分、論極曲線及其面積之微分論曲線之漸近線；十五：曲率半徑、漸伸線、漸伸線諸側、擺線理；十六、論一切曲線中諸理；十七、總論、論各微分之積分、用級數求積分法論弧線微分之積分、論合名微分之積分；十八：用積分術令曲線改直線之理、求曲線面積求曲面積、求曲線體積。

　　《代微積拾級》出版後，作為中國的第一本微積分教材，立即在知識界引起了巨大的反響，迅速流傳，好評如潮。著名數學家華蘅芳說：「咸豐間，曾有海寧李壬叔與西士偉烈亞力譯出《拾級》一書，流布海內。」上海著名文人沈毓桂稱：「近代唯《代微積數學》（指《代微積拾級》）、《談天》等書，西儒究心譯出，悉本《幾何原本》詳言立法，最為精深。」廣東學者朱憲章稱：「自海寧李氏、金匱華氏等譯出西人代數、微積諸術而於是算學又別闢一境。其立術之精妙，迥非向之所謂天元、借根及一切中法所能企及。蓋算學至斯登峰造極，蔑以復加焉。」華蘅芳之弟、數學家華世芳的評價更高：「自李壬叔續徐、利之業而幾何、曲線、重學、代數、微分、積分之學備，算學之至今日，古義既明，新法日出，斯誠極古未有之奇萃，中外一家之盛矣！」

　　把李善蘭的譯作稱為「極古未有之奇萃，中外一家之盛」，雖有言過其實之嫌，但也可見對中國數學發展影響之大。事實上，即使是作為譯者的李善蘭和偉烈亞力，對《代微積拾級》一書的成就也相當的自負，對微積分對中國數學的影響也有著充分

估量。李善蘭在《代微積拾級》的序中說：

> 由此，一切曲線、曲線所函面、曲面、曲面所函體，昔之
> 所謂無法者，今皆有法；一切八線求弧背、弧背求八線、
> 真數求對數、對數求真數，昔之視為至難者，今皆至易。
> 嗚呼！算術至此觀止矣，蔑以加矣。

得意之情溢於言表。用「算術至此觀止矣，蔑以加矣」這樣的話來形容自己的著作，這在李善蘭是很少見的。偉烈亞力的得意比之李善蘭也不遑多讓。他說：「異時中國算學日上，未必非此書實基之也。」把中國數學的此後的發展，歸功於微積分的引入，作為譯者，這樣的自我評價或會招致狂妄之譏，但平心而論，也還不是太言過其實。

《代微積拾級》是中國第一部引進的微積分教材，對中國科學尤其是數學發展的意義，可說是里程碑式的，所謂「近世算術，以微積分為最深而最難，又為格物科學所不可少。」更由於它注重應用的特色，因此，在出版後的半個多世紀，《代微積拾級》成了晚清書院和學堂裡微積分教學的最經典甚至可說是唯一的教材。在晚清書院、學堂的算學館中，其學習的次序是，先學數學，已通數學者學幾何，已通幾何者學代數，然後依次再學三角函數、對數、各種曲線，到最後是學習微積分。而學習微積分的基礎教材，就是《代微積拾級》。晚清時北京同文館、福州船廠法文學堂、湖南時務學堂、兩湖書院、紹興中西學堂、衡州西湖精舍、常寧求是書院、長沙湘學使署等都用《代微積拾級》作為微積分教學的教材。

以此相表裡的，是對微積分和《代微積拾級》的研究也在晚清數學界形成了一股潮流。由於微積分的引入，一些在以前很

難或無法解決的問題，如長度、面積、體積、三角函數和對數函數冪級數上的一些難題，都可以用微積分來輕而易舉地解決，因此，當時或稍後的數學家如徐有壬、馮桂芬、顧觀光、夏鸞翔、華蘅芳、蔣士棟、林傳甲、凌步芳、陳志堅等都對《代微積拾級》進行了深入的研究，有的甚至發現了書中的一些錯誤。其中尤以華蘅芳、夏鸞翔的研究最為深入。華蘅芳可說是中國最早接觸微積分的學者之一。在李善蘭翻譯《代微積拾級》之時，他就在墨海書館向李善蘭請教過微積分的有關問題。華蘅芳在《學算筆談》中說：

> 爰從其譯稿中錄得數條，視之，迄不得其用意之處。又閱數年，其譯本先後刊竣，惠我一編。批閱數頁外，已不知所語云。何也？蓋其格格不相入者，猶之初讀《海鏡》時也。詰諸李君，則云：「此中微妙，非可以言語形容，其法盡在書中，吾無所隱也。多觀之，則自解耳。是豈旦夕之工所能道曉者哉！」余信其言，反覆展玩不輟，乃得稍有頭緒。譬如傍晚之星，初見一點，旋見數點，又見數十點、數百點，以致燦然布滿天空。

　　經過不斷的研習，華蘅芳成了當時中國少數幾個精通微積分的數學家，他於1874年跟傅蘭雅一起翻譯了《微積溯源》一書，成為晚清時與《代微積拾級》齊名的微積分名著之一。即便到了晚年，他對當年研習微積分一事還記憶猶新，在1892年《拋物線說》的序中稱：「憶余二十余歲時閱《代微積拾級》，粗知拋物線之梗概。」可見影響之深。

　　而夏鸞翔對微積分的研究，則主要表現在微積分的應用上，「凡一百餘術」。他在《萬象一原》序中說：

圓出於方，而圓形不一，曲線之名因而萬殊焉。昔人所謂
有法者，只一平圓，至橢圓曲線，古已遺之。吾師項梅侶
先生澄思渺慮，立術以求橢周，繼之者鄂士戴氏、君青徐
氏各立一術，而橢周乃為有法之形。然只能求橢周、不能
截橢弧，且不能求諸曲線之弧與曲面與面積與體積，亦憾
事也。自奈端（即牛頓）、來本之（即萊布尼茨）二家作
橫直二線以取曲線，創名曰微分、積分，於是昔所謂無法
者，今皆有法。形雖萬，法則一，誠算學之功臣也，亦人
生之快事也。余邇年避亂於吳門、於平湖、於南匯、於鐵
河，暇則細尋微積分奧竅，疏而演之，凡一百餘術，法乃
浸備。幾何之學至是而無纖芥之憾矣。

在夏鸞翔的《致曲術》和《萬象一原》兩部著作中，詳細推
導了這些應用《代微積拾級》的研究成果而取得的「一百餘術」。

此外，出版的有關《代微積拾級》的研究著作有《西算新
法直解》（馮桂芬、陳子瑨）、《微積闡詳》（陳志堅）、《微
積通詮》（黃啟明）、《微積初津》（華蘅芳）、《微積釋馬》
（蔣士棟）、《微積集證》（林傳甲）、《代微積淺釋》（林傳
甲）、《微分詳說》（凌步芳）、《積分詳說》（凌步芳）、
《微積闡詳》（張燨）等，這既可見當時知識分子學習微積分的
積極性之高，更可見《代微積拾級》的影響之大。

有意思的，即使並非專門研究數學的一般知識分子，也對
《代微積拾級》十分感興趣。《萬國公報》是晚清期間傳播西學
最多、影響最大、發行最廣的一份週刊，以廣泛介紹西方新學而
著稱。《代微積拾級》出版後，不少讀者因書中字跡模糊而寫信
到《萬國公報》，請代為解決。如大沽一名叫殷仲深的在信中
說：「所購《代微積拾級》字跡有迷糊處，無從校對，如第十六

卷第五頁第一行拋物線弧分式……。」還有一名自稱叫「躡雲客」的天津讀者更為認真。他在信中說，《代微積拾級》十三卷四頁所列中國對數表根四三四二九四，其對數為九六三七七八四。他覺得有疑問，就按照《代數術》十八卷十三頁所載常對數表根四三四二九四四八一九之數推其對數，得九六三七七八四三一一二。特來詢問他的方法是不是正確。在信中，「躡雲客」還說，他所所購到的《代微積拾級》，第十八卷第五頁所列拋物線全積分式字板模糊，又沒有其他書可以校對，就按照自己的理解把這個拋物線全積分式寫全了，請《萬國公報》幫忙看看是否與原書一樣。如「躡雲客」這般的研讀，可見當時對微積分感興趣的人當不在少數。

更有意思的是，連當時太平天國干王洪仁玕對此書很感興趣。艾約瑟曾在1860年去蘇州拜訪過洪仁玕，進行了充分的會談。艾約瑟驚奇地看到，在干王府的所有書籍中，洪仁玕「最感興趣的是偉烈亞力翻譯的那本微積分」。[35]艾約瑟是李善蘭和偉烈亞力在墨海書館的同事，他的記載當是十分可靠。

現在也許很難想像一本翻譯的數學教材，會在知識分子和社會上產生如此大的影響，但實際上，《代微積拾級》在當時及此後幾十年中影響力遠比我們想像的還要大。它的影響甚至遠達日本，對微積分知識在日本的傳播起了奠基性的作用，直接推動了日本數學的發展。

日本著名數學史家三上義夫（1875—1950）指出：「最早傳入日本的西方數學書籍，肯定是李善蘭和偉烈亞力翻譯的由Loomis編寫的《代微積拾級》。」在1860年，日本和算家「能讀

---

[35]　見《傳教士艾約瑟等五人赴蘇州謁見干王和忠王的經過》，見上海社會科學院歷史研究所編譯：《太平軍在上海——〈北華捷報〉選譯》，上海人民出版社1983年版，第6頁。

到的最好微積分書籍只有Loomis的微積分中譯本。」[36]據學者研
究，日本數學家小野友五郎在1860年也就是《代微積拾級》出版
後不久，就從日本看到了這本出自中國人之手的微積分著作。[37]
小野友五郎看到的《代微積拾級》是如何傳到日本去的，現在並
不清楚，但至少在1862年就有日本數學家來中國購去《代微積拾
級》的明確記載。1862年5月27日，日本使團由「御勘定」（江
戶幕府直屬將軍的掌管財政和民政的家臣和武士）根立助七郎率
領51人前往中國上海。這是日本被英美等國打開國門以來第一次
大規模到中國來學習考察。隨行隊伍中有日後日本明治維新的著
名政治家和軍事家高杉晉作，還有薩摩藩的五代友厚和佐賀藩的
中牟倉之助。他們乘幕府官船「千歲丸」號從長崎出發，於6月
2日到達黃浦江，8月1日離開吳淞口，8月8日回到長崎。在上海
期間，日本使團購買了許多漢譯西方科學書籍。據記載，在高杉
晉作的購書單中有偉烈亞力著的《數學啟蒙》，李善蘭和偉烈亞
力合譯的《代數學》。在中牟倉之助所購書中，就有李善蘭譯的
《代微積拾級》、《談天》和王韜的《重學淺說》等。這個使團
來上海的目的，就是希望借助與日本文化較接近的中國，來學習
西方先進的科學技術，因此，使團回國後，就像《代微積拾級》
的出版在中國知識界興起了一股學習微積分的熱潮一樣，《代微
積拾級》在日本也廣泛地流傳開來，並出現了多種從中文翻譯過

---

[36] Mikami,Yoahio,Mathematics in China and Japen and ed.New York,Chelaea Publishing Comppany, 1974,p,173。轉引自張奠宙：《〈代微積拾級〉的原書和原作者》，《中國科技史料》，1992年第2期。

[37] 小野友五郎在明治時期的數學雜誌《數學報知》第89號（1894年5月）上，發表了一篇名為「珠算的巧用」的演講稿，其中講到他從江戶時代的安政二年（1855）開始的四五年間學習西洋數學，其中有一本出自中國人之手的以「代微積」為名的著作，其中包括代數、微分和積分方面的內容。這本著作顯然是《代微積拾級》。安政二年下推四五年即是1859年到1860年。見張奠宙：《代微積拾級》的原書和原作者，《中國科技史料》，1992年第2期。

去的日文譯本，其中有像福田理軒編著的《代微積拾級譯解》這樣風行一時的名著。由於《代微積拾級》在日本影響深刻，許多李善蘭翻譯的數學名詞，如微分、積分、函數、有理數、無理數、方程式等，也為日本數學家也採用，有不少沿用至今。

《談天》

1859年對李善蘭而言，是一個不折不扣的豐收年。如果說，刊印《方圓闡幽》、《弧矢啟秘》、《對數探原》發明尖錐尖一生中事業的第一個高峰的話，那麼，在這一年中連續出版《代數學》、《代微積拾級》、《重學》、《談天》等多部在當時產生極大影響的西方科技譯作，毫無疑問是其事業的第二個高峰。

《談天》是李善蘭跟他的老搭檔偉烈亞力的又一次合作。《談天》當出版於1859年秋。[38]李善蘭和偉烈亞力分別作序於「咸豐九年重陽後八日昆山舟次」、「咸豐九年孟冬之月序《談天》春申浦上」。墨海書館版的《談天》前有「己著諸書目」，下列：《數學啟蒙》二卷、《幾何原本》七卷至十五卷、《代數學》十三卷、《代微積拾級》十八卷。這顯然是為這幾本書做的廣告，由此也可知，《談天》的出版，當在《幾何原本》、《代數學》、《代微積拾級》等書之後。當然，和《代微積拾級》一樣，《談天》譯成的時間應該更早些。

《談天》卷首題「英國侯失勒原本，英國偉烈亞力口譯，海寧李善蘭刪述」。這裡的「侯失勒」，即英國天文學家約翰‧赫

---

[38] 嘉興圖書館藏《談天》，扉頁上題「咸豐己未仲秋墨海活字版印」。

歇耳（John Herschel, 1791－1871）。約翰・赫歇耳是世界著名觀測天文學家威廉・赫歇耳（William Herschel, 1738－1822）的兒子，所以當時又稱他為「小侯失勒」。約翰・赫歇耳以研究雙星和星雲而著稱，主要成就有發現雙星總表，觀測南天星雲，測定恒星亮度並加以分類等。《談天》是約翰・赫歇耳的一部天文學名著，原名《天文學綱要》（*Outlines Astronomy*）。李善蘭把它譯作《談天》，顯然是照顧到了中國人的閱讀習慣。「談天」一詞，最早見於《史記・孟子荀卿列傳》：「故齊人頌曰：『談天衍，雕龍奭』」裴駰集解引劉向《別錄》：「鄒衍之所言，五德終始，天地廣大，盡言天事，故曰『談天』」後來即以「談天」指談論天文。而「談天」一詞在中文中又有閒談之意。李善蘭以《談天》來命名約翰・赫歇耳的這部天文學著作，既切合原著，又通俗易懂，可謂是渾成天然的翻譯佳作。

從《談天》「凡例」第二條：「此書原本咸豐元年刊行」可知，李善蘭的《談天》所據底本，是侯失勒的《天文學綱要》的第4版（1851年）。約翰・赫歇耳這部《天文學綱要》，是在總結了他與其父威廉・赫歇耳的工作以及當時歐洲天文學主要成果的基礎上寫成的，其中有不少最新的天文學成果。《天文學綱要》第4版出版的1851年，恰好是哥白尼的巨著《天體運行論》出版300年之際。而這300年，也正是西文近代天文學發展最為迅速的最為重要的時期。在理論上有克卜勒三大定律和牛頓萬有引力的發現，有經典天體力學理論的建立；在技術上有伽利略以來天文望遠鏡的使用和改進，天體測量學的迅速發展。許多天文學上的新發現也在這個時期，像1728年的光行差，1835年的恒星視差，1802年的雙星繞轉，1846年海王星的發現，這些近代天文學的理論和新的發現，都在《天文學綱要》裡得到了體現。而李善蘭所譯的《談天》，又把1851年後西方天文學的最新成就補入了

書中。《談天》的「凡例」稱：「此書原本，咸豐元年刊行，其後測天家屢有新得，今一一附入，如小行星最後有咸豐八年所得者，非原書所有也。」同時，李善蘭在翻譯時，又「力求言簡意賅的闡述原書天文學內容，對於一些不必要的解釋、例子、比喻，則進行不同程度的刪述，使譯文保持論述嚴謹，內容緊湊的行文風格。」[39]一方面有所增補，一方面又有所刪削，所以這本《談天》在署名上是：「海寧李善蘭刪述，英國偉烈亞力口譯，」而不是一般常見的李善蘭「筆受」。

李善蘭的「刪述」還表現在，為了照顧中國讀者的閱讀習慣，他把原本中的西方時間改成了中國時間。《談天》凡例說：「凡年、月、日、時，原本皆有西國法，准倫敦經度，今有中國法，准順天經度譯改，以便讀者。如十六卷三頁六行，本文為耶穌降世一千八百四十六年正月三日零時九分五十三秒，今譯改道光二十五年十二月初五日戌初三刻十分五十三秒是也。」但當改動會影響原意時，就照原本上的時間，如十一卷十六頁七行，午後三小時六分，如果改為中國時間，那就剛好在夜間，不可能見到太陽，讀者看到下文中「瀏見中體距日心」等語，就會莫名其妙，所以這樣的時間就不改作中國時間了。

由於《天文學綱要》深入淺出，語言通俗易懂，在西方曾風靡一時，廣為流傳，曾先後再版十二次。墨海書館出版的《談天》共有十八卷，分四本出版。全書正义之前有李善蘭、偉烈亞力序言各一篇；有凡例一篇。[40]各卷名稱依次為：論地、命名、測量之理、地學、天圖、日躔、月離、動理、諸行星、諸月、彗星、攝動、橢圓諸根之變、逐時經緯度之差、恒星、恒星新理、星林、曆法，並有「附表」一卷。「命名」卷專門解釋天文學概

[39] 樊靜：《晚清天文學譯著〈談天〉的研究》，內蒙古師範大學碩士論文，2007年。
[40] 在徐建寅的增補本中又有約翰·赫歇耳像一幅和約翰·赫歇耳傳一篇。

念，天球上的基本點和基本平面，各種天球坐標系，天文投影原理，球面三角形諸要素等，可以說得上是第一個天文學名詞詞典。

《談天》中較為全面地敘述了太陽系結構和行星行動、太陽系的力學原理和物理狀況。太陽系的中心是太陽，八大行星（當時冥王星還沒有被發現）以及小行星、彗星、流星群圍著太陽運轉，行星周圍又有衛星環繞，形成了一個小的系統。太陽系內天體互相吸引，每一天體除受中心天體的引力作用之外，還受到攝動，書中用幾何學的方法描述了攝動力如何作用於行星軌道。《談天》還介紹了一些新的研究成果，如觀測金星凌日測太陽視差的方法，太陽黑子的結構、太陽自轉軸傾角，太陽自轉週期，太陽能的來源，月亮環形山、輻射帶，月面是重力是地面的1/6、沒有四季變化，彗星軌道理論等等都有述及。

《談天》還介紹了牛頓的萬有引力的原理及應用。卷四中說：「奈端論攝力云：諸質點非共向一心，乃各點為余諸點所攝，故地攝地面之物，而用地球中各點所生之諸力也……」卷八稱：「奈端言：天空諸有物質各點，俱互相攝引，其力與質之多少有正比例，而與相距之平方有反比例。」卷九稱：「蓋諸行星本欲以平速行於直線，其行於曲線者，必有力恆加之令曲也，其力方向恆指日心。」「奈端論此理甚明，其大略云：凡力恆加於一動體，力之方向恆指一點，則體必行曲線道，歷時同，體距點之線所過面積亦同。」這些理論，在當時確是令人耳目一新。

作為一部系統地介紹近代西方天文學知識的譯作，《談天》最為人稱道的，是它準確而全面地向知識界引進了哥白尼「日心說」和克卜勒行星運動三定律，正如李善蘭在序中所說的，《談天》的核心就是哥白尼和克卜勒的學說：「余與偉烈亞君所譯《談天》一書，皆主地動及橢圓立說。此二者之故不明，則此書不能讀」。由於《談天》一書影響極大，因而，一些論著以為

《談天》是近代最早將西方天文學知識介紹進中國的。但事實上，在《談天》之前，1849年就出版過《天文略論》、《天文問答》兩書，《談天》中系統介紹的不少知識，如太陽系、萬有引力、彗星等，在這兩書中都有所涉及。當然譯名並不完全相同，如恒星在《天文略論》中作「經星」，吸引力在《天文問答》中作「相引粘合力」。而哥白尼的「日心說」，在明末即已引入。

　　《談天》沒有像《代微積拾級》、《重學》這樣首次引入新的知識體系，並不意味著《談天》價值的降低，回顧一下哥白尼學說在中國的傳播過程，更可看出《談天》的獨特作用以及李善蘭科學思想在近代知識界的重要地位。

　　哥白尼學說的傳入中國，可說是由來已久，十七世紀初，徐光啟、李天經和一些傳教士編成的《崇禎曆書》（至清初改名為《西洋新法曆書》中就含含糊糊地提到了哥白尼和他的計算方法，說，哥白尼認為托勒密的地心體系雖然完備，但「微欠曉明」，於是「別作新圖，著書六卷」，但沒有闡述這「六卷」的內容，當然也沒有提到「日心說」。只是說有人認為日、月、五星的運動是由於地動而不是天動，因為「以地之一行免於天上之多行，以地之小周免於天上之大周」，但「古今諸士以為實非正解」——「日心說」不過是一種不正確的觀點而已。此後，在清朝的《曆象考成後編》（1742年），雖然採用了刻蔔勒（即克卜勒）的橢圓形行星軌道，但橢圓的焦點上卻不是太陽而是地球，可謂似是而非。一直到1759年，也就是羅馬教廷宣布解除《天體運行論》的禁令的後二年，清朝的《皇朝禮器圖式》卷三《儀器》編內，介紹了兩個銅制的表演日心地動的儀器，一個叫「渾天合七政儀」，一個叫「七政儀」，「日心說」就是以這樣一種方式進入了中國。又過了一年，耶穌會士蔣友仁（P. Michel Benoist）向乾隆進獻《坤輿全圖》，這一事件，通常被認為是「日心說」

傳入中國的標誌。蔣友仁對「日心說」介紹得十分清楚：

> 歌白尼置太陽於宇宙中心。太陽最近者水星，次金星，次
> 地，次火星，次木星，次土星。太陰之本輪繞地球。土星
> 旁有五小星繞之，木星旁有四小星繞之，各有本輪繞本星
> 而行。距斯諸輪最遠者為恒星，天常靜不動。[41]

他還說，歌白尼（即哥白尼）以太陽靜、地球動為主，歐洲
人一開始聽到這一理論，都驚為異端邪說，因為他們只相信自己
所看到的。而事實上，歌白尼之說，不但推算密合，而且「於理
亦屬無礙」。後來數學家李銳根據這段文字說明畫了十九張天文
圖，開始了中國知識分子接受「日心說」的歷程。

在《談天》出版的前幾十年，也不斷有報刊書籍引進「日心
說」。較為著名的有米憐主辦的《察世俗每月統紀傳》和合信的
《天文略論》。

《察世俗每月統紀傳》是傳教士米憐於嘉慶年間在麻六甲創
辦的，米憐是李善蘭在墨海書館的同事美魏茶（William Charles
Milne）的父親（美魏茶人稱「小米憐」）。《察世俗每月統紀
傳》中的《天文地理論》、《論行星》、《論侍星》、《論地為
行星》、《論地周日每年轉運一輪》等文章，通俗地介紹了西方
近代天文學的一些主要概念，如地球是圍繞著太陽轉動的，日、
月、地球之間的關係，太陽、靜星（即恒星）、侍星（即衛星）
的特點，日食、月食發生的原因等。在《論地周日每年轉運一
輪》一文中這樣說道：

---

[41] 阮元：《疇人傳》，卷四十六，蔣友仁傳。

萬物之性有二般，賢者所謂引性、向性是也。引性者，各
物之中會引扯凡屬之之到己來，如磁石會引扯針到己來
然。向性者，各物自本會聚向其中去，如水會向海去然。
蓋萬物有這二般性，故所存守海之水於其涯之內，所存守
各星於其道，所存各人各物於地面上，不離地去。所存守
宇宙，常結構整齊不落於亂者，即引性、向性所使然也。
因此，就可知人穩當立地，而不落下之緣故矣。

　　以淺近的語言解釋了萬有引力以及地球繞著太陽轉但地球上
的人不會落下去的道理。

　　合信也是墨海書館中的傳教士，譯有多部醫學著作。他在
1849年出版的《天文略論》，較為系統地介紹西方近代天文學知
識，全書分26論，即地球論、晝夜論、行星論、日離地遠近論、
日體圓轉論、仿做地球經緯論、各國土地人物不同論、四大洲
論、萬國人民論、地球亦行星論、地球環日成四季論、月輪圓缺
論、月輪本體論、月蝕定例論、潮泛隨月論、水星論、金星論、
火星論、小行星論、木星論、土星論、喻呢嗶士星（即天王星）
論、彗星論、經星異見論、經星位遠論、眾星合論。《天文略
論・地球亦行星論》在介紹「日心說」時說：

地球之轉動有二，一是自轉，一是環日。自轉成晝夜，環
日成四季。人初不明此理，自前明嘉靖二十年，西國有天
文師名加利阿者，稟賦聰明，初識地球轉動環日之數，著
書問世，人皆謂其荒誕不經，有司遂繫於獄。後得從天文
士參究其理，始知真實不虛，乃釋而敬之。自是談天者悉
宗其學。

　　這裡的「加利阿」即是伽利略。這一段文字，把「日心說」講得十分清楚。

　　按理說，哥白尼的學說從明末即已引入，到李善蘭的時代該是成為常識了，但事實上並非如此。專門記述科學家行狀的《疇人傳》完成於1799年，一代名儒阮元在為《疇人傳》作序時還在說，哥白尼的地動說「上下易位，動靜倒置，則離經叛道，不可為訓，固未有若是甚焉者」。對之全盤否定。阮元的觀點實質上代表了當時知識界的主流意識。

　　這種情況的形成，一方面在於引入「日心說」的傳教士們。他們介紹西方近代天文學的目的並不在於知識啟蒙，而將之作為傳教的載體。因此，總是力圖把「日心說」與基督教掛起鉤來。正如李約瑟所說的，耶穌會士們「具有一種較高級的投機性質」，「他們對宗教的虔誠同他們帶去的科學一般多」。像那個最早向中國介紹「日心說」的蔣友仁，就是喜歡把一切都與傳教聯繫起來。某天，乾隆帝便向他提出了「先有雞還是先有蛋」這個老問題。蔣友仁回答說，這只能根據《聖經》裡的創世說來解釋。當初天主在第五天創造鳥類和魚類，然後就命令它們自由去繁衍。雞當然也算是鳥類，假如那天天主不創造母雞，以後世界上也就不會有雞蛋了，所以是先有母雞而後有雞蛋的。至於母雞為什麼會生雞蛋，那是天主在創造母雞時同時賦予它的本能。這樣的說法雖然很符合《聖經》，卻顯然是不符合科學的。《察世俗每月統紀傳》中也是這樣，在介紹了「日心說」和萬有引力後，緊接著說：「問：萬物本來自然有這性，又自會常存之否？答曰：非也。神至上者，原造萬物時，即就加賜之以此性。又神之全能常存之於萬物之內也。若神一少頃取其全能之手，不承當宇宙，則日必不復發光，天必不復下雨，川必不復流下，地必不復萌芽，四時必不復運，洋海之潮汐必不復來去，人生必不復得

其保，又世界必離披，萬物必毀亂也。」就這樣，把科學與宗教緊密地結合在一起了，科學成了宗教的婢女，這當然會影響科學思想的傳播。

另一個更重要的方面，是封建士大夫對西方近代科學的排斥，作為中國知識界的主流，他們的反對直接阻礙了「日心說」的傳播。蔣友仁在1760年即已引入了「日心說」，但對這樣先進的科學理論，自乾隆以下，根本無人理睬，《坤輿全圖》及兩件儀器被封入宮內。三四十年後，錢大昕奉命將《坤輿全圖》加文字潤色並定名為《地球圖說》，卻仍是「終疑其說，勿用。」而當時執學界牛耳的阮元雖為《地球圖說》作序，卻反復陳述地圓之理可信，對於「日心說」，他認為「此所譯《地球圖說》，侈言外國風土，或不可據。」「學者不必喜其新而宗之，亦不必疑其奇而辟之可也。」因為是為該書作序，他不便直斥其非，而是婉轉地否定了「日心說」。後來在《疇人傳》中，阮元就毫不客氣了，痛斥「日心說」是「上下易位，動靜倒置，則離經畔道，不可為訓。」說西人先是土地圓說和地心說，現在又提出橢圓說和「日心說」，是故弄玄虛。一種學說創立才及百年，而其結論屢變，何時是了？還是應該像中國的古人一樣，只講所當然，不講所以然，這樣才是終古無弊。[42]

《談天》的不同凡響之處，在於極力宣傳哥白尼的地動「日心說」、克卜勒三大定律和牛頓的萬有引力學說的正確性，「定論如山不可移矣」，尖銳地批評當時一些保守的中國學者對哥白尼學說的歪曲和攻擊，認為是「拘牽經義，妄生議論」的無謂之論，更提出了追求科學真理應該知其然更知其所以然的「求其故」的學術思想。這些思想，是李善蘭領先於時代的傑出之處。

---

[42]　阮元：《疇人傳》卷四十六，蔣友仁傳。。

這集中體現在他的《談天》序中：

> 西士言天者曰：「恒星與日不動，地與五星俱繞而行；故一歲者，地球繞日一周也。一晝夜者，地球自轉一周也。」議者曰：「以天為靜以地為動，動靜倒置，違經畔道，不可信也。」西士（指克卜勒）又曰：「地與五星及月之道，俱係橢圓，而歷時等則所過面積亦等。」議者曰：「此假像也，以本輪、均輪推之而合，則設其象為本輪、均輪；以橢圓、面積推之而合，則設其象為橢圓、面積；其實不過假以推步，非真有此象也。」

　　竊謂議者未精心考察，而拘牽經義，妄生議論，甚無謂也。古今談天者，莫善於子輿氏「苟求其故」之一語。西士蓋善求其故者也。舊法：火、木、土皆有歲輪，而金、水二星則有伏見輪。同為行星，何以行法不同？歌白尼（即哥白尼）求其故，則知地球與五星皆繞，火、木、土之歲輪，因地繞日而生，金、水之伏見輪則其本道也。由是五星之行，皆歸一例。然其繞日非平行，古人加一本輪推之，不合，又加一均輪推之；其推月且加至三輪四輪，然猶不能盡合。刻白爾（即克卜勒）求其故，則知五星與月之道皆為橢圓，其行法面積與時恒有比例也。然俱僅知其當然，而未知其所以然。奈端（即牛頓）求其故，則以為皆重學之理也。凡二球環行空中，則必共繞其重心，故繞重心即繞日也。凡物直行空中，有他力旁加之，則物即繞力之心而行；而物直行之遲速與旁力之大小適合平圓率，則繞行之道為平圓；稍不合，則恒為橢圓；惟歷時等，所過面積亦等，與平圓同也。今地與五星本直行空中，日之攝力加之，其行與力不能適合平圓，故皆行

橢圓也。由是定論如山不可移矣。又證以距日立方與周時平方之比例及恒星之光行差，地道半徑視差，而地之繞日益信。證以煤坑之墜石，而地之自轉益信；證以彗星之軌道、雙星之相繞，多合橢圓，而地與五星及月之行橢圓益信。余與偉烈君所譯《談天》一書，皆主地動及橢圓立說，此二者之故不明，則此書不能讀，故先詳論之。

　　這裡的「西士」指哥白尼、克卜勒等，而「議者」即是指阮元。阮元是歷乾隆、嘉慶、道光三朝的大官僚和學界領袖，此時離阮元去世不過十年，李善蘭即在文中直斥其非，可見其信念之堅定。正是由於《談天》的出版，使得近代科學的宇宙觀得以在中國傳播開來，中國傳統的蓋天說、渾天說，「天圓地方」、「天動地靜」等陳腐的天文地理觀，來自西方的神化了的地心說等從此退出了學術界，從哥白尼開始到牛頓完成的建立在牛頓經典力學體系之上的近代天文學知識，在中國站穩了腳跟。從這個意義上說，這篇《談天・序》成為中國人從傳統宇宙觀向科學宇宙觀轉變的一個標誌。李善蘭的功績，並不僅在於《談天》中引入的地圓說、地動說、「日心說」，更在於他所宣揚的的科學精神。如果把偉烈亞力的《談天・序》與李善蘭的序言對照一下，可以更清楚地看出這一點。
　　偉烈亞力在《談天・序》中說：

　　昔多祿某（即托勒密）謂地居中心，外包諸天，層層硬殼。傳其學者，又創年輪、均輪諸象，法甚繁矣。後代測天之器益精，得數益密，往往與多氏說不合。歌白尼乃更創新法，謂太陽居中心，地與諸行星繞之，第穀雖譏其非，然恒得確證，人多信之。至刻白爾（即克卜勒）推得

三例，而歌氏之說始為定論。然刻氏僅言其當然，至奈端
（即牛頓）更推其所以然，而其說益不可搖矣。

偉烈亞娓娓道來，以其對西方文化的系統瞭解，如數家珍，
從托勒密（多祿某）的地心體系，到哥白尼（歌白尼）的「日心
說」，到克卜勒（刻白爾）的三大定律，把西方天文學說的變化
軌跡說得清清楚楚，要言不煩。可以說，偉烈亞力對西方近代天
文學的掌握，比之於李善蘭，可謂只在其上不在其下。但這樣一
位科學家，照樣是萬變不離其宗，仍是把宇宙萬物歸結為「造物
主」的安排：

> 夫造物主之全智巨力，大至無外，罔不蒞臨，罔不鑒察。
> 故人雖至微，無時不蒙其恩澤。試觀地球上萬物莫不備
> 具，人生其間，渴飲饑食，夏葛冬裘，何者非造物主之
> 所賜！竊意一切行星，亦必萬物備具，生其間者，休養樂
> 利，如我地上。造物主大仁大慈，必當如是也……余與李
> 君，同譯是書，欲令人知造物主之大能，尤欲令人遠察天
> 空，因之近察己躬，謹謹焉修身事天，無失秉彝，以上達
> 宏恩，則善矣。

普及天文學知識的目的是為了「欲令人知造物主之大能」，
這與李善蘭「求其故」即追求科學真理的精神相比，其高下不可
同日而語。當然，偉烈亞力也許只在作為一個傳教士的身分而作
例行的說教而已，而李善蘭作為一個近代科學先驅的光芒卻因之
而更為耀眼。

《談天》譯出後，對學術界產生了強烈的衝擊，令耳目為之
一新。李善蘭也極為自負，王韜在日記中有一段很傳神的記載：

同壬叔入城，途遇蔣劍人，因偕訪篠峰、步洲，邀至酒樓
小飲。肴核紛陳，都有真味，酒罄數壺，醺然有醉意。酒
間，劍人抵掌雄談，聲驚四座，自言所作詩詞駢體，皆已
登峰造極，海上寓公無能抗乎。獨於古文尚不敢自信。壬
叔亦謂：「當今天算名家，非余而誰？近與偉烈君譯成數
書，現將竣事。此書一出，海內談天者必將奉為宗師。李
尚之、梅定九恐將瞠乎後矣。」

這裡的「李尚之」即那個為蔣友仁的《坤輿全圖》畫了十九
張天文圖的李銳。李銳字尚之，號四香，是清代著名的數學家，
在數學研究上以方程論著稱。「梅定九」即梅文鼎。梅文鼎字定
九，號勿庵，清初著名天文學家與數學家，在曆法和三角學上有
極深的造詣，其學術思想影響和流傳了整個清代。李善蘭自稱
《談天》將被奉為宗師，令李銳、梅文鼎瞠乎其後，不免有點自
誇，但就其價值而言，還不算十分的言過其實。

事實上，當時及後代學者對《談天》的評價也是極高的。
《談天》於1874年再版，由徐壽之子徐建寅將把當時西方天文、
物理最新成就（到1871年為止）補充進書中，共約25000多字，
由江南製造局增訂出版。[43]此後又不斷印刷，先後共重印了13
次，這在當時算是一個了不起的數字了，可見此書受歡迎的程
度。梁啟超也稱讚《談天》一書「精善」，「亦群書中所罕見
也」。認為「人日居天地間，而不知天地何狀，是謂大陋」，

---

[43] 1879年出版的《談天》續譯本凡例稱：「此書原本咸豐元年刊行，其後測天家屢
有新得，今一一附入，如小行星最後，有如同治八年所得者，又有太陽等事說，
非原書所有，而由重刊之本文新譯之也。」

《談天》「不可不急讀」。[44]《談天》的出版，對中國天文學的
發展產生了極大的影響，此後出版的許多有關天文學的書籍和雜
誌，都是在《談天》的理論框架下展開，並不斷補充新的研究成
果，如《天學圖說》、《西國天學源流》、《天文啟蒙》、《天
文須知》、《天學釋名》、《西學略述》、《格致啟蒙》、《諸
天講》、《天文歌略》等。華蘅芳在《天文須知》中說：「閱者
從此推求，再細考《談天》等書，自可得其詳也。」可見《談
天》實際上已成了這一時期天文學的經典性著作。有學者稱：
「李善蘭譯《談天》一書，中國始得見近代天文學之全豹。《談
天》系侯失勒約翰原著，當時西洋奉為圭臬。雖距今七十餘年，
仍不失為天學範本。」[45]自《談天》之後，中國古典天文學的體
系已逐漸瓦解，近代天文學彼此開始發展。光緒年間，作為上海
澄衷學堂教材的《天文歌略》中就說：「萬球回轉，對地曰天。
日體發光，遙攝大千。地與行星，繞日而旋。地體扁圓，亦一行
星。繞日軌道，橢圓之形。同繞日者，側有八星。」可見短短30
年，新的天文學知識已從西方科學家的筆下，走到了中國老百姓
之中，而這，就是肇始於李善蘭的《談天》。

《植物學》

在李善蘭的譯作中，《植物學》是一部頗有特色的著作。一
是全書八卷，卻只有寥寥35000字，不過是一篇論文的規模，但
各種插圖卻有242幅，這在當時是較為少見的。二是這本書出版

---

[44] 梁啟超：《讀西學書法》，時務報館代印本，1898年版。

[45] 朱文鑫：《天文考古錄》，商務，萬有文庫本。

時並沒有像續譯《幾何原本》、《談天》、《代微積拾級》這樣
引起轟動，卻在鄰居日本產生了比國內大得多的影響，這也是很
特別的。三是這本書是李善蘭唯一一部跟兩位西方傳教士合作的
譯作。當然，跟李善蘭的其他譯作一樣，《植物學》也是一部在
科學發展史具有標誌性意義的、劃時代的重要著作。

　　與李善蘭一起翻譯《植物學》的，主要是墨海書館的傳教士
英國學者韋廉臣。他翻譯了前七卷，還差最後一卷尚未譯完，就
因病回國治療，由與李善蘭同譯《重學》的艾約瑟續完第八卷。

　　韋廉臣（Alexander Williamson, 1829－1890）是英國英格蘭
人，畢業於格拉斯哥大學（Glasgow University），在「授法學、
神學博士學位後，於一八五五年，即偕其夫人以沙白麗，奉蘇格
蘭長老會命，派遣至中國傳道」，[46] 於這年的9月24日來到上海。
兩年後因病回國。1863年他又作為英國蘇格蘭國際聖公會的代理
人被派到煙台傳教，1869年回國。1877年，在華的新教傳教士在
上海舉行第一次大會，議決成立益智書會，負責編寫教科書，供
全國教會學校使用，韋廉臣被委任為益智書會秘書。韋廉臣最為
人稱道的，是他聯絡赫德、林樂知、慕維廉等人，於1887年1月
11日在上海創立同文書會（後改名廣學會），這是當時中國最大
的現代出版機構，除出版宣傳基督教義的書刊外，還出版《萬國
公報》和翻譯出版西方政治、科學、史地書籍。韋廉臣的著作，
最為有名的即是這本與李善蘭合譯的《植物學》。他還編有《格
物探原》一書，有學者認為，漢語中「化學」一詞，最早即是出
現在這本書中，韋廉臣把英語「Chemistry」一詞，意譯為中文
「化學」，創造了一個新名詞。同時代的著名傳教士李提摩太稱
韋廉臣是「無論從體格、智力還是精神方面看，他都是一個巨

46　劉滋堂：《我所記憶的韋廉臣博士》，見《廣學會五十周年紀念短訊》第三期，
　　1937年3月。

人。」韋廉臣於1890年在上海逝世。

　　從韋廉臣在墨海書館的活動中，可以初步推斷《植物學》
一書的翻譯時間。譯作開始肯定不會早於1855年，因為這一年
的9月韋廉臣才來到上海。而《植物學》書上有「清咸豐丁巳
（1857）季秋墨海書館開雕」的字樣。李善蘭在《植物學》序言
中說：「咸豐八年，刊既竣」。可見在1857年秋即已譯完。李提
摩太在他的《親歷晚清45年》一書中說：「韋廉臣牧師……一開
始定居在上海。他學習中文的成效非同一般，在十二個月之內，
就用中文寫了一部植物學方面的書。但他不得不為自己的勤奮付
出沉重代價：身體累垮了，只好奉命回國休養。」這裡的「植物
學方面的書」，顯然就是《植物學》。從1857年季秋往前推一
年，再加上艾約瑟翻譯最後一卷的時間，《植物學》應該是在
1856年開始翻譯的。

　　《植物學》所據的底本，是英國著名植物學家林德利的著
作，李善蘭和韋廉臣在翻譯時作了一定的刪節。[47]

　　林德利（J. Lindley, 1799－1865）以研究植物分類體系而著
稱，他曾試圖建立一個植物自然分類體系，極大地促進了從人為
分類體系到自然分類體系的過渡。林德利1823年就任英國園藝學

---

[47]　《植物學》所據的底本，一般認為是《植物學綱要》（*Elements of Botany*）一
書，如熊月之的《西學東漸與晚清社會》、王渝生的《中國近代科學的先驅李善
蘭》、汪子春的《李善蘭和他的〈植物學〉》等，但出版地、出版時間、版次則
語焉不詳。潘吉星教授認為《植物學》所據的原書應是林德利的《植物學初步
原理綱要》（*The Outline of the First Principles of Botany*）第四版，該書於1841年
在倫敦出版。沈國威則在比對《*The Outline of the First Principles of Botany*》原書
1841年的第四版、1847年的第五版和1849年的第六版（只比第五版略有訂正）
後，下結論認為，《植物學》的底本應是《植物學初步原理綱要》的第五版《植
物學基礎》（1847年）以後的版本（即第五版或第六版）。見沈國威《植學啟原
と植物學の語彙──近代日中植物學用語の形成と交流》（關西大學東西學術研
究所資料集刊，2003。）《植物學》所據的底本究竟是林德利的哪一本書，恐怕
還難於完全肯定。

會的助理秘書，1830年為園藝學會在英格蘭舉辦了首次花展。後來，林德利成為倫敦大學第一任植物學教授。林德利出版於1842年的《園藝學原理與實踐》，被公認為是論述園藝學的生理學基礎的最傑出的著作之一。他在1846年出版的《植物界》一書中，提出了自己的植物自然分類體系，促進了自然分類體系在英國的普及。

　　李善蘭在序言中介紹《植物學》說：「《植物學》八卷……凡為目十四，為圖約二百。於內體、外體之精微，內長、外長、上長、通長、寄生之部類，梗概略具。」這幾句話簡要介紹了《植物學》的內容。《植物學》八卷，分別為：卷一總論，述研究意義、植物與動物異同、植物的地理分布；卷二「論內體」，述植物組織結構；卷三至卷六「論外體」，述植物根、莖、葉、花、果實等器官的構造及其生理功能。卷七卷八述植物分類方法。《植物學》作為中國最早一部近代植物學的譯著，主要介紹了當時在實驗觀察基礎上所建立的近代植物學基本理論知識。介紹了植物的地理分布；介紹了只有在顯微鏡下才能看到的植物體組織結構，諸如細胞結構，根、莖、花、葉、果組織結構；介紹了近代在實驗觀察基礎上建立起來的有關植物體各器官的生理功能的理論，諸如莖的功能是支援和運輸，葉的氣孔功能、光合作用功能；介紹了以植物體形態構造特點為依據的近代植物分類方法，根據有花、無花，將植物分為有花植物和無花植物，根據植物生長方式將植物分為外長類、內長類、上長類、通長類和寄生類五大項；介紹了各種形狀的細胞形態以及一切植物都是由細胞組成的理論。《植物學》一書還介紹了近代西方在實驗觀察的基礎上所建立起來的各種器官組織生理功能的理論，這些理論對當時的中國人來說，可謂是聞所未聞。[48]

---

[48]　參見汪子春：《中國傳播近代植物學知識的第一部譯著〈植物學〉》，《自然科學史研究》，1984年第3卷第1期。

從這些內容可以看出，《植物學》的內涵已相當於現在所說的普通植物學。這種在觀察與實驗基礎上建立起來的近代植物學的一般理論，與中國傳統植物學偏重實用的宗旨可謂大異其趣。中國古代也有對植物的研究，如《本草綱目》、《救荒本草》、《花果卉木全芳備祖》等，但這類著作的出發點和目的，主要在於識別植物種類、明其實用價值，屬實用性質範疇，這與近代意義上的普通植物學差別很大。正是在這個意義上說，《植物學》的面世，標誌著近代西方普通植物學開始傳入中國。而《植物學》中所體現的理論體系，也是中國人瞭解西方植物學的最好入門書。對此，李善蘭本人也認識得極為清楚，他在序言中不無自負地說：「中國格致能依法考究，舉一反三，異日克致賅備不准焉」，顯然當仁不讓地把這本書當成指導植物學實踐的理論了。值得一提的是，《植物學》的封面上的書名是由李善蘭自己題寫的，可見他對這本書的珍視。

正因為《植物學》闡述的是西方近代普通植物學的科學理論和研究方法，因而書中的大多植物學術語根本是中文所沒有的，這就意味著在翻譯時必須創譯一大批新的名詞術語。李善蘭在這裡又一次表現了他的深厚的學術造詣和卓越的語言天賦。除了極少數原產於外國的植物名稱只能採用音譯外，《植物學》的名詞術語大多是李善蘭創譯的。如植物學、細胞、萼、瓣、心皮、子房、胎座、胚、胚乳等名詞，以及分類學上的「科」和傘形科、石榴科、薔薇科、豆科、唇形科、菊科等許多科名，都是在《植物學》中首次出現的，並沿用至今。一個從未接觸過現代植物學的傳統學者，第一次翻譯中國第一部植物學著作，所創譯的名詞術語便能「一錘定音」，這不能不讓人驚歎李善蘭的天才。

分析一下李善蘭創譯的名詞，有一個明顯特點，就是儘量運用中國傳統植物學中已有的名詞術語，充分照顧中國人的閱讀

習慣，採用淺近、通俗的表達方式，來創譯新詞，比如「植物」一詞。「植物」一詞早見於《周禮・地官・大司徒》：「其植物宜皂物」，在《詩經》、《本草綱目》和古代詩人的詩中都用過這個詞，李善蘭把「botany」翻譯成「植物學」，可謂是妙手偶成，既準確又雅致。還有像「心」和「須」，在中國古代的植物文獻中，把花的中心部分稱為花心，把花心周圍的須狀物稱為花須，從1848年出版的清代吳其濬的《植物名實圖考》[49]中對植物花部描述所用的術語來看，萼、瓣、須、心等在當時已成為描述植物的通用或常用語。但古人並沒有認識到它們分別是雌雄器官，更認識不到它們在生殖過程中的作用，而李善蘭把Pistil（雌蕊）譯為心，將Stamen（雄蕊）譯為須，把這些古老的名詞和近代植物學巧妙結合起來，賦予了新的含義。李善蘭在創譯名詞中還時有神來之筆。有名的「細胞」一詞，這是《植物學》中一個重要的學術名詞。李善蘭把「cell」理解為「小的胞體」。本來應該譯作「小胞」，但李善蘭是海寧人，在當地方言中，往往把「極小」稱為「細」，所以李善蘭就把「cell」譯作了「細胞」。而在當時，「cell」一詞有著五花八門的譯名，此後的三四十年中，可能是因為「細」是方言的原因，李善蘭的「細胞」並不為公眾所認可。《植物學》傳入日本後，影響頗大，「細胞」一詞反而在日本叫響了，取代了原先的譯名。到了20世紀初，中國學者開始大量翻譯日本的科學文獻，於是，「細胞」一詞又被廣泛應用。由於「細」在漢語中有著比「小」更小的意思，「細胞」一詞更能體現出「cell」的內涵，因而，

---

[49] 《植物名實圖考》全書共七萬一千餘字，三十八卷，分植物為十二大類，每類又分成若干種，記載植物一千七百一十四種，附圖一千八百餘幅，是中國第一部以植物命名的植物學專著，並且是前所未有的收載植物最多的區域植物志。研究者認為，此書的編寫體例不同於歷代的本草著作，實質上已經進入植物學的雛形，對李善蘭翻譯《植物學》有直接影響。

「細胞」一詞又取代了此前流行的各種各樣的譯名，一直沿用了下來。

　　《植物學》的出版，使中國傳統的植物學從古老的本草、農學中走了出來，開創了近代植物學發展的新紀元。令人費解的是，這樣一部劃時代的著作，在當時並未引起應有的反響，以至同時代的李提摩太這樣一個長期生活在中國的著名學者，也叫不出《植物學》的名字而只稱為「植物學方面的書」。這大概只能理解為《植物學》中全新的植物學知識和研究方法對當時的中國知識界來說，確乎是超前了一點。但《植物學》在日本卻產生了深遠的影響。日本第一部從有用植物學脫離出來而成為「純正植物學」的教科書《植學啟原》，是日本植物學家宇田川榕庵於天保四年（1833）編寫、兩年後刊印的，比《植物學》早了20年，因而日本人比中國人更容易接受《植物學》中的科學觀念。《植物學》出版後不久就傳到了日本，1875年，日本學者據中譯本轉譯為日文出版，主要有阿部弘國的《植物學和解》和田原陶猗的《植物學抄譯》兩種版本。日本近代植物學奠基人牧野富太郎（1862-1957）也曾不止一次地提到《植物學》對日本植物學的發展所產生的影響。如「植物學」一詞，《植物學》傳入日本前，日本把Botany（即拉丁文的Botanica）譯為「普它尼克經」，1833年還用過「植學」這個詞，但在看到李善蘭的《植物學》後，即採用了李善蘭的譯法，並沿用至今。中國科學界對《植物學》價值的充分認識，一直要到《植物學》出版後的二、三十年後。受《植物學》的影響，這時相繼出現了一批具有近代植物學意義的著述，如艾約瑟的《植物學啟蒙》（1886）、傅蘭雅的《論植物學》（1876）、《植物須知》（1894）和《植物圖說》（1895）等。梁啟超評價說：「動、植物學，推其本原，可以考種類蕃變之跡，究其致用，可以為農學畜牧之資，乃格致中

最切近有用者也。《植物學》、《植物圖說》皆其精」。[50]

《奈端數理》

　　在李善蘭的時代，翻譯的西方科學著作，一般都是實用的、通俗的、較為淺近的書籍，即使精益求精如李善蘭者，他在墨海書館時所譯的，如《代微積拾級》、《重學》、《談天》、《植物學》等，都大致是西方國家大學低年級或者高中的教科書。但李善蘭卓越的見識和超前的思想又一次在譯書中閃耀：他在翻譯上述書籍的同時，竟還翻譯了一部純理論的科學巨著，那就是《奈端數理》。

　　《奈端數理》是牛頓的科學名著，即《自然哲學之數學原理》（*Philosophiae Naturalis Principia Mathematica*）。《原理》一書出版於1867年。正是在《原理》一書中，牛頓提出了力學的三大定律和萬有引力定律，對宏觀物體的運動給出了精確的描述，總結了他自己的物理學發現和哲學觀點。無論從科學發展史還是整個文明史來看，《自然哲學之數學原理》都是一部具有里程碑意義的巨著。它不僅標誌了十六、十七世紀科學革命的頂點，也是人類文明、進步的劃時代標誌。它不僅總結和發展了牛頓之前物理學的幾乎全部重要成果，而且也是後來所有科學著作和科學方法的楷模。《自然哲學之數學原理》所達到的理論高度是空前的，甚至可說是絕後的。愛因斯坦曾說過：「至今還沒有可能用一個同樣無所不包的統一概念，來代替牛頓的關於宇宙的

---

[50] 梁啟超：《讀西學書法》。見黎難秋：《中國科學翻譯史料》，第635頁。

統一概念。而要是沒有牛頓的明晰的體系，我們到現在為止所取得的收穫就會成為不可能。」

　　說起來，李善蘭與牛頓有著不解之緣。他早年在《方圓闡幽》、《弧矢啟秘》、《對數探原》等數學著作中所發明的尖錐術，實際上已接近於牛頓的微積分思想，他在墨海書館時期所翻譯的科學著作，完全可以看作是牛頓走進中國的載體。有學者認為，1859年的中國學術界，是一個「牛頓年」，因為在這一年，有關牛頓物理學的三部譯作在中國出版，而這三部譯作都出自李善蘭的手筆。《談天》介紹了牛頓的萬有引力概念及其定律，《重學》介紹了牛頓的運動三大定律，《代微積拾級》介紹了牛頓的微積分計算方法。李善蘭在書中提到了牛頓創用「首末比例法」，這是微積分理論首次傳入中國。可以說，沒有李善蘭，牛頓學說在中國的傳播起碼要晚上好幾年甚至幾十年，李善蘭為牛頓的物理學、天文學、數學比較全面、集中地傳播到中國作出了傑出的貢獻。傅蘭雅說李善蘭「常稱奈端之才」，可見李善蘭對牛頓的科學是心領神會，他最早全面地向中國介紹牛頓的學說，並不是偶然的。他在墨海書館時期所作的《火器真訣》，就是應用牛頓力學來研究彈道學的力作，說明李善蘭對牛頓學說的掌握已不僅僅是限於介紹，而是用來指導自己的研究工作了，這在當時的中國，不能不說是個奇蹟。

　　《自然哲學之數學原理》最早的三個版本都是拉丁文版，分別以1687年、1713年及1726年印行，第一個英文譯本是由1726年版翻譯而來的，出版於1729年，在1802年，又出現了根據第一版翻譯的英文譯本。李善蘭當時看到的，應該是這兩個英文版本。李善蘭翻譯《奈端數理》的合作者，仍是他的老搭檔偉烈亞力。翻譯的時間，大致在譯出《代微積拾級》、《重學》、《談天》的稍後一段時間。前面所引的慕維廉在《China and the Gospel》

的那段話中說：「（李善蘭）且嘗譯侯失勒《談天》、胡威立《重學》，又著意從事奈端《數理》。」慕維廉回憶的是1858年的事，可見其時《談天》、《重學》已譯出，而《奈端數理》則正在進行中。1860年後，李善蘭助徐有壬守蘇州城失敗，著作「遭亂盡失之」，一直生活在動亂之中，也沒有心情著書立說。而偉烈亞力於1860年5月至8月間，與別的傳教士一起，在杭州和長江沿岸考察戰亂對中國的影響，8月即準備回國，並於這年的11月回到英國。在這段時間內，也沒有精力從事翻譯工作。因此，《奈端數理》的翻譯基本上是在1858年1860年之間。

　　從情理上推斷，李善蘭開始可能並不打算專門翻譯《奈端數理》。當時包括李善蘭在內的所有譯書者，所翻譯的書籍都是力求實用，可以立竿見影，像《奈端數理》這樣深奧的理論著作，還沒有必要甚至還沒有可能來翻譯。但李善蘭在翻譯《談天》、《重學》、《代微積拾級》時，牽涉到大量牛頓的學說，如果不從理論上弄清楚，顯然是不可能翻譯得準確全面的，因而，李善蘭必須要系統地學習牛頓的思想。也就是說，《奈端數理》其實是翻譯《談天》、《重學》、《代微積拾級》的一個副產品，或者說是李善蘭的學習筆記而已。因此，在《代微積拾級》等書順利出版後，《奈端數理》只譯了「數十頁」，就擱下了。丁福保在《算學書目提要》稱：「《奈端數理》四冊，英國奈端撰、偉烈亞力、傅蘭雅口譯，海寧李善蘭筆述。（丁福保）按：是書分平圓、橢圓、拋物線、雙曲線各類，橢圓以下，尚未譯出，其已譯者，亦未加刪潤。往往有四五十字為一句者，理既奧頤，文又難讀。吾師若汀先生屢欲刪改，卒無從下手。」所以會「未加刪潤」，會「四五十字一句者」，很可能就是因為李善蘭並不是一本正經地翻譯，僅是一個科學家在寫自己的讀書筆記，只要自己理解就行，當然用不著加於「刪潤」，更不必在乎人家是否看得

懂。否則，以華蘅芳的學識，決不至於「屢欲刪改，卒無從下手」。

李善蘭重新拾起《奈端數理》，是在幾年之後的江南製造局中。可能是出於同樣的動機，他與傅蘭雅翻譯了《奈端數理》的第一卷。傅蘭雅的《江南製造總局翻譯西書事略》稱：「李善蘭與偉烈亞力譯《奈端數理》數十頁，後在翻譯館內，與傅蘭雅譯成第一卷，共三冊。全書共八冊。」[51]可能出於時間上的原因，只翻譯了一卷就放下了。

慕維廉在《China and the Gospel》一書中回憶說：

> 他（指李善蘭）數學天分極高，對任何分支都沒有困難。他研究了一部代數著作（指《代數學》，歐幾里德著作的後九章（指續譯《幾何原本》），一個關於三角和微積分的全面系統（指《代微積拾級》）。他翻譯了赫失勒的《談天》，胡威立的《重學》，以及其他科學著作，都盡可能用最容易的方式，體現出他對每一課題的全面掌握。他急於翻譯牛頓的《原理》，現在正在從事此書的翻譯或新近完成了翻譯。[52]

《China and the Gospel》出版於1870年。1870年3月8日上海出版的《北華捷報》，也提到李善蘭翻譯了牛頓《原理》的第一部分。[53]可見此時李善蘭翻譯《奈端數理》已告一段落。而李善

---

[51] 傅蘭雅：《江南製造總局翻譯西書事略》，見《中國科學翻譯史料》，黎難秋等編，第416頁。

[52] 見 W. Muirhead. China and the Gospel. London, 1870, 193—194，轉引自韓琦：《數理格致》的發現——兼論18世紀牛頓相關著作在中國的傳播》，《中國科技史料》1998年第2期。

[53] 見North China Herald. Shanghai, 1870, 169。轉引自韓琦：《數理格致》的發現

蘭於1868年即應郭嵩燾之薦，離開金陵書局，赴京任京師同文館天算館教習。江南製造總局翻譯館於1868年成立，李善蘭其實並非正式參與江南製造局的翻譯工作，他在1867年忙於出版他的《則古昔齋算學》，而1868年則準備赴京師同文館。這期間，他在金陵書局並沒有許多事可做，依他和徐壽、華蘅芳、傅蘭雅等人的關係，完全可能中間到上海的江南製造總局會會老朋友，閒時譯幾章《奈端數理》。所以，傅蘭雅說：「中國著名算學家李壬叔暫時在館譯書，後至北京同文館為算學總教習。」「暫時」云云，顯見李善蘭非正式在館工作。因而，李善蘭與傅蘭雅翻譯《奈端數理》應該是在1868年，而且前後不過幾個月。

　　但令人遺憾的是，這一未完成的《奈端數理》，在李善蘭進京後，就不明下落了。數十年來，有不少學者對這部譯作的下落作了探究。梳理起來，在這幾個方面是比較明確的。

　　一是這本書一度由李善蘭的好友華蘅芳保管。華世芳在致汪康年函中稱：「《奈端數理》及《合數術》二書，昨已由家兄取去，未識是尊處所要否？」[54]華世芳的「家兄」，即是華蘅芳。華蘅芳與傅蘭雅共同翻譯了不少西方科技著作。很可能在李善蘭走後，傅蘭雅欲與華蘅芳續譯此書，故將此書交與華蘅芳。而華蘅芳也仔細地研究了李善蘭的譯義，所以才有其弟子丁福保「吾師若汀先生屢欲刪改，卒無從下手」的說法。

　　二是此書是在梁啟超手上丟失的。丁福保《算學書目提要》稱：「（《奈端數理》）後為大同書局借去，今不可究詰。」大同譯書局創辦於1897年，梁啟超是創始人之一。為「大同書局借

　　——兼論18世紀牛頓相關著作在中國的傳播〉，《中國科技史料》1998年第2期。

[54]　見上海圖書館編《汪康年師友書箚》，上海古籍出版社1986-1989年出版。轉引自洪萬生《墨海書館時期的李善蘭》，《中國科技史論文集》，臺北聯經出版公司1995年版，第230頁。

去」即是為梁啟超借去。梁啟超與汪康友關係密切，1896年共同創辦《時務報》。他們1897年在上海共同發起組織不纏足會，即設在大同譯書局內。完全可能是梁啟超欲在大同譯書局出版《奈端數理》，請汪康年向華世芳借來《奈端數理》，但因書只譯出一卷，無法付印，只好暫時擱置，竟至丟失。梁啟超《飲冰室合集》，其文「論中國學術思想變遷之大勢」（初稿於1902年）中有一小號字夾註稱：

> 天算之學……海寧李壬叔（善蘭）、金匱華若汀（蘅芳）最名家。壬叔續譯成《幾何原本》；若汀譯《奈端數理》，未卒業。若汀先生於丁酉（1897）冬於其所譯《奈端數理》屬鄙人使校印之。未印而戊戌（1898）難作，行篋書物悉散佚，茲編與焉。七年來耿耿負疚，不能其懷。微聞此編未遭浩劫，為競賣者所得，未知今歸誰氏。海內君子有藏之者，亦使鄙人對於譯者得贖重咎也。[55]

　　梁啟超把書丟了，把《奈端數理》的譯者也丟了，徑稱是華蘅芳，顯然是記錯了。有研究者認為，「或許華蘅芳（字若汀）交稿時未曾對梁啟超言其先後來歷，或許梁啟超因失稿內疚而將重名贈與華蘅芳，或許二者兼而有之」。[56]但事實上，梁啟超從一開始就沒有認為這是李善蘭譯的。他在1896年所著的《讀西學書法》中說：「《奈端數理》，製造局譯未成。聞理太奧賾，李壬叔亦不能譯云。」其時大同譯書局尚未成立，當然也沒有借書、丟書之事，但梁啟超已聽說李善蘭不能譯《奈端數理》，所

---

[55]　轉引自戴念祖《梁啟超丟失〈奈端數理〉譯稿》，《中國科技史料》，1998年第2期。

[56]　戴念祖：《梁啟超丟失〈奈端數理〉譯稿》，《中國科技史料》，1998年第2期。

以他一年後拿到《奈端數理》，便想當然地以為譯者為華蘅芳了。但問題在於，1896年離李善蘭去世不過十來年，以李善蘭之大名，以梁啟超交遊之廣、見識之博，豈有不知《奈端數理》譯者為誰？這頗有點難於索解。

　　三是此書在流傳過程中，其名應為《數理格致》。這是由著名中算史專家、浙江大學教授章用（1911－1939）提出來的，李儼在《李善蘭年譜》和《近代中算著述記》引用了這一說法。李儼《中算史論叢》第二集《近代中算著述記》，「《數理格致》又題『《數理鈎元》』四冊」條云：稿本（章用藏），有「蟪蛄巢」印，未著作者、譯者名，疑即前書（即《奈端數理》）。[57]又：1937年2月22日，章用在給李儼的信中，稱「《數理格致》四冊，書內又題《數理鈎元》，有「蟪蛄巢」印，雖未署作者譯者名，然細讀之下，即知為奈端文，其出自李善蘭手，亦無疑問。鈔本圖表均留有空格待補，以校歐文原籍，亦若合附節云。」[58]中國科學院自然科學史研究所韓琦研究員認為，這裡提到《數理格致》4冊，就是為人同譯書局借去的那個本了。他還認為，通常所說的《奈端數理》，其實並無此書名，丁福保、華世芳、梁啟超等所說的「《奈端數理》」，應該標點作「奈端《數理》」，即奈端的《數理（格致）》。《數理格致》才是真正的書名，即Mathematical Principles之直譯。

　　有意思的是，在失蹤了近百年後，《奈端數理》竟又重見天日。1995年，韓琦應倫敦大學Warburg研究所的邀請，作為Saxl Fellowship訪問學者，在英國意外發現了《原理》的譯稿，即《數理格致》，共63頁。翻譯介紹了牛頓《自然哲學之數學原

---

[57]　李儼：《李善蘭年譜》，《李儼錢寶琮科學史全集》第八卷，第554頁。
[58]　李儼：《章用君修治中國算學史遺事》，《科學》，11卷24期，1940。轉引自王渝生《中國近代科學的先驅李善蘭》，科學出版社，2000年，第53頁。

理》的定義、運動的公理和定律，以及第一編「物體的運動」的前四章。韓琦認為，這個本子很可能是偉烈亞力回國時送給倫敦會的。[59]大致可以這樣推斷，李善蘭與偉烈亞力在墨海書館譯了數十頁後，偉烈亞力即就回國，並把《奈端數理》的譯文稿本帶了回去，這就是英國版。此後，李善蘭在江南製造總局與傅蘭雅又譯了一卷，這就是大同譯書局版。大同譯書局版在被梁啟超丟失後，為「競賣者所得」，輾轉流傳，「蟭螟巢」或許是流轉過程的最後一個買主，最後到了章用手上，也算是得其所哉。但章用英年早逝，抗戰時在香港因病去世，年僅28歲。這一譯本也就不知所終了。

《奈端數理》雖非完璧，但它作為牛頓名著《自然哲學之數學原理》第一次翻譯，在科學發展上有著獨特的地位。

《奈端數理》歷經坎坷，好事多磨，最後總算是重見天日，李善蘭泉下有知，亦當欣慰。但遺憾的事還是免不了。李善蘭另有兩本譯作，一直未見蹤影。

王韜在咸豐十年三月二十日的日記中寫道：

> 清晨，吳子登來訪，言擬學《照影法》。其書，壬叔已譯其半。照影鏡已託艾君（約瑟，字迪謹，英國耶穌會士人，頗誠謹。）購得，惟藥未能有耳。[60]

在二十四日又說：

> 清晨，吳子登來，同訪艾君約瑟，將壬叔所譯《照影法》

59 韓琦：《{數理格致}的發現——兼論18世紀牛頓相關著作在中國的傳播》，《中國科技史料》，1998年第2期。
60 王韜：《王韜日記》，中華書局1987年版，第155頁。

略詢疑義。艾君頗肯指授。[61]

　　這裡說的吳子登，即是吳嘉善，江西南豐人。《疇人傳三編》稱：「吳編修以文學侍從之班，精研數理，博通中西，然後持節凌絕域，美哉使乎，不愧皇華之選矣。」吳嘉善是李善蘭的算友之一，著有吳氏算書》二十一種。在墨海書館期間，李善蘭與吳嘉善交往甚密。從王韜的這段記載中可知，當時李善蘭正在翻譯《照影法》，且已完成了一半。照相在當時極為時髦的事。根據記載，大概在1840年代，在上海等通商口岸已有了攜帶照相機的外國人。魯迅在《論照相之類》中說：「咸豐年間，或一省裡，還有因為能照相而家鄉被鄉下人搗毀的事情。」王韜在《瀛壖雜誌》中甚至對照相術已有了大致的記載：「西人照像之法，蓋即光學之一端，而亦參以化學。其法：先為穴櫃，藉日之光，攝影入鏡中。所用之藥，大抵不外乎硝磺強水而已。一照即可留影於玻璃，久不脫落。精於術者，不獨眉目分晰，即纖悉之處無不畢現。更能仿照書畫，字跡逼真，宛成縮本。近時能於玻璃移於紙上，印千百幅悉從此取給。新法又能以玻璃作印板，用墨拓出，無殊印書。其便捷無以復加。」又說：「格致之學漸悟，攝影入鏡可以不用日光，但聚空中電氣之光照之，更勝於日，故雖夜間亦可為之。技至此，疑其為神矣。」王韜對照相之術描述得如此清晰，或許正是看了李善蘭那未翻譯完畢的《照影法》。這樣說並非是憑空猜測。事實上，當時已有人按照《照影法》來嘗試照相。王韜在咸豐十年三月二十九日的日記中記：「吳子登、李壬叔來，將往吳門，匆匆數語，即偕詣春甫寓齋。時，春甫學《照影法》，已約略得其半矣。試照余像，模糊不可辨，衣褶眉目皆未

----

[61]　王韜：《王韜日記》，中華書局1987年版，第156頁。

了了，想由未入門之故耳。」[62]從這則記載來看，李善蘭的《照影法》應該譯得差不多了，以致他們的朋友黃春甫能依此操作。

歷史上第一本論述攝影的書於1839年在德國出版，即內托（Nedo）的《製作達蓋爾照片的詳細指導》。當然已無法考證李善蘭此譯稿的底本是哪一本照相學的著作，但顯然，如果這本書得以流傳的話，將會是中國第一本論述照相學的書，因為根據目前的資料，最早出版的西文攝影術書籍，是1873年英國醫生德貞編譯的《脫影奇觀》。

李善蘭還有一本書則更是如只聞其聲不見其形。梁啟超在《讀西學書法》中說：

> 聞李壬叔譯有《動物學》，嘗在天津刻之，未獲見也。

李善蘭譯有《植物學》，再譯一本《動物學》，也是完全可能的事。且梁啟超聽說在天津刻印，其時離李善蘭逝世不遠，當非妄言。但總究是道聽塗說，無從推敲，只能存疑了。或許有一日，《照影學》和《動物學》像《奈端數理》一樣重見天日，也未可知也。

首創譯名

據學者研究，1840年至1860年的20年間，西人在華的著譯有關史地科技的約28種，從這個數字推測，這一時期有關自然科學

---

[62] 王韜：《王韜日記》，中華書局1987年版，166頁。

的譯著一般不會超過二十種。李善蘭在墨海書館前後不過數年，
卻翻譯了六七部影響深遠的西方科學著作，可以當之無愧地稱之
為中國近代翻譯西方科學著作的第一人。嚴復在他寫於光緒二十
八年（1902）的著名論文《論譯書四時期》中，把明末清初以來
的翻譯分為四個時期，第一個時期是「明崇禎□□年」，第二個
時期是清「咸豐□□年至咸豐己未」年，第三個時期是「同治十
年起到今」，第四期是「目今」。這四個時期中，嚴復對第二個
時期甚為推崇，認為遠勝於第三、第四個時期。「以光緒二十年
後，較之光緒初年，而不逮見焉。以光緒朝較之同治朝，而不逮
見焉。以同治朝較之道咸朝，而不逮見焉。道咸朝較之乾嘉朝，
而不逮見焉。」嚴復把李善蘭列為第二期的代表：「所譯之書：
天文、算學。譯書之人：偉烈亞力、李善蘭等。譯書之地：上海
墨海書院（館）。譯書之宗旨：顯其獨得之學。譯書之經費：教
會。」他認為，在這譯書之第二期，「士大夫舊學漸進精深，故
算學一科遂成顯學。李壬叔生當其時，其資稟又與此為獨近，故
亟欲集其大成，為同時諸公所未有也。」[63]事實上，也確如嚴復
所言，李善蘭譯作的成就，實是「為同時諸公所未有」，就其顯
者而言，至少有這幾點：

一是編譯了一批精品力作。從與偉烈亞力翻譯《續幾何原
本》開始，李善蘭與艾約瑟、韋廉臣等接連翻譯了《重學》、
《代數學》、《代微積拾級》、《談天》、《植物學》及《奈端
數理》等。幾乎每出版一書，都在當時引起極大反響，其影響甚
至遠及海外，而當時的學術界對李善蘭的譯作也給予了極高的評
價。對李善蘭每一本譯書的評價，前面已引用較多，這裡再引述
幾段當時學界名人對李善蘭譯書的總體評價，以見李善蘭譯書品

---

[63]　嚴復：《論譯書四時期》，見黎難秋：《中國科學翻譯史料》，第348頁、第
350頁。

質之高已為時人所公認。傅蘭雅稱：「想中國有李君之才者極
稀；或有能略與頡頏者，必中西廣行交涉後，則似李君者庶乎
其有。」[64]周駿寶在《清代疇人傳》中稱李善蘭的譯作「剖析入
微，奧竅盡辟，體大而思精，言備而義賅，其為薄海內外所傾倒
也。」華世芳說，李善蘭的譯作，「皆西人至精之詣，中土未有
之奇，以視明季所譯，殆遠過之矣」。[65]梁啟超評價李善蘭的算
學譯作：「中國譯出各西書，半皆彼中二十年前之著作。西人政
學日出日新，新者出而舊者廢，然則當時所譯雖有善本，至今亦
率為彼所吐棄矣。惟算學一門，西人之法無更新於微積者，而
當時筆受諸君又皆深於此學，不讓彼中人士，故諸西書中以算
學為最良也。」[66]徐維則在論及李善蘭的算學譯作說：「算學一
門，先至於微積，繼至於合數，已超峰極，當時筆述諸君類皆精
深，故偉烈氏有『反索諸中國』之贊。是西書中以算學書為最
佳。」[67]無論是當時還是目前的學術界，都認為李善蘭的譯書代
表了近代初始翻譯西方科技著作的最高成果。

　　二是率先引進了多門近代科學。如前面幾節所介紹的，李
善蘭是一個科學的「嘗鮮者」，他所翻譯引進的，都是當時中國
所沒有的學科。他一部譯著的出版，就意味著一門新學科的引
進。這樣的譯著，有一部就是一名學者的終生榮耀，而李善蘭則
是在連續不斷地扮演著這種科學播種者的角色，確是中國科學發
展史上的一個奇跡。他的續譯《幾何原本》對中國科學尤其數學
的發展自不待言。《代數學》是中國數學史上第一部符號代數學
著作。《代微積拾級》第一次把高等數學介紹到中國，讓中國教

---

[64] 傅蘭雅：《江南製造總局翻譯西書事略》，見黎難秋：《中國科學翻譯史料》，第416頁。

[65] 華世芳：《近世疇人著述記》，見華蘅芳《學算筆談》附錄。

[66] 梁啟超：《讀西學書法》，見黎難秋：《中國科學翻譯史料》，第631頁。

[67] 徐維則：《增版東西學書錄》，見黎難秋：《中國科學翻譯史料》，第143頁。

育界有了微積分這門學科。《植物學》是中國第一部普通植物學著作。《重學》是中國近代科學史上第一部包括運動力學、動力學、剛體力學、流體力學的力學譯著。《談天》引進了萬有引力定律、光行差、太陽黑子理論和行星攝動理論，確立了「日心論」在中國的地位，使建立在牛頓古典力學體系上的西方近代天文學比較系統地進入了中國。簡單地說，如果講述中國的數學、物理學、天文學、植物學等學科的發展過程，要繞開李善蘭的這些譯作是不可能的。抽去了李善蘭翻譯的這些近代科學史上的開創之作，中國近代科學的發展將是不完整的。

　　三是創譯了大量的科學名詞。所謂「一名之立，旬月踟躕」，譯書時名詞術語的翻譯是一個十分重要的環節，傅蘭雅說「譯西書第一要事為名目」，雖不免誇張，卻也說出了創譯科學名詞的艱辛。李善蘭所譯的西書，基本是新引進的學科，由於長期處於閉關自守狀態，傳統科學內部也沒有形成符號系統。李善蘭在名詞術語的翻譯時無所依榜，全憑自己創譯，其難度可想而知。更何況，中國與西方由於文化上的差異，英語中許多名詞所蘊含的意義特別是一些微妙之處，難於完全、準確地用中文表達出來。而且，既是名詞、術語，用詞必須簡短、凝練還必須通俗，難度就更大了。當時就有人認為：

> 中國語言文字最難為西人所通，即通之亦難將西書之精奧譯至中國。蓋中國文字最古最生最硬，若以之譯泰西格致與製造等事，幾成笑談。……況近來西國所有格致，門類甚多，名目尤繁，而中國並無其學與其名，焉能譯妥？誠屬不能越之難也！[68]

---

[68] 傅蘭雅：《論譯書之法》，見《江南製造總局翻譯西書事略》，見黎難秋：《中國科學翻譯史料》，第417頁。

李善蘭有著極為深厚的舊學根底，對中國傳統文化浸淫極深。更重要的，他同時是一個有著較高造詣的科學家，對所翻譯西書的原理和內容有著透徹的理解。可以說，像他這樣學貫中西的學者在當時實屬鳳毛麟角。而在在翻譯實踐中，也創立了翻譯名詞術語的一些原則和方法。在翻譯《代數學》時，李善蘭確立了「立名二例」，即翻譯術語的兩大原則：

一、顯其事，若事非數學中所有，則可立新名，若強去數
　　學中之舊名而用新名，則不便，蓋未至得數，不知誤
　　與否，故不必盡去舊名而用新名也。
二、已用之名而變意以廣其用，亦即本舊意推廣之，此在
　　尋常事恒有之，如欲為新物立名，借舊物之略似者名
　　之是也。

這本是《代數學》中棣麼甘提出的「算術和代數之間新舊名詞的「承繼問題」的原則，但李善蘭和偉烈亞力將之作為中英文數學名詞的對譯的方針，在新創名詞、直接使用傳統術語時，較好地解決了「本土化」的問題。因此，他在與偉烈亞力等人翻譯西書時，創譯了一大批流行一時的名詞術語，有不少沿用到今天，充分顯示了中國文化的旺盛生命力和中國語言強大的表達力。

李善蘭所創譯的各類學科的名詞、術語，前面在介紹其譯作時已有所述及，此處不贅。尤其值得一提的是，李善蘭作為當時最有名望的數學家，在數學上的造詣說得上是當世第一，他的幾部代表作，如《方圓闡幽》、《對數探原》、《垛比積類》、《弧矢啟秘》等，是代數學、微積分方面的傑作，因此，他創譯的名詞，以代數、微積分、解析幾何這幾門學科最為精當、最能

體現其術語的科學內涵。事實上，經過一百餘年來的大浪淘沙，許多當年風行的譯名到現在已成明日黃花，但李善蘭所創譯的名詞，有不少仍在使用中，而這其中，也以代數、微積分、解析幾何等這幾門學科為最多。據學者汪曉勤的研究整理，李善蘭和偉烈亞力所創代數、解析幾何和微積分術語中為後世所沿用的比率分別約為：代數學：44%；解析幾何：50%；微積分：65%。這是一個相當驚人的數字了。這裡把代數、微積分、解析幾何等譯作的名詞列舉如下：[69]

代數學：

代數學（algebra）

號（sign）

正（positive）

負（negative）

對數（logarithm）

對數根（modulus）

多項式（multinomial）

多項式（polynomial）

一項式（monomial）

二項式（binomial）

三項式（trinomial）

四項式（quadrinomial）

項（term[of an expression]）

次（degree[of an expression]）

係數（coefficient）

---

[69] 以下中文名詞及英文名詞均據汪曉勤著《中西科學交流的功臣偉烈亞力》，第89-107頁。

常數（constant）

式（expression）

代數常式（common algebraic expression）

分式（fractional expression）

有比例式（rational expression）

簡式（abbreviated expression）

公式（general expression）

不能式（impossible expression）

越式（transcendental expression）

開方、少廣（evolution）

平方根（square root）

立方根（cube root）

根（root）

方程式（equation）

偶方程式（equation of condition）

相消（eliminate）

同類（homogeneous）

減數（root of equation）

元（symbol of quantity）

同數（value）

盈朒（indeterminate analysis）

未定（indeterminate）

合名法（binomial theorem）

較大率（augmentation）

最小率（lowest term）

改（correction）

差（error）

密率（approximation）

微積分：

函（function）

自變數（independent variable）

因變數（dependent variable）

通徑（parameter）

限（limit）

增函數（increasing function）

損函數（decreasing function）

陰函數（explicit function）

越函數（transcendental function）

變數（variable）

無窮（infinite）

無定（indefinite）

無限（unlimited）

變（variation）

微分學（differential calculus）

微分（differential）

求微分（differentiate）

微分係數（differential coefficient）

漸變之理（law of continuity）

積分學（integral calculus）

積分（integral）

求積分（integrate）

偏微分（partial differential）

偏微系（partial differential coefficient）

全微分（total differential）

長數（increment）

一剎那之變（momentary variation）

級數（series）

斂級數（converging series）

發級數（diverging series）

詳（expand）

詳說（expansion）

凹（concave）

凸（convex）

曲率（curvature）

極大（maximum）

極小（minimum）

獨異點（singular point）

彎點（point of inflection）

倍點（multiple point）

歧點（cusp）

特點（isolated point）

解析幾何：

代數幾何（analytical geometry）

縱橫軸（axis of coordinates）

橫軸（axis of abscissas）

縱軸（axis of ordinates）

縱橫線（coordinates）

橫線（abscissa）

縱線（ordinate）

原點（origin）

象限（quadrant）

舊軸（primitive axis）

極距（polar distance）

極（pole）

帶徑（radius vector）

懸軸（axis of suspension）

切點（point of contact）

切線（tangent）

倚度（inclination）

曲線（curve）

橢圓（ellipse）

長徑、長軸（major axis）

短徑、短軸（minor axis）

橢率（ellipticity）

兩心差（eccentricity）

中點（centre of an ellipse）

準線（directrix）

橫軸、橫徑（transverse axis）

相屬軸（conjugate）

相屬徑（conjugate diameter）

雙曲線（hyperbola）

相屬雙曲線（conjugate hyperbola）

漸近線（asymptote）

拋物線（parabola）

心（focus of a conic section）

曲面積（surface of revolution）

代數曲線（algebraic curve）

立方拋物線（cubic parabola）

三乘方拋物線（biquadrate parabola）

半立方拋物線（semicubical parabola）

半三乘方拋物線（semibiquadrate parabola）

越曲線（transcendental curve）

對數曲線（logarithmic curve）

螺線（spiral）

亞奇默德螺線（spiral of Archimedes）

雙曲螺線（hyperbolic spiral）

對數螺線（logarithmic spiral）

擺線（cycloid）

母輪（generating circle[of a cycloid]）

母點（generating lines）

漸遠線（diverging lines）

漸伸線（involute）

法線（normal）

次切線（subtangent）

次法線（subnormal）

合名線（binomial line）

圓式（circular expression）

反圓式（inverse circular expression）

　　當然，把創譯這些名詞的功勞全歸之於李善蘭，也許並不完全妥當，因為這些西書是李善蘭和墨海書館的同事尤其是偉烈亞力一起合譯的。艾約瑟《西學略述》在談到代數學時稱：「此學初入中國中，名曰『借根方』，後偉烈氏譯華文時，與華士李善蘭酌商，因更名之為代數學。」「酌商」云云，可見是兩人在不斷的探討中確立譯名的。但同時應當指出的是，李善蘭在中起了

主要的至少是極其重要的作用。

也許當時對王韜翻譯《聖經》的評價有助於更好地理解李善蘭在譯書的文字上的作用。王韜進入墨海書館初期，主要是協助麥都思進行《聖經》的翻譯工作。他很不喜歡翻譯宗教作品，對《聖經》的教義也並不感興趣，但由於他深厚的國學造詣，《聖經》的翻譯取得了極大的成功。墨海書館翻譯的《新約全書》被大英聖書公會定為規範精譯本而加於推廣，稱之為「代表本」，成為在中國流傳最廣的《聖經》版本。傳教士們對王韜的譯筆作了極高的評價，稱王韜「是有超群能力的人。如果他繼續當前這種精神探索，從文字的角度看，他對將我們大有裨益。」[70]「（《聖經》）作為一部文學作品，它有一種全新的風格。它較好地擺脫了僵化生硬的結構……是他的作者學識淵博的紀念碑。」[71]也就是說，單純從文字的角度而言，王韜對《聖經》的翻譯是起了決定性的作用。這個意義上，「大有裨益」、「紀念碑」的說法同樣可用在翻譯西方科學著作的李善蘭身上。同文館總教習丁韙良回憶說，偉烈亞力十分欽佩其譯書的合作者（指李善蘭）的「大才」。有一次偉烈亞力肯定地告訴丁韙良：「李常常在譯者面對困難茫然失措時，能敏銳地捕捉到原文的真義。」丁韙良沒有說偉烈亞力茫然失措的什麼困難，但完全可能是文字上的表達，因為，丁韙良認為，「這位英國人比李具有的唯一優勢，是他有條件得到科學知識。」

事實上，從上面的這些名詞中可以看出，有不少是直接採用了中國傳統的數學名詞，如盈朒、開方、少廣、方程、密率、

---

[70] The report of the director to the Sixtieth General Meeting of the Missionary Socity,Usually called the London Missionary Society,on Thursday,May 11th,1854（London,1854）,p.63。轉引自《在傳統與現代性之間——王韜與晚清改革》[美]保羅‧柯文著，第25頁。

[71] 柯文：《在傳統與現代性之間——王韜與晚清革命》，第24頁。

比例、率等，不少在《九章算術》中即已出現。當然，李善蘭以
之翻譯西書中的術語後，原有的內涵有所變化，如《九章算術》
方程章中所謂「方程」是專指多元一次方程組而言，與現在「方
程」的含義並不相同。 有些創譯的名詞，是李善蘭以其深厚的
傳統文化修養，根據中文的意義加於闡發而創造的新詞。如「微
積分」，源自漢數學著作《數術記遺》[72]中「不辨積微之為量，
詎曉百億於大千」句，以「積微成著」之義來譯「Calculus」，
十分貼近。英語Calculus原意是「計算、演算」（act of
ealculating），拉丁文原意是「石子」，即用石子進行計算。用
它來表示微積分學，實際上是「微分學」（differential calculus，
原意：「差的計算」）和「積分學」（integral calculus，原意：
「求整計算」）的全稱。而「微積分」一詞，簡捷而凝練，充分
體現了李善蘭的舊學根底，同時也反映了李善蘭對「Calculus」
的深刻理解，符合這門學科的基本思想。相信這樣的名詞，不是
一個來華僅數年的英國人所能創造的。李善蘭首創譯名對近代科
學的推進乃至對翻譯學的發展的貢獻是怎麼評價也不為過的。慕
維廉在評價偉烈亞力時說：「他為這些不同學科所確立的令人欽
佩的術語上，中國受惠於他很多。」這話用在李善蘭身上，同樣
適用。

---

[72] 《數術記遺》系中國古算書，介紹了中國古代14種演算法，除第14種「計數」為
心算，無須算具外，其餘13種均有計算工具，分別是：積算（即籌算）、太乙
算、兩儀算、三才算、五行算、八卦算、九宮算、運籌算、了知算、成數算、把頭
算、龜算和珠算。「珠算」之名，首見於此。一般認為是漢徐嶽撰，但尚無定論。

第五章　書館譯友

偉烈亞力

　　李善蘭在上海的幾年中，以墨海書館為中心，結識了一批傳教士和中國知識分子，形成了自己的交遊圈。如果說，在嘉興期間他來往密切的主要是研討數學問題的「算友」，那麼，在上海期間，則主要是在譯書過程中形成的「譯友」，如偉烈亞力、艾約瑟、韋廉臣、王韜、管嗣復、張福僖、蔣敦復等。而對李善蘭學術生涯影響較大且過從甚密的，當數偉烈亞力、王韜、管嗣復、張福僖、蔣敦復。

　　偉烈亞力是李善蘭最為密切的譯友。李善蘭幾部最重要的譯作，如《續幾何原本》、《談天》、《代數學》、《代微積拾級》、《奈端數理》等，都是與偉烈亞力合作的成果。完全可以說，沒有偉烈亞力，就不可能有李善蘭，當然，反過來說也一樣，沒有李善蘭，偉烈亞力也不可能有如此高的成就。

　　偉烈亞力1815年出生於英國，1847年4月，他和慕維廉一起離開倫敦，經過133天的旅行，於這年的8月來到上海，進入墨海書館。李善蘭1852年到上海後，通過麥都思的介紹，不久便結識了當時正主持墨海書館出版事務的偉烈亞力。李善蘭從此翻開了他學術生涯中最為多姿多彩的一頁，而偉烈亞力也因李善蘭的到來而對中國學術的研究達到了一個頂峰。

　　墨海書館時期，偉烈亞力的學術成就主要體現在三個方面，一是向西方介紹中國數學的發展，以著名論文《中國科學劄記：數學》為代表；二是向中國介紹西方科學的發展，以創辦中文期刊《六合叢談》和出版《數學啟蒙》為代表；三是翻譯了一批有深遠影響的西方科學著作。而這三項工作，都與李善蘭有一定的關係。

　　偉烈亞力到中國後不久，即寫出了介紹中國數學發展的著名論文《中國科學箚記：數學》，在《北華捷報》上連載。當時，數學的「歐洲中心論」盛行於西方，不少西方學者對中國的數學十分陌生，錯誤地認為中國人沒有自己真正的科學或在抽象科學領域內沒有任何突出之處。如英國皇家學會會員德庇時（J. F. Davis）在其所著《中國人》一書裡說：「在數的科學以及幾何學上，中國人通常沒有什麼可教給我們的；相反，他們卻從歐洲獲得很多知識，這可從耶穌會士為康熙皇帝所準備的對數表以及別的著作中看出來。」「在中國，找不到代數學知識。」「像中國人這樣一個自負而傲慢的民族，竟會採用外國人的科學……這個簡單的事實足以說明他們很少有自己的科學。」[1]法國漢學史家畢甌在《博學者雜誌》（*Journal des Scavans*）上也發表文章說：「中國人是完全實際的和物質的目的……耶穌會士把我們歐洲的方法帶給了他們，但在耶穌會士被逐以後，來自廣州和北京的更為確實的資訊，以及在中國出版的新著作都證明：在這個一成不變的國度，精密科學並沒有跨出任何新的一步。」著名的傳教士和外交官衛三畏（Samuel Wells Williams）是一個「中國通」，但他對中國科學可說是無知。他在《中國總論》中說：「（中國的）科學，不論是數學、物理學還是自然科學，過去很少取得進步，而現在則根本沒有任何進步。」而偉烈亞力通過對中國數學發展史的學習和研究，深為中國數學所取得的成就所折服，他覺得，有必要向西方全面介紹中國數學的源流和發展，於是，從1852年8月起，以「0」為筆名，陸續在《北華捷報》上發表了《中國科學箚記：數學》。發表這一論文的目的，他坦率地說：

---

[1]　J. F. Davis. The Chinese: A General Description of the Empire of China and Its Inhabitants (Vol.2). London,1836，295—296。轉引自汪曉勤《偉烈亞力對中國數學的評介》，《中國科技史料》，1998年第2期。

有一些在文明進程中起著無可爭議作用的發明（如指南針和印刷術），其優先權舉世公認屬於中國人。許多人承認他們在一些技術上有某種優越性；現代科學中的一些問題在中華民族的日常習慣中得到了實際的解釋，少數一些人不得不承認，他們在一個久遠的時代曾經擁有過在西方直到最近才從理論上獲得的完善知識。除此之外，很少有人願意承認這個民族的權利，許多人認為，在抽象科學領域內，該民族沒有任何值得稍作考慮的突出之處。然而，稍作一點研究就可以建立更為公正的觀點。下面的箚記乃是在一些為別的目的而業已開始了的研究過程中斷斷續續完成的，其目的是引起人們對於中國數學科學狀況的注意。這一課題尚未得到人們應有的全面、公正的探索，現代出版物中盛行著對它的一些錯誤說法。[2]

偉烈亞力在《中國科學箚記：數學》中，全面介紹了中國古代數學的成就，如位值制記數法、《九章算術》及其勾股術、大衍求一術、天元術、開方術等，以及中國古代數學的重要文獻著作。偉烈亞力在《箚記》中對中國數學作了高度的評價。他說：「如果考慮到中國人研究數學之悠久歷史，你就不會感到驚訝：當這門科學在英國還沒有獲得一個立足之地的時候，中國人對於數的應用卻已經達到了相當精通的程度。認為中國數學已經達到了比實際證據所證明的要高得多的發展階段也非沒有道理。」這樣的結論在當時尤其是西方學者看來，可謂是驚世駭俗，耳目一新，被稱為西方「中國數學和天文學研究之起點」。事實上，也

---

[2]　汪曉勤：《偉烈亞力對中國數學的評價》，《中國科技史料》1998年第2期。

正由於偉烈亞力的這篇著名論文，使不少西方學者改變了對中國數學的成見。當時《北華捷報》上一名署名為「Z」的西方學者的話十分有代表性：

> 西方學者習慣於嘲笑中國人的哲學，許多在中國事務上享有盛名的人都全然不知道他們的數學知識。但最近的研究卻消除了這一錯覺，並證明：他們的哲學無論就其本身來說，還是從歷史的角度看，都值得作最為深刻的研究；他們的數學比有文字記載的任何國家的數學都要早。一位未署名的作者若干年前在本報撰文證明了這一點。

這裡所謂「未署名的作者」，指的就是是署名為「0」的偉烈亞力。

偉烈亞力在《中國科學箚記：數學》中也提到了李善蘭，這個他認識不久的中國學者，給他的印象實在太深刻了。在《箚記》中他說：

> 雖然，將具有科學特徵的一切上溯到遙遠的本國起源乃是大多數本國作者的普遍情感，但是他們似乎從未懷疑過納皮爾的對數發明權，他們也並未因此而貶低這一發現；甚至在今天我們還發現一些人以極大的熱情致力於該課題的研究，而不知道從它第一次被介紹到中國以來在西方已經取得的新進展。有一位李善蘭是上面提到的李銳的親戚，現住在上海。他最近出版了一部名叫《對數探原》的小著作，書中以幾何公式為基礎，詳細論述了全新的對數計算方法；他在前言中說，他的方法「較西人簡易萬倍」，還說「歐羅巴造表之人僅能得其數，未能知其理也」。這

種細微的自滿跡象就這樣一個人而言是完全可以得到寬容
的：他頂多只得到《律曆淵源》所提供的幫助，經過四年
的思索，他在書中給出了一個定理，這個定理如果是在布
里格斯和納皮爾的時代，足以使他聞名於世。

又說：

> 微分、積分，為中土算書所未有，然觀當代天算家，如董
> 方立氏、項梅侶氏、徐君卿氏、戴鄂士氏、顧尚之氏暨李
> 君秋紉，所著各書，其理有甚近微分者。

可見對李善蘭十分推崇。

事實上，偉烈亞力在寫作《中國科學箚記：數學》時，在不
少方面請教過李善蘭。艾約瑟說：「偉烈亞力在中國一位造詣很
高的數學家李善蘭的幫助下研究了宋代數學。」而偉烈亞力也在
《箚記》中提及「請教中國學者」之事。如在介紹《九章算術》
方田章圓面積公式時說：「儘管這裡圓周和直徑之比取為3：1，
但是中國學者告訴我們，這並不是說編纂者不知道更接近真實值
的近似值，只不過不需要而已。約在西元6世紀末，祖沖之發表
了密率22：7，而更早時候的劉徽則給出了157：50。」在介紹大
衍術時又說：「在考察中國人的成果時，我們感到，要確定任何
一個數學方法起源的準確時間是相當困難的。因為，在向中國作
者請教的幾乎每一點上，我們都發現，他們提到了這一學科的一
些更早的著作。」這個「中國作者」，偉烈亞力沒有點明是誰，
但從情理上推測，應該就是李善蘭。

李善蘭於1852年的農曆五月即西曆7月來到墨海書館，大致
在農曆六月即與偉烈亞力一起翻譯《幾何原本》，而《箚記》是

在8月21日至11月20日之間陸續發表的。也就是說，《箚記》開始寫作正是偉烈亞力與李善蘭認識的時候。李善蘭是當時墨海書館中數學造詣最為精深的學者，而每天與偉烈亞力一起翻譯《幾何原本》，也使得偉烈亞力可以很方便地向李善蘭請教有關中算問題。偉烈亞力在續譯《幾何原本》序中稱李「固精於算學，於幾何之術，心領神悟，能言其故」，當不是泛泛而談，而是他在向李善蘭請教後的由衷之言。所謂「能言其故」，或許正是指李善蘭對中算的追根溯源，幫助他解決了中算史研究的一些困惑。當然，在這麼短的時間裡，李善蘭對偉烈亞力寫作《中國科學箚記：數學》的幫助也不可能太大，事實上，《箚記》中也有一些常識性的如年代、人名方面的錯誤，這些顯然沒有經過李善蘭過目，因而，《箚記》應該看作是偉烈亞力獨立完成的論文。到中國不過短短數年，而能寫出如此有見地的論文，使得李善蘭對偉烈亞力也很十分佩服，說：「偉烈君無書不覽，尤精天算，且熟習華言。」[3]

在撰寫了向西方介紹中國數學的《中國科學箚記：數學》後不久，偉烈亞力開始進行他向中國介紹西方數學的工作。1853年出版的數學教科書《數學啟蒙》，是他計畫中系列數學教材的第一部，是偉烈亞力在他的學生金咸福的幫助下完成的。撰寫此書的目的，他在《數學啟蒙》的中文序中說得清清楚楚：

> 余自西土遠來中國，以傳耶穌之道為本，余則兼習藝能。
> 爰述一書曰《數學啟蒙》，凡二卷，舉以授塾中學徒，
> 由淺及深，則其知之也易。譬諸小兒，始而匍匐，繼而
> 扶牆，後乃能疾走。茲書之成，姑教之匍匐耳，扶牆徐行

---

[3] 李善蘭：續譯《幾何原本》序。

耳。若能疾走，則有代數、微積分諸書，余將續梓之。

　　從這裡可知，這是一本為初學者準備的淺近的介紹西方數學的入門書。據學者研究，《數學啟蒙》主要取材於明末義大利傳教士利瑪竇和中國數學家李之藻合作編譯的《同文算指》和清康熙組織編纂的《數理精蘊》兩書。全書分兩卷，第一卷述數目、加法、減法、乘法、除法、通分、約分、小數的加減乘除、循環小數；第二卷述比例、乘方、開平方、開立方、對數、對數表以及這些演算法的簡捷方法。編寫的體例是：先介紹一般方法，再舉例說明，然後給出練習題。這樣的編寫體例，已與現代數學教科書十分接近。由於《數學啟蒙》由淺入深，系統而通俗地介紹了西方算術知識，因而出版後，深受歡迎。王韜自述，在1860年時曾向龔孝拱借閱此書，作為西方數學的入門階梯。梁啟超說：「偉烈之《數學啟蒙》……每法取其　題，極便初學」。

　　在撰寫《數學啟蒙》時，偉烈亞力已比較系統地學習和研究過中國傳統算學，對中文的運用也已相當自如，因此，在介紹的西方數學時，他十分注意用西算「匯通」中算，這一特點在《數學啟蒙》中十分明顯。他不僅找到了許多與西算可以直接對應的中算概念，而且在術語的採用和內容的編排上也充分考慮了中算的傳統。如書中專門介紹了中算的「九九乘法表」，並將其融入西算。《數學啟蒙》能深受中國學者的歡迎，西算「匯通」中算是一個很重要的原因。西學「匯通」中學這一特點，貫通於在偉烈亞力與李善蘭所譯的所有西書中，這也成為兩人所譯書影響巨大的原因之一。《數學啟蒙》出版時，也正是偉烈亞力與李善蘭合作譯書的階段，很難說是李善蘭受《數學啟蒙》的影響而在譯書中注重中西匯通，還是偉烈亞力在與李善蘭譯書時所逐漸形成

的思路，不自覺地用來寫作《數學啟蒙》。也許這樣說是最為恰當的：中西匯通的特色正是中西兩大學者在切磋、討論，在思想碰撞中所逐漸形成的，並貫穿於兩人此後的學術著作中，成為兩人共同的學術思想。

墨海書館期間，偉烈亞力在介紹西方科學方面所做的另一項工作，就是在咸豐七年正月初一日創辦了上海歷史上第一份中文月刊：《六合叢談》。

偉烈亞力創辦《六合叢談》的目的，雖然他在給倫敦會總部的信中說是為了「在該國盡力傳播有用知識的同時……帶領他們去接受新福音的傳播」，但從刊發的內容來看，更多的是如他在第一期《六合叢談》「小引」中所說的：「今予著《六合叢談》一書，亦欲通中外之情，載遠近之事，盡古今之變。……務使穹蒼之大，若在指掌，瀛海之遙，如同衽席。是以瑣言皆登諸記載，異事不壅於流傳也。是書中所言，天算輿圖，以及民間事實，纖悉備載。」通過這個刊物，使中國人更多地瞭解西方、溝通感情，「俾遠方之民與西土人士，性情不至於隔閡，事理有可以觀摩，而邇遐自能一致矣。」事實上，雖然《六合叢談》的內容主要是自然科學、自然神學和西方人文科學，但讀者最感興趣的、影響最大的還是西方的科學新知識。

縱觀前後一年多時間共15期的《六合叢談》（《六合叢談》於1858年6月停刊），介紹的西方科學新知涉及化學、地質學（察地之學）、生物學（鳥獸草木之學）、天文學（測天之學）、電學（電氣之學）、光學、數學、力學（重學）、流體力學（流質重學）、聲學（聽學）、光學（視學）等，較為有名的文章，有偉烈亞力與王韜合譯的《西國天學源流》和《重學淺說》，慕維廉翻譯的《地理》，韋廉臣翻譯的《真道實證》（介紹化學知識）等。其中在卷一第七號「造表新法」一文中，介紹

了中國數學家在八線和對數方面的新成果，提到了李善蘭的《方圓闡幽》、《弧矢啟秘》和《對數探原》等書，把它作為中國數學家在對數研究方面的代表作。

當然，李善蘭與《六合叢談》的關係絕不至這樣簡單。作為墨海書館的出版物之一，《六合叢談》對李善蘭的影響是極大的。李善蘭在短短幾年間，迅速掌握了包括微積分、代數學、天文學、力學、植物學方面的知識，如果沒有《六合叢談》這樣一份介紹科學新知的刊物，而僅僅靠自己去探索，對於不懂外語的李善蘭來說，是不可想像的。他當然可以在譯書中學習，但如果沒有《六合叢談》的指引，李善蘭可能根本就沒有向新領域探究的興趣與能力。有一個事實可以說明這一點，李善蘭的《談天》、《重學》的出版，略晚於《六合叢談》上連載的《西國天學源流》和《重學淺說》，當然不能說李善蘭的譯書的動機是閱讀了這兩篇論文而引起的，但從李善蘭的《談天》與王韜的《西國天學源流》的合作者都是偉烈亞力這一點看，《西國天學源流》和《重學淺說》不可能不對李善蘭譯書產生影響。

墨海書館時期，是李善蘭思想發生重大變化的時期，對李善蘭從一個傳統的知識分子轉變成為近代科學的先驅，有著決定性的作用。而李善蘭的思想尤其是科學思想的形成，與《六合叢談》的影響是分不開的。《六合叢談》與此前介紹西方科學的書籍相比，一個重大的進步，就是它不僅僅介紹新知，還注意傳播西方科學思想，宣傳科學的研究方法。李善蘭從墨海書館譯書開始，一直到京師同文館時以「合中西為一法」為科學研究的指導思想，無不表現出對西方科學思想的認同應用。丁韙良說李善蘭：「李氏是個才具很高的人，除了中國學問以外，又因與偉烈同譯數學、天文的教科書，對於西人治學的方法，也頗有理

解。」[4]可見李善蘭在科學研究上的這一特色，連當時人也感覺到了。

《六合叢談》對李善蘭思想的影響，最明顯地體現在李善蘭對「西學中源說」的揚棄和對科學重要性的認識。

「西學中源」說是清代學術界的一種典型的論調。簡言之，就是認為西方科學源自於中國，是從中國傳到西方的，所謂的西方科學，不過是剽竊「中國之緒餘」。這種對中西科學關係的片面認識，因有梅文鼎、阮元等學術界泰斗的鼓吹和朝廷的提倡，成為清代官方欽定的學術觀點，在學者中也是深入人心。阮元編纂的《疇人傳》以及羅士琳編纂的《續疇人傳》這兩部中國科學家的傳記，就是這種「西學中源」論的代表。《疇人傳》起首的《凡例》中就稱：「西法實竊取於中國，前人論之已詳。地球之說本乎曾子，九重之論見於《楚辭》。凡彼所謂至精極妙者，皆如借根方之本為東來法。特翻譯算書時不肯質言之耳。」這種「西學中源」說無疑是當時學術界的主流。

而《六合叢談》作為一份西方學者主辦的宣揚西方科學觀念的刊物，當然要把反對「西學中源」作為重點。《六合叢談》出於策略上的考慮，沒有正面反駁「西學中源」說，但它在介紹科學知識時，在介紹重點和知識的取捨上，有意識地針對「西學中源」說，以事實來反駁。可以說，《六合叢談》是當時對「西學中源」說最有力也最有影響的批駁，李善蘭作為《六合叢談》的熱心讀者，不能不受其影響。

李善蘭1845年出版了《四元解》，這時的李善蘭，還是信奉「西學中源」說的。他說：

---

[4]　丁韙良：《同文館記》，見黎難秋：《中國科學翻譯史料》，第436頁。

西法莫長於勾股，八線皆勾股也。中法莫長於方程，四元
皆方程也。八線以一定之數，雙無定之數；四元以虛無
之數，求真實之數。其精深奧妙，皆非三代上聖人不能
作也。數為六藝之一，古者大司徒掌之，以教萬民。當是
時，所謂八線四元者，當必有其書，遭秦火而失傳也。而
八線則幸流傳於海外，至今日而復昭也。[5]

　　把勾股說成是三代上聖人所作，流傳於海外而今日回歸中
土，這是典型的「西學中源」說。然而，當1867年《四元解》收
入在金陵書局刻印的《則古昔齋算學》時，這段話被刪去了，說
明李善蘭認為「西學中源」說是不可靠的。而這種轉變的形成，
正是在墨海書館時接受《六合叢談》之影響。

　　至於李善蘭對科學重要性的認識，不能不提到他在《重學》
序中所說的「今歐羅巴各國日益強盛，為中國邊患，推原其故，
制器精也；推原制器之精，算數明也」這一段著名的話。這段話
把科學與國家盛衰直接聯繫了起來，科學強則國家強，科學弱則
國家弱。而追根溯源，李善蘭的這段名言，實是借鑒了韋廉臣在
《六合叢談》上刊發的《格物窮理論》中的話。

　　《格物窮理論》發表於《六合叢談》第六號（1857年6
月），是一篇專門論述近代科學的重要性的文章。韋廉臣開篇就
指出：

國之強盛由於民，民之強盛由於心，心之強盛由於格物窮
理。……精天文則能航海通商，察風理則能避颶，明重學
則能造一切奇器，知電氣則萬里之外，音信頃刻可通，故

5　見《海寧州志稿・藝文志》卷十五。民國十一年（1922）鉛印本。

曰心之強盛由於格物窮理。

這裡將「格物窮理」（即科學研究）與「國之強盛」直接聯繫起來，在宣導「修身齊家治國平天下」儒家倫理的中國士大夫中，確是振聾發聵。韋廉臣又說：

> 我觀中國人之智慧，不下西土，然而製造平庸，不能出奇鬥勝者，不肯用心也，為民上者，不以格致之學鼓勵之也。我西國百年之前，亦如中國人，但讀古人書，而不肯用心探索物理，故此等奇器一旦未有。百年來，人人用心格致，偶得一理，即用法試驗之，而農者用心造農器，工者用心造製器之器，所以人日智一日，器日巧一日，至今精進未已。講學者愈多，其智愈深，每月必有新理出，刊入新聞紙以流傳，此學日上，未知所底止。而中人乃以有用之心思埋沒於無用之八股，稍有志者，但知從事於詩古文，矜才使氣，空言無補，倘一旦舍彼就此，人人用心格致，取西國已知之理，用為前導，精益求精，如此名理日出，准之製器尚象，以足國強兵，其益豈淺鮮哉……如此十年，而國不富強者，無是理也。

把這兩段話與李善蘭的話相對照，說李善蘭的名言是脫胎於韋廉臣說法，大概沒什麼不可以吧。

當然，偉烈亞力在墨海書館的十多年中，最大的也是最具影響的成就，是他與李善蘭合譯了《續幾何原本》等一批西方科學著作。正是這批譯著，確立了李善蘭近代科學先驅的地位，而偉烈亞力也在譯作的過程中，成為當時西方「中國學」的權威之一。當時人評論說：「英國偉烈亞力先生，當今之畸人碩

士也。精於疇人家，著作等身，風行海內。海內之談天算學者
皆仰之……」[6]並把偉烈亞力譯書的成就與利瑪竇、湯若望相
提並論。[7]中算史家李儼也說：「偉烈氏與李壬叔（善蘭）共
譯代數、幾何諸書，久旅中國，故所著述論中國算學，深中肯
綮。」[8]

王張管蔣（上）

　　李善蘭在墨海書館期間，每天埋頭於翻譯西書，日常交往最
多的，便是墨海書館的傳教士們。但有意思的是，從現有的記載
看，李善蘭與偉烈亞力、艾約瑟的交往似乎僅止於譯書時的合作
或者學問上的探討，很少有超乎工作上的感情色彩較濃的個人交
往。事實上，李善蘭在上海是有一個朋友的圈子的，那就是一批
寓居海上的文人、畫家、詩人，這個圈子的核心層，是與他有著
相同背景的所謂「口岸知識分子」，如王韜、管嗣復、蔣劍人、
張福僖等人，其中尤以與王韜的關係最為密切。

　　王韜，原名利賓，後改名瀚，字懶今，又字蘭卿，號仲弢，
又號天南遯叟、弢園老民。1828年出生於江蘇甫里（今蘇州市吳
中區甪直鎮），其父是一鄉村塾師，家境清寒。王韜天資聰穎、
才華橫溢，「自九歲迄成童，畢讀群經，旁涉諸史，維說無不該
貫」。十七歲時，以第一名入縣學中秀才。但他的科舉之路並不

6　《教會新報》轉載《香港新報》的文章，《教會新報》，1868～1869,1：70.
7　錢蓮溪《贈偉烈先生回國送行詩序》：「講帷不下課三餘，探索精微著異書。除
　　卻利湯諸子外，天文數學問誰如」。見《教會新報》,1869～1869,1：59.
8　李儼：《中國算學史餘錄》，《科學》，第三卷第二期（1917年2月，見《李儼錢
　　寶琮科學史論集》第十卷，第2頁。

順利，數次應試都沒有考上，憤而「屏括帖而弗事，棄諸生而不
為」，決意「讀書十年，然後出為世用」。1847年，王韜的父親
到上海設館。第二年，王韜到到上海看望父親，結識了墨海書館
的麥都思。麥都思對王韜十分賞識，有意延攬他到墨海書館幫助
翻譯《聖經》，但這時的王韜胸有大志，顯然不甘心「傭書」於
傳教士。到了1849年，王韜的父親去世，王韜挑起了全家生計的
重擔。恰好「江南大水，眾庶流離，硯田亦荒，居大不易」。而
麥都思「遣使再至，貽書勸行」，一再誠邀，於是王韜勉強來到
墨海書館，並從此與麥都思結下了深厚的友誼，「謬廁講席，雅
稱契合，如石投水，八年間若一日。」[9]王韜與李善蘭來到墨海
書館的原因，可謂同中有異。兩人都是為生活所迫，但李善蘭主
要是為了追求新知，求得學術上的突破，而王韜則更多為麥都思
的誠意和知音之感。

　　像王韜這樣一個眼高於頂，才名聞於世的青年才俊，雖然
一時不得不為五半米折腰，但他當然不會把為傳教士做翻譯助手
視為長久之計。因此，在墨海書館的最初幾年，王韜的心情十分
苦悶。傭書西舍，這在傳統的士大夫眼裡，可謂傷風敗俗，「獲
罪名教，有玷清教。」王韜當時的物質條件也不如意。他開始住
在上海北門外吳淞江邊一間小屋之中，旁邊還是一片墓地。屋舍
簡陋，「聊以容膝，老屋多隙，時來黃沙，小窗不明，罕睹白
日」，雖「寸椽斗室」卻「月糜萬錢」，生活壓力十分沉重。生
性高傲的王韜此時身在屋簷下，對西人驕橫更是敏感，他說，西
人「待我華民甚薄，傭其家者，駕馭如犬馬，奔走疲困，毫不加
以痛惜。見我文士，亦貌似傲睨不為禮。」[10]因此他自嘲說在墨

9　　王韜：《弢園尺牘‧與英國理雅各學士書》。見《弢園老民自傳》，江蘇人民出
　　版社1999年版，第30嶺。
10　王韜：《弢園尺牘‧與周弢甫徵君》。見《弢園老民自傳》，第35頁。

海書館「名為秉筆，實供指揮」，「傭書西舍，賤等賃舂。」
「幾於桎梏同楚囚，閉置如新婦矣」[11]。對墨海書館裡的傳教士
也頗有譏誚，稱他們所譯之書「拘文牽義」、「詰曲鄙俚」，
「即使尼山復生，亦不能加以筆削」。[12]

　　按說像王韜這樣有著雄才大略的人，是決不願意在書齋中
寄託其理想的，但王韜在墨海書館卻一直呆了十三年，最後因外
部原因才不得不出走香港。這裡的原因，物質待遇是一個方面。
墨海書館的待遇比之於一般的坐館、做清客之類，要優厚得多，
且十分穩定，一年約有二百金。這使得王韜有條件把全家接到
上海，「奉高堂」，「教弱弟」，自謂「從此為東西南北之人
矣。」更重要的是，王韜在與傳教士一起翻譯西書時，瞭解到了
不少西方科技知識，學習了許多在傳統文化中學不到的天文、地
理、曆算、重學、光學、醫學、地學、化學和西方政治制度，幾
年的耳濡目染再加上麥都思、艾約瑟等傳教士的有意識的誘導，
他的知識結構和價值觀念發生了極大的變化。他敏銳地認識到，
西學的傳播，對於中國是一個崛起的機會：「天之聚數十西國
於一中國，非於弱中國，止以強中國，以磨礪我中國英雄智奇
之士」。這樣的言論在當時「嚴華夷之大防」的氣候下，是相
當的大膽和超前的。王韜認為，中國要與西方列強爭雄，屹立
於世界，就必須要向西方「借法以自強」。而所謂「借法」，
就是留心西學，放下盲目自大的心態，主動向西方學習，引進
西方先進的科學技術。因此，他的留在墨海書館，實際上是把
它作為建功立業、拯救國家的一種思想和知識準備。他自己
就直言不諱地說：「老民欲窺其象緯輿圖諸學，遂住適館授書

---

[11]　王韜：《弢園尺牘・奉朱雪泉舅氏》。見《弢園老民自傳》，第31-33頁。
[12]　王韜：《弢園尺牘・與所親楊茂才》。見《弢園老民自傳》，第34頁。

焉」。[13]這一點，王韜與李善蘭是十分相似的。柯文（Poul A. Cohen）在論及王韜時說的：「這些人受過內陸傳統的哺育，青年時代就受到經典孔學遺產的薰陶，但是與那些成千上萬受過傳統教育的中國人不同，他們沒有受這一遺產的束縛，眼光也沒有僅僅停留在這些狹隘的傳統文化上面。相反，在西方文化的刺激和西方政治的影響下，他們開始了對自身文化的再認識的過程。」應該說，這話用在李善蘭身上也同樣合適。

當然，細究起來，王韜思想的轉變，還在於他直接領略了西方科技的神奇之處。王韜到上海後不久，左腳即生了疽瘡，多處潰爛，膿血直淌，幾年來遍訪名醫，都束手無策。身體十分痛苦，而且求醫問藥而致「阮囊錢盡，剩欲鬻書」。墨海書館的傳教士多次勸他看西醫，王韜認為西醫「無非鑽鑿針擊刀劈」，跟工匠、屠夫沒什麼不同，根本不能相信。一天，西醫合信在書館看了王韜之病腿，以為區區小疾，不難醫治。王韜時已病得「形同廢人」，半信半疑之下，接受西醫治療。合信未動手術，取出西藥良劑敷上，配以口服及注射，不久，頑疾漸癒，幾個月後，完全痊癒。「足已健步，遠行可二十里許」。這一偶然的事件，使王韜對西方科技乃至西方傳教士的態度有了明顯的轉折。跟李善蘭相比，王韜對墨海書館中的西方同事的關係要密切得多。如當麥都思的死訊傳到上海時，王韜悲痛萬分，向一位朋友坦誠表示，麥都思是他覺得最為真摯親切的一位西方人。當王韜因向太平軍上書事件被清政府通緝時，也正是麥都思的兒子幫助他流亡香港。這裡除了性格上的原因，合信治癒他的足疾也是一大因素。

這個時期，王韜做了大量的墨海書館向中國介紹西方近代科

---

[13]　王韜：《弢園文錄外編‧弢園老民自傳》，上海書店出版社，2002年1月，第269頁。

學新知的工作，他和李善蘭應該是在1840年至1860年之間翻譯西方科學書籍最多的兩人。或許單就數量而言，王韜還在李善蘭之上，當然在影響上，則李善蘭毫無疑問是第一人。通過與墨海書館傳教士的合作，王韜編纂翻譯了一系列介紹西方科學技術的書籍。比較著名的有：與艾約瑟合譯的《格致西學提綱》、《光學圖說》，與偉烈亞力合譯的《西國天學源流考》、《重學淺說》和《華英通商事略》，他還集自己所見的各門學科，編纂成《泰西著述考》。這六部著作，涉及到算學、化學、重學、光學、氣學、聲學、地學、礦學、醫學、機器、動植等眾多學科，它們的出版，為當時中國人瞭解西方社會，拓寬自然科學知識的視野提供了極大的便利。後來被稱為《弢園西學輯存六種》。如果從王韜與李善蘭的關係這一角度來觀察，那麼，這六部書中，最值得注意的是《重學淺說》和《西國天學源流考》。

這兩部譯作，最早都刊發於偉烈亞力主辦的、王韜任中文編輯的《六合叢談》。

《重學淺說》出版於1858年，只是薄薄的14頁。這是近代中國譯介的第一部關於西方力學的專書，許多內容在西學傳播史上有重要價值。在此之前，中國並無力學這一學科，因而，重學被認為是西學中最深奧的學科，所謂「西人於器數之學，殫精竭思，其最奧者曰重學。」《重學淺說》由偉烈亞力和王韜合譯，所據的底本是一本英文的普通力學書。《重學淺說》首先介紹了力學之由來，力學的分類，諸如動力學、靜力學、流體力學、氣體力學等，然後依次介紹重學總論、杠杆、輪軸、滑車、斜面、劈、螺旋，最後總論重學之理，說明重學與地球、重學與攝力（即萬有引力）的關係，研究和掌握重學原理的意義。值得注意的是，這本小冊子第一次介紹了西方力學史上大部分重要科學家及其學說，諸如古希臘著名物理學家亞奇默德（即阿基米德），

義大利天文學家、物理學家伽離略（即伽利略），研究兩物相撞之理的英國科學家瓦利斯，研究時鐘擺線之理的荷蘭科學家海根斯，研究虹吸問題的義大利科學家多利遮裡，奠定古典力學基礎的著名科學家奈端（即牛頓），蒸汽機發明者、英國科學家瓦得（即瓦特），等等。當時被認為是「意簡詞明，最省便覽」。

在《重學淺說》出版的後一年，李善蘭與艾約瑟合譯了《重學》。《重學》出版雖在《重學淺說》後，但早在1852年李善蘭剛進墨海書館時即已開始，所謂「朝譯《幾何》，暮譯《重學》」。而《重學淺說》僅14頁，想來費時不會超過數月。這兩書之間的關係，如果作一大膽推測的話，其情形可能是這樣的。李善蘭與艾約瑟相約共譯胡威立之《重學》，由於這是一門新引進的學科，李善蘭和艾約瑟又非力學專家，翻譯起來十分複雜，故斷斷續續，歷「四寒暑」方成功。《重學》翻譯的過程，王韜和偉烈亞力肯定是清楚的（此時李善蘭正與偉烈亞力合作續譯《幾何原本》）。可能是艾約瑟或李善蘭請主辦《六合叢談》的偉烈亞力幫忙找一些有關重學的參考書籍，於是偉烈亞力找來了《重學淺說》的底本。由於此時李善蘭正忙於翻譯《續幾何原本》和《重學》兩書，無暇顧及，遂請王韜幫忙。於是王韜與偉烈亞力匆忙譯出，刊於《六合叢談》。這樣的推測並非憑空穿鑿。一是李善蘭、王韜和偉烈亞力、艾約瑟均是長期合作的同事，關係較為密切，且李善蘭與偉烈亞力、艾約瑟同時在合作譯書。二是《重學》與《重學淺說》在術語的翻譯上幾乎一致，說明這兩書的翻譯是四個人一起酌定的。如《重學淺說》中有一段云：「凡助力之器有六：杠杆、輪軸、滑車、斜面、螺絲、尖劈，賴此可以舉重若輕，其中各有算學比例在。」而《重學》則說：「靜重學之器，凡七：杆也，輪軸也，齒輪也，滑車也，斜面也，螺旋也，劈也。而其理唯二：輪軸、齒輪、滑車，皆杆理

也；螺旋、劈，皆斜面理也。」措詞用語基本相同，如出一人之
手。三是《重學》出版時，《重學淺說》附於《重學》中，但沒
有署偉烈亞力口譯、王韜筆受等字樣，大概無論是王韜和偉烈亞
力，還是李善蘭和艾約瑟，都認為《重學淺說》是大家合作的結
果。當然，王韜把它收入《弢園西學輯存六種》，顯然執筆者是
王韜無疑。

　　《西國天學源流》（*Progress of Astronomical Discovery in the
West*）最早也是連載於《六合叢談》的一部科學著作，由王韜和
偉烈亞力合譯。《西國天學源流》比較詳細地介紹了西方近代天
文學的發展歷史，「讀之可以討源溯流」。對於近代以來西方最
為著名的天文學家的生平和成就有比較系統的介紹。如關於歌白
尼（即哥白尼）創立日心地動說，第谷折衷日心說和地動說及其
天文觀測成果，刻白爾（即克卜勒）發現行星運動的三大定律，
伽離略（即伽利略）發明望遠鏡並用於天文觀測，奈端（即牛
頓）提出萬有引力定律和力學三大定律，好里（即哈雷）預言好
里彗星（即哈雷彗星）的回歸，白拉里（即布蘭得利）發現光行
差和章動，侯失勒（即威廉・赫歇爾）發現天王星等等，都有比
較細緻的敘述。該書還專門介紹了格林尼治大文臺的歷任英國皇
家天文學家，從首任弗浪德（即約翰・弗拉姆斯提德），到當時
正在任上的愛里（即喬治・比德爾・艾里）。基本上把西方近
代天文學的發展過程和著名的天文學家都介紹到了。這在當時，
確是一本不錯的普及讀物，對中國讀者理解西方天文學大有裨
益。[14]

　　王韜1890年在重刊此書時，在結尾加了一段識語云：

---

[14]　參見王揚宗:《〈六合叢談〉中的近代科學知識及其在清末的影響》，載《中國科
技史料》1999年第3期。

余少時好天文家言，而於占望休咎之說頗不甚信，謂此乃
讖緯術數之學耳。弱冠遊滬上，得識西士偉烈亞力。雠校
餘閒，輒以西事相諮詢，始得窺天學之緒餘。適李君壬叔
自檇李來，互相切磋。一日，詢以西國疇人家古今來凡有
若干。偉烈亞力乃出示一書，口講指畫，余即命筆志之，
閱十日而畢事。於是西國天學源流犁然以明，心為之大
快。[15]

　　從這段識語可知，翻譯此書起因於王韜與李善蘭一起討論
切磋西方天文學。王韜在墨海書館時，曾對照西曆，主持修訂了
「中西曆法」，對中西天文曆法作過深入的比較和研究。《西國
天學源流》全書不過15000餘字，從全書看，系統性似乎並不很
強，往往是一事一論。這可能是因為在雜誌上連載的關係[16]，但
更可能是針對王韜、李善蘭所關心的或者說一般大眾所不知道的
知識來針對性地進行普及。這書實際上只能算是王韜、李善蘭向
偉烈亞力詢問西方天文學知識的一個學習筆記，當時並未想到出
版，所以草草「閱十日而畢事」。從「適李君壬叔自檇李來」一
句可知，翻譯此書時應該在1852年，當時李善蘭剛從嘉興（即檇
李）來墨海書館。因非正式翻譯，所以王韜也沒有想到出版，只
是當《六合叢談》創辦後，想到像這樣一事一論的體例正適合於
雜誌連載，他才和偉烈亞力把這一本學習筆記拿了出來。反而是
李善蘭，因和王韜一起向偉烈亞力「諮詢」有關西方天文學，
激發了對天文學的極大興趣，從而與偉烈亞力一起譯出了名著
《談天》。或者可以說，沒有《西國天學源流》也就沒有了《談

---

[15]　王韜.：《西國天學源流》，淞隱廬活字版排印本，1890。
[16]　《西國天學源流》在《六合叢談》的一卷第九、十、十一、十二、十三號和二卷
　　一、二號，共七期。

天》。

　　《西國天學源流》刊發於1857年和1858年，比李善蘭的《談天》早問世一二年。作為最早的一本介紹近代西方天文學的科學著作，在當時有著較大的影響，所以李善蘭在《談天》序言中說：「《談天》一書，皆主地動及橢圓立說。此二者之故不明，則此書不能讀。」「地動」及「橢圓」兩說之「故」從何而明？李善蘭在這裡顯然指的是《西國天學源流》已道出了「地動說」和「橢圓說」的發展演變過程，並應該為一般知識分子所知道。事實上，《談天》可以看作是《西國天學源流》的升級版，它在《西國天學源流》的基礎上，進一步確立了日心地動學說。《談天》的重要性和影響力自然非《西國天學源流》可變，後者在學術上高度也無法與前者相提並論，但這並不能否定《西國天學源流》對《談天》所產生的影響。也許，用「前修未密，後出轉精」來形容這兩部書之間的關係，是比較恰當的。

　　李善蘭與王韜之間的交往，顯然不是學術上的互相影響那麼簡單，「學術同道」這樣的詞用來形容李善蘭與偉烈亞力、艾約瑟、傅蘭雅等人的關係也許可以，但對於王韜，李善蘭除了學術上的切磋，更多的是一種思想情感甚至命運上的接近，是真正的莫逆之交。在上海的這七八年中，他們幾乎天天在一起喝酒、論詩、觀劇、飲茶、結交朋友、談論時事，甚至一起發酒瘋，一起逛妓院。這樣的事，如果發生在李善蘭與偉烈亞力一起，那是不可思議的，但與王韜一起，卻是十分的自然。前面已從《王韜日記》中摘錄了一些兩人間的交往，這裡從咸豐八年的日記中再引幾條：

　　　　（咸豐八年正月朔日）雨，斂門不出，與壬叔及家人輩拈骰子為戲。

（咸豐八年正月二十五日）薄暮，同壬叔往訪胡公壽。公壽名遠，雲間華亭人，工書畫，在某伯之上，人亦瀟灑倜儻，誠雋才也。

（咸豐八年八月十九日）同壬叔放步馬道側。

（咸豐八年八月二十五日）往嶺南估樓啖魚肉粥……壬叔亦來。

（咸豐八年八月二十六日）同壬叔、小異、吉甫遄吃魚生，活剝生吞，幾難下箸。

（咸豐八年八月二十七日）午後，偕小異、壬叔、吉甫往會仙樓啖面，所煮蟹羹殊有風味。

（咸豐八年八月二十八日）購魚生一盤、雙弓米一鍋，同小異、壬叔、春甫據案大嚼，頗饜老饕。

（咸豐八年八月二十九日）約安甫、壬叔同往嶺南估樓啖粥。……出城後，闔齋又拉予同壬叔往酒家小飲。

（咸豐八年九月九日）。重陽，晴，是日購蟹一簍，小如蟛蜞。夜間沽燒春一卮，特邀壬叔、小異，持蟹為樂，聊應佳節。

（咸豐八年十月六日）壬叔約往跑馬場，觀西人馳馬。

（咸豐八年十月十六日）夜飯後，見月色皎潔，同壬叔往訪次游、靜宣談詩。

（咸豐八年十一月六日）夜，小異來，拉予及壬叔往環馬場踏月，一彎眉子，分外有致。

（咸豐八年十一月八日）午後，往福泉城，往茶寮小啜，得見次公、近泉、小異、壬叔皆在，縱談一切。寮中女士如雲，流目送盼，妖態百出。……沽酒轟飲，飲興殊豪……是日，壬叔特解杖頭錢為東道主。酒罷，往東關杏雨樓啜茗，作盧仝七碗之飲。

　　（咸豐八年十一月二十八日）是日為西國元旦，同壬
叔往琴娘處賀歲。此風盛行於米利堅，不殊中土也。

　　（咸豐八年十一日三十日）既夕，同蓮溪、壬叔、畫
三至馨美酒樓啖牛脯。高談雄辯，四座皆驚。

　　（咸豐八年十二月三十日）夜，邀壬叔守歲劇飲。欲
聯句未就。

　　李善蘭與王韜來往之密切、感情之深厚，可見一斑。

　　咸豐年間，太平軍與清軍在江浙一帶數次交戰，烽火連天，
但上海由於租界的存在，成了連綿戰火中的一塊安定之地，江浙
一帶的鄉紳、士人紛紛逃往上海，一時上海人口大增，形成了畸
形的繁榮。如王韜在《蘅華館日記》中所說：「滬上雖為全吳
盡境，而當南北要衝，四方冠蓋往來無虛日，名流碩彥接跡來
遊」。從《王韜日記》、《瀛壖雜誌》、《弢園文錄外編》等書
的記載來看，當時與王韜「修上相見禮，投縞贈貯」者，有精於
西學的龔孝拱（龔自珍之子）、魏彥（魏源之子）、馮桂芬、華
蘅芳、徐壽、吳嘉善；上海著名文人何詠、姚燮、汪燕山、宋小
坡、張嘯峰、張鴻卓、孫次公、秦次游、李靜宜、周弢甫等。書
畫名家徐近泉、吳公壽、尹小霞、羅元祐、錢壽同、張璲、江開
泰等。而這些人，差不多也是李善蘭的朋友，平日頗多酬唱。可
見，兩人結交的是同一個朋友圈子。而在這個圈子裡，李善蘭、
王韜、蔣敦復「以詩酒徜徉於海上，時人目為三異民」，又稱「海
天三友」，可見即使在當時，也是把王韜與李善蘭歸為知己的。

　　平心而論，李善蘭與王韜的性格有著很大的不同，他們所以
能成為最密切的朋友，除了同事關係，除了學問上的相同愛好，
除了出身、生活背景的相似，更有著深層次的原因，那就是他們
都是「異民」，也即是雖同時腳踩中西兩條船，卻既不容於傳統

文化，又無法融入西方文化的「異類」。他們的友情，從文化的
意義而言，是同病相憐，是相濡以沫，是互相慰藉。

　　墨海書館時的王韜與李善蘭，待遇優厚（至少比一般的文人
要舒適得多），生活安定，交遊廣闊，遐邇聞名，表面上不說是
轟轟烈烈，至少是花天酒地，但他們的內心卻總有揮之不去的卻
又無可言說的痛苦：

> 西館中，時則有海寧李壬叔、寶山蔣劍人、江寧管小異、
> 華亭郭友松並負才名，皆與老民為莫逆交。惟是時事日
> 艱，寇氛益迫，老民萬目傷心，無可下手，每酒酣耳熱，
> 抵掌雄談，往往聲震四壁，或慷慨激昂，泣數行下，不知
> 者笑為狂，生弗顧也。[17]

　　王韜在給朋友的信中也說，他與李善蘭常臨浦望月，縱聲長
嘯，聲振迅流，「傍人驚起相問，余與壬叔大笑」。說自己「遁
跡海濱，見聞日隘，詞章之學，久已棄捐，況燕巢於幕，雉罹於
羅，可為惴惴」。所謂「燕巢於幕，雉罹於羅」，正是他在中西
兩種文化中掙扎的痛苦心態。他與李善蘭等人行為古怪，狎妓訪
豔、使酒罵座、目中無人，種種狂態，正是這種在文化上找不到
根的「異民」心態的發洩。當時有人戲謔王韜曰：「吳門王胖，
其才無雙；豪具北相，聖壓西方；牛馬精神，猿玃品概；日試千
言，倚狗可待」。對這種惡謔，王韜不但不怪，反認為「此頗足
見僕生平」，並記下來告訴友人以自嘲。所謂「同是天涯淪落
人，相逢何必曾相識」，正是這種共同的「文化異民」處境，使
王韜與李善蘭在墨海書館時期成了無話不說的摯友。其實，王韜

與李善蘭的性格、志向有著很大的不同，這也是為什麼當王韜離開上海、漫遊歐美之後，兩人之間聯繫就迅速少了下去，很少提到對方，只因為時過境遷耳。墨海書館裡是「相濡以沫」，此時則所謂「相忘於江湖」了。

　　有一個現象值得注意，那就是相對於李善蘭，王韜與傳教士的個人關係較為密切。合信替王韜治癒腳疾自不必說了，王韜稱麥都思是「最為真摯親切的一位西方人」，他曾作為艾約瑟的助手，跟隨艾約瑟到太平軍佔領的蘇州，與太平天國干王洪仁玕會談。他與另一位漢學家林樂知（Allen, Young John）也很相得。林樂知曾隨王韜學習中國文學、歷史、經學和哲學，「暇復為王韜講述西洋歷史」。而王韜撰寫的《美利堅志》、《法蘭西志》、《俄羅斯志》、《普法戰紀》等書，即請其「審定」。反過來，林樂知所著的《中東戰記本末》一書，也請王韜為之作序。相比之下，李善蘭與偉烈亞力等人的關係，似乎只限於學術上的交流探討，從這裡可以看出李善蘭與王韜在性格上很大不同。與王韜20來歲就接觸西方傳教士不同，李善蘭一直要到40歲才來到墨海書館，此時他已是中國第一流的數學家，因此李善蘭受中國文化的浸淫遠較王韜為甚，對西方文化的接受也比王韜要有保留得多。他來到墨海書館，更多的是為了學習西方先進的科學技術，從而為國家的強盛出力。因此，他對西方的文化和政治制度，則保持著謹慎而客氣的疏遠，至少沒有王韜那樣的進行鼓吹。墨海書館的西士們，在傳播科技知識的同時，也肩負著傳教的使命，李善蘭、王韜這樣的優秀知識分子自然是他們爭取的對象。雖然沒有直接的證據說明王韜在墨海書館加入了基督教[18]，但至少在王韜日記中有他多次參與禮拜的記載，而李善蘭則很少

---

[18] 蘇精在《王韜的基督教洗禮》一書中，通過翻查倫敦傳道會檔案，從麥都思的報告中確定了王韜在1854年8月22日接受了洗禮。

的有這樣的事。李善蘭的性格，跟中國許多士大夫一樣，是典型的「外圓內方」。他可以狂飲、賭博、逛妓院，但在其內心深處，還是以一個純粹的學者來定位自己的，保持著知識分子的尊嚴和中國傳統文人的原則。像王韜這樣上午到教堂禮拜、下午拉一幫朋友上妓院這樣的事，在李善蘭身上是不可能發生的。李善蘭儘管跟偉烈亞力等天天在一起切磋學問，但感情、思想上的交流可能不會太多，最終也沒有成為真正的朋友。李善蘭肯定不會認可「華夷之大防」，但在其內心，恐怕還是認為西方人跟中國人不會是一種人。正是這種性格上差異，使得他與王韜這兩個墨海書館中的莫逆之交，最終一個成了偉大的學者，而一個則成了傑出的政論家。

王張管蔣（下）

李善蘭在墨海書館期間來往密切的朋友，除了王韜外，還有張福僖、管嗣復、蔣敦復等人。在當時，李、王、張、管都是墨海書館中譯書名家，而李善蘭、王韜、蔣敦復又稱「海上三異民」，他們之間聲氣相投，互相影響。要全面瞭解墨海書館期間的李善蘭，不能不提到他們。

張福僖，字南坪，或作南屏、南平，別字仲子。浙江歸安縣（今湖州市）人。生年未詳，從其活動情況來看，應和李善蘭年齡差不多。張福僖自幼好學深思，對天文曆算尤其熱衷。他曾考取秀才，在鄉里「拔冠一軍，名譽鵲起」，[19]但「卒以不工時

19　王韜：《瀛壖雜誌》，上海古籍出版社1989年5月，第92頁。

文，不能列於前茅」，沒取得什麼功名。道光十九年（1839）
年，天文算學家陳傑從國子監算學助教的任上告病辭職，回到烏
程縣（今湖州市）老家，以授徒為生。張福僖遂拜在陳傑門下，
專心學習天文算學。在這期間，他著有《兩邊夾角徑求對角新法
圖說》一書。後來，張福僖又著成《彗星考略》和《日月交食
考》二書，已佚。《疇人傳三編》稱張福僖「精究小輪之理，著
有《彗星考略》」。

　　1853年，張福僖在好友李善蘭的介紹下，到上海結識了墨海
書館的艾約瑟，協助艾約瑟翻譯天算格致諸書。這一件事，見於
張福僖的《光論‧自序》，具體情況則不得而知。估計李善蘭在
嘉興時，即與在湖州的張福僖相知。張福僖的老師陳傑是當時最
有聲望的算學家，李善蘭作為晚輩，肯定要到湖州拜訪，與陳傑
的高足張福僖結交成友應是情理中的事。張福僖出身貧苦，也沒
有做一官半職，生活之窘可想而知。李善蘭到上海後，引薦張福
僖到墨海書館，也是很自然的事。

　　跟李善蘭一樣，張福僖到墨海書館後，接觸了大量的西方
近代科學知識，其知識結構、思想觀念都發生了很大的變化。在
墨海書館期間，他與艾約瑟一起，譯出一部在科學發展史上有著
較大的影響的光學著作——《光論》。《光論》全書正文6000
字，插圖70餘幅，系統地介紹了許多光學知識。例如：光的直線
傳播；平行光的概念；光的照度；反射定律；臨界角等等。《光
論》第一次從量的關係上介紹了折射定律並正確解釋了海市蜃樓
等「幻景」形成的原因。《光論》通過詳細敘述和圖示稜鏡的分
光實驗、白光在水滴中被折射與反射而生虹、白光的分解與合成
來說明「光非一物，內有許多相合配成。如太陽白光內有許多各
色光是也。」《光論》科學地解釋了光的色散現象，同時還提到
了光的熱效應和化學效應。《光論》在《自序》中還提出了一種

光速的測定方法：「光之行分，以木星上小月蝕時之時刻，比例布算。」這與1676年丹麥科學家羅默利用木星衛星發生掩食現象來測定光速的方法不謀而合。最令人驚奇的是，《光論·自序》中提出了光譜中的暗線和明線，這在當時的歐洲也是少見的事情。

張福僖《光論》前一篇《自敘》，全文不足400字。他在自敘中談到翻譯《光論》的意圖：「明天啟年間西人湯若望著《遠鏡說》一卷，語焉不詳。近歙鄭瀚香先生復光著《鏡鏡詅癡》五卷，析理精妙，啟發後人，顧亦有未得為盡善者。」就是說，他這本《光論》，是研究《遠鏡說》、《鏡鏡詅癡》所沒有涉及的理論和方法。湯若望所編著的《遠鏡說》，對伽利略望遠鏡的製作原理、功能、結構、使用方法都做了詳盡的說明，通篇條理清楚、淺顯易懂，圖文並茂，是中國最早出版的一部介紹西方光學理論和望遠鏡技術的啟蒙著作。而《鏡鏡詅癡》出版於1846年，這本書論述了各種透鏡的成像原理和製作方法，是中國學者獨立研究完成的一部光學著作。而這部《光論》，比之於《遠鏡說》和《鏡鏡詅癡》，在系統性、理論性和介紹西方最新光學成果方面，不可同日而言，是中國第一部系統介紹光學的著作。不知出於什麼原因，《光論》當時並沒有在墨海書館出版。據專家研究，《光論》的最後九節（約占全書的三分之一）的材料相當瑣碎，每節之後都注明應插在前面某一章節之間，如「以上在論日光之前」，「在鬆緊不平一條後「等，可能這些內容是從其他書籍雜誌中摘譯下來準備增補進書的。由此可見，《光論》實際上並沒有編譯完成，張福僖在整理修訂《光論》時，因某種原因擱置了，所以墨海書館也沒有將其出版。1890年左右，《光論》被輯入「靈鶼閣叢書」，這是《光論》的第一個版本。

稍稍令人不解的是，張福僖與李善蘭、王韜、管嗣復、蔣

敦復等經歷相近，文化背景相同，但在墨海書館時，很少與李、
王、管、蔣諸人一起吃喝玩樂，王韜在其日記中，幾乎天天提到
李、管、蔣三人，卻基本沒有涉及到張福僖。這可能是張福僖出
身貧寒，他在墨海書館「生平布衣蔬食，居貧耐苦，泊如也」，
沒法跟王韜等一起狂飲狎妓，或者是他性格的不合群、更專注於
學術吧。但他與李善蘭應該一直保持著友誼。1860年，時任江蘇
巡撫的數學家徐有壬，準備刻印由數學家項名達撰著、戴煦補述
的數學名著《象數一原》。張福僖與項名達的長子項錦標是陳傑
門下的師兄弟。他對戴煦的數學才能也十分欽佩，有一次在張福
僖在李善蘭那裡見到戴煦的著作，深為嘆服。後來張福僖專程去
杭州拜訪戴煦，並小住數日，將戴煦的著述全都抄錄了副本。所
以徐有壬要刻印《象數一原》，就邀請李善蘭和張福僖同往蘇州
擔任這本書校核。在徐有壬的幕府，徐有壬、李善蘭、張福僖常
常在一起切磋鑽研、砥礪學問，據說「由是學大進」。

　　這年六月，太平軍攻佔蘇州，李善蘭奉徐有壬命回上海討救
兵，張福僖也跟著一起回到上海。1862年，太平軍攻逼湖州，張
福僖與項錦標欲進城探訪項的母親，在城下為太平軍當作清軍間
諜而俘獲，被殺死於湖州城下。在他去世後，當時有人寫詩稱道
他的學問：「平生性質直，頗有前賢風。廿年學算學，列宿橫心
胸。書成彗星考，西法皆開通。攜來吳市上，傾倒撫部公。」[20]

　　管嗣復，字小異，江寧（今南京）人。管嗣復出身於書香門
第，他的父親管同（字異之）是著名的古文學家，曾入桐城派大
師姚鼐之門，論學為文一遵姚氏軌轍，《清史稿》稱「鼐門下著
籍者眾，惟同傳法最早」。管嗣復家學淵源，精文善詩，尤擅中

---

[20]　王韜：《瀛壖雜誌》，第92頁。

醫之術。按理說，像管小異這樣的世家子弟，是不會「淪落」到傭書西舍的。然而天翻地覆的太平天國起義，把管嗣復的人生軌道澈底打亂了。

太平軍攻佔南京時，管嗣復為擄入軍中，他九死一生，從軍營中逃了出來。他曾對朋友說起他的這段經歷：

> 初，賊（指太平軍）陷金陵，壯者皆隸為兵列之前茅以衝鋒鏑，文弱者則令司筆箚、會計，老病者另設一館，專拾街衢字紙。小異亦夤緣入館中。後賊知其非廢病者，強令學書記，數日而逸，獲之，杖幾殆。自此防詰益嚴。一日，其渠出擾安徽，與小異偕行，日夜關置舟中。小異自念，若此首為官軍所斷，則無以自明，何面見祖宗於地下？逃，死也；留，亦死也。計不如為賊所殺為愈。時泊舟江邊，天寒夜黑，小異偽為私焉，潛遁匿叢蘆中，賊竟夜蹤跡不得，乃開帆而去。有鄉人見有人蒲伏泥中，異而問之，小異實告以故，乃引之家中，與之食，與以百錢，小異乃得渡江而南。小異自言此時已置生死於度外，但求薙髮而死，得洗賊名則幸矣。[21]

所以不厭其煩地引錄這一段，是想說明，管小異的正統觀念極強，可知他傭書西舍後的無奈與痛苦。這實際是當時知識分子的普遍思想，而李善蘭終生仇視太平天國，也就可以理解了。

管小異從太平軍中逃出後，飄泊四方，與一般落魄文人無異。當他旅寄蘇州鄧尉時，恰好墨海書館的艾約瑟在這個賞梅勝地遊玩。兩人於鄧尉偶遇，一個是「雅好歧黃術」的中醫，一個

---

21 見《王韜日記》，中華書局2015年版，第194頁。

是「以刀圭擅名一時」的西醫，交談之下，竟十分投緣。艾約瑟對管嗣復大為欣賞，「一見悅之，載之至滬」，[22]從此來到墨海書館開始了他的傭書西舍的生涯。

管嗣復在墨海書館期間，與合信（Hobson Benjamin）一起翻譯了《西醫略說》、《婦嬰新說》、《內科新說》三本西方醫學著作。《西醫略論》出版於1857年，是第一部介紹到中國的西醫外科臨床經驗著作。共分三卷，上卷總論病症，中卷分論各部位病症，下卷論方藥。《婦嬰新說》出版於1858年，扼要闡述正確處理各種婦兒疾病法則，並對產婦的順產和難產附有圖解說明。《內科新說》出版於1858年，分二卷，上卷專論病症，總論病理及治法，諸如論飲食消化之理、血運行論、醫理雜述等，下卷備載方劑藥品，分東西本草錄要、藥劑與藥品等。管嗣復翻譯的這三本醫書，風行海內，「遠近翕然稱之，購者不憚重價」。合信在《內科新說・序》中說：「近歲來上海，因華友管茂才喜談醫學，遂與商酌，復著《西醫略論》、《婦嬰新說》及《內科新說》三書」。在《西醫略論・序》中又說：「比歲在粵東，專司醫局，未遑著述，今年遊上海，旅館多閑。適江寧管茂才，談論醫學，固相與商確，共成此書。」仔細分析，這幾部醫書並非全是翻譯，中間亦有為取信國人而摻入了一些中醫知識，而這只能是出自管嗣復的手筆。如《內科新說》下卷，本為西藥本草，但間雜中藥在其中，如撲硝、元明粉、兒茶、蘇术、桂皮、石榴等等。可見管嗣復的中醫學知識，對譯成這三部醫學著作，起了很大的作用。而管嗣復也通過翻譯西方醫學書籍，成為近代中國第一個兼通中西醫的學者。後來，這三部書和1851年在廣州出版《全體新論》和1855年在上海出版的《博物新編》，合稱為《合

22　王韜：《英醫合信氏傳》，《弢園文集外編》，上海書店出版社，2002年1月，第279頁。

信氏醫書五種》，成為一套較系統的近代西醫學啟蒙教材，是西醫學理論傳入中國的發端，對中國近代西醫初期的發展和進步產生過一定的影響。管嗣復還從1859年開始協助裨治文翻譯修改《美理哥合省國志略》，[23]這部書於1861年出版。

　　管翻復在墨海書館翻譯西書時，與李善蘭、王韜同住在大境傑閣，三個成為「莫逆之交」，王韜在其日記中詳細記載了三人一起吃喝玩樂、吟詩作文、登山臨水的種種瑣事。其中咸豐九年二月六日的日記中，記述了管嗣復與王韜就是否參與翻譯西書的對話，頗能反映出在墨海書館的中國文人的矛盾心態：

> 米利堅教士裨治文延（管小異）修《舊約》書，並譯《亞墨利加志》。小異以教中書籍大悖儒教，素不願譯，竟辭不往。因謂予曰：「吾人既入孔門，既不能希聖希賢，造於絕學，又不能攘斥異端，輔翼名教，而豈可親執筆墨，作不根之論著，悖理之書，隨其流，揚其波哉。」予曰：「教授西館，已非自守之道，譬如賃舂負販，只為衣食計，但求心之所安，勿問其所操何業，譯書者彼主其意，我徒塗飾詞句耳，其悖與否，固與我無涉也。且文士之為彼用者，何嘗肯盡其心力，不過信手塗抹，其理之順逆，詞之鄙晦，皆不任咎也。由是觀之，雖譯之，庸何傷？」小異曰：「吾昔嘗於葉翰池棠言之矣，當我就合信之館，修脯月止十五金，翰池屢責以貶價屈節，以求合西人，我曾答以來此欲求西學，非逃儒而入墨，不可謂屈節。人之

23　《王韜日記》咸豐九年三月十三日記：小異近於裨治文處譯改《美理哥地志》，已得數卷。米利堅，新闢之地，人至者少，是編乃裨君紀其往來足跡所經，見聞頗實，倘得譯成，亦考證海外輿地之學之一助也。《王韜日記》，中華書局1987年7月，第107頁。

　　一身，本無定價，迫於饑寒，何所不可，不可謂貶價。惟
我終生不譯彼教中書以顯悖聖人，則可問此心而無慚，對
執友而靡愧耳。翰池當時不信斯言，今不可背之再受唾罵
也。」[24]

　　這一段話，實際上可視作當時在墨海書館中的李善蘭、張福
僖、管嗣復、蔣敦復等人的共同的價值觀。他們入墨海傭書，是
為了謀生，也是為了「求西學」，同時，他們一面為西方學者工
作，一面又固守著自己的文化傳統，並以有所不為來聊以自慰，
亦以此來向社會辯白。這裡的微妙心態是很值得回味的。李善蘭
在墨海書館期間，除了科技書籍，也沒有參與《聖經》等教中書
籍的翻譯，與此不無關係。

　　1860年，管嗣復在作客山陰時，為防禦太平軍多方奔走，憂
鬱而死。[25]

　　墨海書館期間，與李善蘭一起在上海「持玉壺以買春，駕扁
舟而捉月」，「抵掌雄談，聲驚四座，興酣耳熱論天下事」的墨
海同事，除了王韜，還有一個就是蔣敦復。蔣敦復與王韜、李善
蘭二人合稱「二異民」，他們三人作的畫就自署「海天三友」，
可見關係之密切。

　　蔣敦復（1808－1866），原名金和，字子文，又字劍人、
爾鍔、克父、子禮，自號麗農山人，晚號江東老劍，江蘇寶山
（今屬上海市）人，是晚清著名的文學家。蔣敦復自小以神童著
稱於鄉，同時也以行為怪異而為人注目，他甚至還在寺院呆過一

24　王韜：《王韜日記》，中華書局2015年版，第266頁。
25　王韜：《瀛壖雜誌》：「庚申春，應懷午橋太守聘，往客山陰，未幾而吳門失
　　守，蘇鄉風鶴頻驚，小異奔走道路，竟以憂殞其生。」第92頁。

段時間。後來在朋友的勸說下，參加了鄉試，他的文章給考官留下了深刻的印象，一時名聲大震。但遺憾的是，他連續五次參加鄉試，竟都落第。蔣敦復在十六歲時離開了家鄉，曾在江蘇任如皋縣署書記。道光二十三年（1842）英軍入侵，蔣敦復上書兩江總督牛鑒，獻策抵禦，因直言觸犯官員，險被逮捕。蔣敦復為避禍，逃入月浦淨信寺為僧，法名妙塵，號鐵岸。後來牛鑒被撤職查辦，蔣敦復從寺廟還俗，自此浪跡大江南北。咸豐初年，蔣敦復在王韜的介紹下，來到了墨海書館協助翻譯西書。

在墨海書館期間，蔣敦復與李善蘭、王韜等來往密切，這從前面提到的與李、王等一起逛妓院打碎車上玻璃而致李善蘭被扣押一事可見一斑。蔣敦復在墨海書館的主要工作是幫助慕維廉學習中文。十九世紀五十年代初期，他根據傳教士們的口述，編寫了「考定地球四洲形勢」的《寰鏡》十六卷。他與慕維廉合作翻譯了《大英國志》（1856年），這是在中國出版的第一部英國通史和地理書籍。他還是《六合叢談》的主要撰稿人之一，撰寫了《海外異人傳》等文章，向中國介紹了聖女貞德、喬治·華盛頓和儒略·愷撒等人的生平事蹟。在《華盛頓傳》中，他借華盛頓之口說：「有國而傳子孫，私也；權重而久居之，亂之基也。」對皇權進行了公開否定，這在當時頗有振聾發聵之感。

這個時期的蔣敦復，和李善蘭、王韜一樣，「異民」的心態十分強烈，憂國憂民，又覺得報國無門，鬱悶悲憤，常表現在日常怪異行為中。從王韜的日記中可以看到，李善蘭、王韜、蔣敦復幾乎天天在一起，於酒酣耳熱之際，議論國事、攻訐當局。蔣敦復於咸豐八年所寫的一首《題丁小農蕉山夢隱圖》，表現了他彷徨於出世與入世之間的矛盾，而這，也正是李善蘭他們這些「海上異民」的共同心態：

淮南招隱生桂樹，終南充隱山靈怒。君今吏隱夢焦山，便
與白雲商出處。白雲未必慳宿緣，幾朵芙蓉青入船。如此
一幅好山水，可憐四海多風煙。不橫馬槊非英雄，指揮
玉帳看元戎。男兒作健且快意，殺賊那復爭奇功。林曦朝
起聽禽呼，客游古洞呼猿送。夕陽疏磬度松寮，夜半老梅
清入夢。夢中恍遇古丈夫，異境寫入名山圖。似聞浮玉蕩
兵燹，茲山何幸逃於虛。隱居今日非吾事，百里他時民
命寄。出山心似在山泉，應有江漚知此意。登高懷古情所
欣，題詩我憶蕉隱君。幽人幾輩尚高臥，還向山中問白雲。

　　蔣敦復雖在為傳教士工作，但他對基督教似無好感，這與李
善蘭尤其是王韜有著很大的不同。而有意思的是，他與墨海書館
裡的傳教士關係卻很不錯。蔣敦復死後20年後出版的文集中有一
篇攻擊基督教的文章，當時《北華捷報》刊登了一篇讀者來信，
對蔣敦復進行了粗暴的攻擊。但當年墨海書館的朋友艾約瑟出來
為他辯護說：

　　我對他所知甚深，他被吸食鴉片毀了，卻又是一個聰穎的
　　作家……他與我們一同工作並非因其熱愛基督教，而是為
　　了能維持他的煙癮。他為什麼會寫下如此刻毒的抨擊教會
　　之文呢？我懷疑他是為了贏得儒學讀者的讚揚。他並未反
　　復散布謠言。他是從儒學立場出發進行政治性寫作的……
　　蔣還苦讀佛經，這會使他心懷某種偏見來攻訐基督教……
　　對於像蔣這樣沿用長期被神聖化的攻擊性術語的作者，我
　　們應當寬容地稍打折扣。[26]

---

[26] 《北華捷報》，1891年9月18日，轉引自柯文《在傳統與現代性之間——王韜與晚
　　清改革》，第19頁。

　　從艾約瑟的這段話中，可見當時口岸知識分子思想之複雜、心態之矛盾。

　　蔣敦復於1864年入蘇松太兵備丁日昌幕府，1866年冬病逝。其著述除了《大英國志》外，還有《嘯古堂詩文集》、《芬陀利室詞》、《芬陀利室詞話》、《隨園軼事》等。王韜於「劍人著述，余最愛其詞，詩次之，文尤其次也」，認為「劍人作詞，欲上追南唐北宋，而舉有厚入無間一語，以為獨得不傳之秘」。此外，蔣敦復還編著有《富陽縣誌》、《上海縣誌》（未完成）等。

　　李善蘭在墨海書館的譯友，實際上可以看作李善蘭在這個重要時期的文化環境和心理環境，瞭解偉烈亞力、王韜、張福僖、管嗣復、蔣敦復等人的身世、著述，可以對李善蘭在這一時期的思想和心態把握得更全面而準確一些。事實上，李善蘭與王、張、管、蔣等不僅是甚為相得的朋友，從文化性格而言，他們也有著太多的共同點。他們都是對秀才出身的儒士，對傳統文化有著天然的永遠也割不斷的情結；他們又都是在科舉路上盡歷坎坷，最終無法走傳統文人「正途」的科舉制度的失敗者；他們都是「畢讀群經，旁涉諸史」、「才華橫逸，下筆輒數千言」的才子，並且在數學、天文、曆算、醫學等專門學科有著精深的造詣；而且，他們都來自江浙地區，這是一個明清以來受西學影響最深刻最廣泛的地區；最後，他們又來到了上海這樣一個五口通商後中西兩大文明板塊撞擊的熱點、也是大清王朝行政權力失落的特殊空間。身世的坎坷，國家的積弱，外來文明的衝擊，傳統觀念的坍塌，他們變得抑鬱孤獨而又牢騷滿腹，憤世嫉俗而又放蕩不羈，文化認同的迷茫，使他們成了不容於傳統文化而不甘心投入西方文化的找不到精神彼岸的「海上異民」。李善蘭等人聚

集在墨海書館，成為莫逆之交，與其說是偶然，不如說是一種必然。美國學者柯文的一段話，對李善蘭他們這一時期的生活作出了精闢的描述：

> 他們許多都曾深受儒學經典訓練，取得秀才資格，而又起碼部分是西方人在上海的出現所創造的新的就業機會而來到上海的。作為個人而言，他們頗不尋常，甚或有些古怪，有時才華橫溢。就整體而言，他們代表了中國大地上一種新的社會現象——條約口岸知識分子，他們的重要性將與日俱增。他們在中華世界的邊緣活動，起初，他們的工作對中國主流中的種種事件似乎幾無影響，但最終他們所提出的東西卻與中國的實際需要逐漸吻合。直到這時，他們才漸次得到一定的社會地位和自尊。[27]

---

[27] [美]保羅・柯文：《在傳統與現代性之間——王韜與晚清改革》，第17頁、18頁。

第六章　幕僚生涯

上策論火攻

　　1860年，是李善蘭來到墨海書館的第八個年頭。此時的李善蘭，學術事業可謂是如日中天，與偉烈亞力、艾約瑟等人合作翻譯的西方科學著作，每一部都產生了極大的影響。從他獨立翻譯《照影學》來推測，這時的李善蘭可能已粗通英語。照此發展下去，李善蘭完全可能卓然而成一西學大家。但就在這一年，墨海書館卻不再翻譯新書，並開始慢慢歇業了。

　　墨海書館關閉的原因，慕維廉曾有過一段回憶：

> 那時我們開始傳聞太平天國運動在中國內地發展起來，他們信奉基督萬能。這個前景在國內（指英國）引起極大的興趣。為了滿足當時估計的需要，經詹姆斯牧師（John Angell James）的努力，預訂了《新約全書》修訂本（通常稱之為有代表性《聖經》全譯本）100萬冊。為了實現這項任務，在不列顛及國外聖經會的要求下，將幾部大機器運往上海。在上海以牛車為運轉工具。認為這樣會較快地完成這項工作，並使神聖的《聖經》有廣泛的傳播。這些機器安裝後，立即開始晝夜印刷。幾十萬冊《新約全書》從這裡發出。然而，不久就發現機器損壞嚴重。這些機器運轉不正常，印出許多難以閱讀的模糊字跡。不論出現這種情況的原因是什麼，我們決定將機器運回英國，而用手印機代替。手印機當時亦在使用中。從瞭解到有關太平天國的事到他們敗跡的顯露，發現並不急需發送上百萬冊《新約全書》，因此，工作進度減緩下來。美國教會書館（美華書館）建立後，我們發現這個書館基本上可以完

　　　　成聖經出版協會及本教會所要做的工作。我們大可把教會
　　　　書館關閉，並處理掉印刷器材。與偉烈亞力先生離開的同
　　　　時，倫敦教會書館關閉。[1]

　　這裡說的「倫敦教會書館」即是墨海書館（The London Missionary Society Press）。墨海書館的「主業」就是印刷出版《聖經》，翻譯科技書籍無非是擴大知名度、增加吸引力的輔助之舉，因此，當一旦發現新來的美華書館完全可以替代它的作用時，關閉墨海書館也就是很自然的事了。

　　美華書館（The American Presbyterian Mission Press）1860年由美國傳教士創辦。書館主要出版《聖經》和宗教書刊及供教會學校用的教科書。前身是1844年美國基督教（新教）長老會在澳門開設的花華聖經書房（The Chinese and American Holy Classic Book Establishment），1845年遷往寧波。美華書館的早期經營人是理查・科爾（Richard Cole）。1858年由威廉・姜別利（William Gamble）主管。美華書館在印刷技術上應用了姜別利的兩項傑出發明。姜別利於1859年在寧波創製電鍍字模。其法乃先用黃楊木做字坯鑴刻反體陽文，再鍍製紫銅陰文，然後將此紫銅正體陰文字模鋸成單字，鑲入黃銅殼子。此法比傳統的手工雕刻字模省時省力，又提高品質，即使蠅頭小字，製出的字模型象完美、清晰。電鍍法是中國印刷史上的一次革命。書館以電鍍法製成大小7種宋體鉛字（即1～7號字），由於這七種漢文鉛字的大小分別等同於西文的七種鉛字，從而解決了中西文的混排問題，成為流行幾十年的「美華字」。姜別利的另一項發明是設計了元寶式排字架，將漢字鉛字按使用頻率分為常用、備用和罕用

1　麥金托什：《上海教會書館》，轉引自《中國印刷近代史》，印刷工業出版社1995年版，第76頁。

二大類，在木架的正面安置常用、備用鉛字，兩旁安置罕用鉛
字，每類字依據部首檢字法排列，加快了排版取字的速度。以後
各印刷廠多採用這種排字架。美華書館運用了以上兩項發明，大
大提高了印刷品質和效率。1859年，美華書館遷至上海北四川路
橫濱橋北。可見，無論是印刷品質還是印刷速度，墨海書館都無
法與美華書館競爭，而當時的市場也無法在同一城市同時容納兩
個出版基督教書籍的書館，墨海書館只能選擇退出。恰好在這
時，好友徐有壬請李善蘭到他的蘇州巡撫府做幕僚。

　　李善蘭在此之前，一直是在從事著學術研究，是以著名的數
學家、西學傳播者而名世的，而此時的蘇州，正在太平軍的凌厲
攻勢下，朝不保夕，身為江蘇巡撫的徐有壬怎麼會想到請李善蘭
來「入佐戎藩」？或者說，李善蘭怎麼會願意去這樣一個戰火中
的焦點做一個出謀劃策的幕僚呢？對此，李善蘭的外甥崔敬昌在
《李壬叔徵君傳》中說：

　　　嗣金陵大營震撼，莊愍（即徐有壬，謚莊愍公）喟然曰：
　　　測量推步，積其術可以通兵法，壬叔在此，豈遽作退舍計
　　　乎？一日，俱書遣使，敦促就道，辭不獲已，力疾行。

　　顯然，徐有壬請李善蘭作幕僚，是看中了李善蘭可以幫助他
與太平軍作戰。而李善蘭在徐有壬一再敦促下，終於下決心「疾
行」，也是他覺得自己有這方面的才能。而他們兩人之所以認為
一介書生能夠守城退敵，是因為在一年前，李善蘭在翻譯西書之
餘，撰寫了一部《火器真訣》，這是中國第一部精密科學意義上
的彈道學著作，在洋槍火炮橫行天下的時代，作為研究火器的專
家，李善蘭無疑被認為是可以在戰爭中發揮重大作用的。

　　《火器真訣》完成於1859年，從這個時間可知，這是李善蘭

在翻譯了《續幾何原本》、《重學》等西方物理學著作後，自覺
把西方幾何學、力學等進行應用研究的成果。李善蘭在寫於咸豐
戊午臘盡日（1859年2月2日）《火器真訣》的「自識」中說：

> 凡槍炮鉛子皆行拋物線，推算甚繁，見余所譯《重學》
> 中，欲求簡便之術，久未能得。冬夜少睡，復於枕上，反
> 覆思維，忽悟可以平圓通之，因演為若干款，依款量算，
> 命中不難矣。

　　由此可見，《火器真訣》是把力學和幾何學相結合起來對槍
炮的運動規律進行研究，而這也只有在對西方力學、數學等有相
當造詣的基礎上才能做到。《火器真訣》的科學性和對實踐的指
導作用，遠非一般的經驗之談所能比，完全可以說是一本炮兵操
作教材。這也是為什麼《火器真訣》一出版，不但在學術界得到
好評，也引起了包括曾國藩、徐有壬等朝廷大員的重視的道理。
　　《火器真訣》是薄薄的一本小冊子，文字十分簡練。全書
共分十二款，每款僅數十或上百字。第一、二款是對槍炮、彈藥
的標準提出要求，從而建立力學模型。第三款以下是對各種情況
下槍炮射擊中發射角與射程之間的關係進行論證。如第三款：
「凡平地施放槍炮，軸線對高弧四十五度鉛子所落之地最遠。」
第四款：「凡斜面施放槍炮，軸線為垂線交斜面角之分角線鉛子
所落之地最遠。」第七款：「凡推鉛子所落之地必以平地最遠界
為根。」第八款：「以最遠界為半徑作平圓，過圓心作地平線，
置炮圓周，則九十度通弦為炮軸方向，圓心為鉛子所落之處。」
第九款：「凡地在最遠界之內，則以正弦為地距炮之線，正弦分
半周為二弧，二弧之通弦即炮軸之二方向。」第十款：「斜面與
平、垂二線成勾股形，則平地最遠界與斜面最遠界比，若股弦和

（或校）與弦比，而股弦交角之通弦（或減半周餘度之通弦）即炮軸方向也。」第十一款：「凡地在斜面最遠界內，則自最遠界端量取其數作點，於此點與前款正弦平行作通弦，自通弦二端至正弦端作二線即炮軸之二方向。」

由於《火器真訣》應用了當時先進的科學知識，十分切合實用，因此，出版後引起了許多人的重視。王韜在《火器真訣》出版的當月即將該書閱覽一過，在咸豐九年正月二十日的日記中寫道：

> 壬叔近著一書，曰《火器真訣》。謂銃炮鉛子之路，皆依拋物線法。見其所著《重學》中，而亦能以平圓通之。苟量其炮門之廣狹長短，鉛丸之輕重大小，測其高下，度其方向，即可知其所擊遠近，發無不中。炮口宜滑溜，鉛丸宜圓靈，外可加黍漆，則永不鐵銹，欲知敵營相距幾何，則以紀限鏡儀測之，然後核算，宜納藥若干，正至其處，無過不及。西人所以能獲勝者，率以此法，其術亦神矣哉。[2]

王韜與著名的「洋槍隊」的首領華爾（F. T. Ward）有密切來往，對槍炮火器有著不同尋常的認識，他認為《火器真訣》中的方法是西人贏得戰爭的法寶，可見他對此書的評價之高。可能是受李善蘭的影響，王韜在1863年寫成了《火器略說》一書（刊於1881年），在其中的《用炮測量說》一節中再次說：「近海寧李善蘭曾著《火器真訣》，謂彈去皆依拋物線從高下墜，有一定之准可算。」[3]學者認為，李善蘭在《火器真訣》中提出的別具一

---

[2] 王韜：《王韜日記》，第80頁。
[3] 王韜在《火器略說》中對李善蘭的《火器真訣》也有批評：「李君但知演算法一定比例，而不明彈出之路有時有高低、遠近、遲速、斜直，其度數至有不齊也。

格的圖解法，是中國有清一代數學家所慣用的「以量代算」研究
方法的一個新的環節，它導致了後來的數學家對拋物線本身數學
理論問題的研究和對射擊學命中問題的研究。

《火器真訣》版後不久，就有了有關《火器真訣》研究書
籍，如曾任直隸提學使的盧靖，在1884年寫成的《火器真訣釋
例》一書，對《火器真訣》中每一款設例說明，是當時較為有名
的研究槍炮武器射擊測算之著作。盧靖在書中說「少時讀兵家
言，惜其於槍炮未有中准之法……近來研求算學，略能解之。
得李氏《火器真訣》，益渙然冰釋」。[4]曾在廣方言館任算學、
天文教習的沈善蒸於1886年寫成《火器真訣解證》（刊於1892
年），力圖證明李氏「平圓所以合拋物線之理」。

《火器真訣》作為一部由數學家撰寫的具有精密科學意義的
彈道學著作，書中的理論和方法，是此前的「兵法」、「武經」
中所沒有的，在戰爭中吃足了西方列強炮利船堅苦頭的清朝官
員，自然是喜出望外，李善蘭也從一個純粹的學者變成了一個難
得的軍事人才。徐有壬請李善蘭協助守城，正是希望他能將研究
成果應用到攻城野戰中去，阻擋太平軍的進攻。兩年後，李善蘭
應曾國藩之邀進入安慶大營幕府，著有《火器真訣》也是一個重
大的資本。張文虎在《懷人十五首》中的「李善蘭時從軍」一首
中說：「談天近方厭，投筆起從戎；長揖見節相，上策論火攻；
請以徑路刀，撓酒留犁鐘。」[5]

今試立一靶於此，炮長短、大小同，藥多少、美惡同，彈輕重、滑澀、圍徑同，
發不同時，則所至之處遠近各異。更有同一炮也，初發則遠，次發則近，連發測
驗，至處皆有參差。」意即是認為李善蘭只從理論上計算而沒有考慮到實際操作
時的諸多情形。王韜此評未免失之於苛。以李善蘭當時的條件，是不可能把空氣
阻力、風力、溫度、旋轉效應等方面的因素全部考慮進去的，它的成就更多地體
現在對拋射運動進行了一種定量的分析和研究。

4   盧靖：《火器真訣釋例》自序。
5   張文虎：《詩存》卷五，轉引自洪萬生《張文虎的舒藝室世界：一個數學社會史

失意蘇州城

李善蘭答應來到蘇州協助守城，還有一個重要的原因，是因為他與徐有壬是多年的至交，在數學研究上互相切磋啟發。這次兩人朝夕相處，公務之餘還可以討論一下數學問題。事實上，這也是徐有壬的想法。當時，徐有壬正想出版著名數學家項名達的名著《象數一原》。項名達是晚清第一流的數學家，對三角函數的冪級數展開式及圓錐曲線有著極為深入的研究。《象數一原》一書就是概括和推廣了三角函數展開式的研究成果。項名達因年老多病只完成了初稿六卷，由另一位數學家戴煦續成第七卷。李善蘭對三角函數和圓錐曲線的研究頗有造詣，他的尖錐術是關於三角函數、反三角函數、對數函數的冪級數的研究成果，而他還與艾約瑟翻譯過《圓錐曲線說》，這是最早傳入的系統研究圓錐曲線的西方數學著作。而李善蘭與項名達、戴煦的私交也頗為深厚，因此，校核《象數一原》，李善蘭無疑是最適當的人選。

在李善蘭的算友中，徐有壬是較為特別的一個。作為晚清的八大數學家之一，徐有壬竟然做到了封疆大吏，還死在了戰場上，這不但是在晚清，甚至在中國歷史上也是較為少見的。

徐有壬字君青，別字鈞卿，嘉慶五年（1800）出生於浙江湖州歸安縣雙林鎮。江浙一帶是當時數學研究的重鎮，徐有壬受此風影響，從小就對數學極感興趣。據說他在八歲時，就已經掌握直角三角形勾三股四弦五的關係，並能作出準確的解釋。徐有壬少年時，其父病逝，就北上京師投奔叔父。1822年，徐有壬撰成《四元算式》一卷，立意新穎，「人見而奇之」，當時頗有名望

的數學家董祐誠、沈欽裴也「爭相傳鈔以去」。與李善蘭等算友不同，徐有壬在鑽研數學的同時，科舉上也春風得意，道光八年（1828），徐有壬應順天鄉試中舉。次年，經殿試賜進士及第，分發戶部，以主事用。在這期間，他拜著名數學家、時任欽天監博士陳傑為師，研習天文曆算，所以他跟張福禧也算是師兄弟。徐有壬進士及第後，仕途一帆風順。1838年補四川司主事，1840年升山西司員外郎，1842年轉陝西司郎中。1843年6月，徐有壬出任四川成綿龍茂兵備道，兼充四川文武鄉試外監試官，開始了他的地方官生涯。此後，歷任四川按察使、廣東鹽運使、廣東按察使、雲南布政使、湖南布政使，官職遞次升遷。相對於在數學研究上投入的大量時間和精力，徐有壬可能不是一個勤勉的官員，他即使「當軍書旁午時，仍能布算如常」。做官二十多年，政績平平，但著下多部頗有創見的數學著作，如《橢圓正術》、《弧三角拾遺》、《表算日食三差》、《朔食九服里差》、《測圓密率》等多種著作。其中《測圓密率》是徐有壬的代表作之一，主要闡述三角函數和反三角函數的冪級數展開式問題，在當時影響很大。李善蘭對徐有壬的《橢圓正術》也極為推崇，「謂其駕過西人遠甚」，[6]並為之作圖解。

　　1855年4月，徐有壬因丁母憂回到湖州。這時正是太平軍進攻江北、江南大營之際。清廷命徐有壬以在籍藩司的身分督辦湖州地方團練，對對抗太平軍。他率軍扼守長興要道，阻止了太平軍進攻，頗得朝廷賞識。1858年又受命督辦江南軍營糧台，1859年出任江蘇巡撫。徐有壬與李善蘭結交，應該是在1855年他回到江浙後。這幾年中，徐有壬頻繁來往於滬、杭間，與李善蘭、戴煦等磋商學術。這期間所著《造表簡法》就是綜合各家之所長，

6　諸可寶：《疇人傳三集·徐有壬傳》。

「導源於杜德美（Pierre Jartoux）氏，發揮於董立方（即董祐誠）氏，旁推交通於項梅侶（即項名達）氏、戴鄂士（即戴煦）氏、李秋紉（即李善蘭）氏，集諸家之成說，參與管見」。[7]

李善蘭與徐有壬還在墨海書館見過面。時間當在1857年，當時的墨海書館隱然已是全國的西學傳播中心，對西學頗感興趣的徐有壬自然要來一探究竟了。王韜在咸豐九年（1859）正月十二日的日記中追記道：

> 聞徐君青先生升任江蘇巡撫。君青先生，浙之烏程人，精於曆算。於丁巳（即1857年）四月中曾來滬上。至墨海觀印書車，並見慕維廉、韋廉臣二君。皆以洋酒餅餌相餉，請予為介，得與縱談。為人誠至謙抑，雍容大度。與壬叔為算學交最密。[8]

徐有壬與李善蘭自結識後，交往就十分的密切。上海與湖州相距不遠，因此兩人常通過書信來討論數學問題。崔敬昌在《李壬叔徵君傳》中說：

> 咸豐朝，甘泉羅茗香（即羅士琳，晚清八大數學家之一）徵君，及歸安徐莊愍公（即徐有壬）並以數學著。二公者與先舅父交最摯，郵遞問難，常朝覆而夕又至。先舅父為之條分縷析，曲暢交通，如所問以報，恒累數千言，必使洞曉而後已。

早上發出一信，日間又有新想法，晚上再寫一封，每封信

---

[7] 徐有壬：《造表簡法·序》。
[8] 王韜：《王韜日記》，第77頁。

動不動就是數千言。可見李善蘭與徐有壬交往之密切，討論之熱烈。

在內心深處，李善蘭對徐有壬這樣的人生是頗為嚮往的，既在學術上卓然成家，又在仕途上大有作為，魚與熊掌兼得，這實際也是大多數讀書人的夢想。雖然李善蘭在不同場合多次聲稱絕意仕進，但事實上，他一直沒有放棄科舉這一「正途」，即使在墨海書館期間，他還在譯書之餘，上了至少一次科場。[9]可見李善蘭一直不甘心做一個單純的學者。他與徐有壬能成為最密切的朋友，固然是兩人性情相投，在學術上有共同語言，但在潛意識中，也可能有李善蘭欲憑藉徐有壬這一方面大員的力量，幫助他在濟世救民上做出一些成就。《王韜日記》中隱約透露出李善蘭這樣的心情：

> 壬叔謂江南多英俊之士，今君青先生開府吳中，其算學為海內宗師，可於各縣書院中別設曆算一科，悉心指授，則西學不難大明，而絕緒可繼，此亦千載一時不可失之機也。[10]

> 酒間抵掌劇談，各言己志。壬叔言：「今君青先生在此，予絕不干求，待其任滿時，請其為予攢資報捐，得一州縣

---

[9] 李善蘭在《續幾何原本·序》中稱：「遂以六月朔為期，日譯一題。中間因應試、避兵諸役，屢作屢輟，凡四歷寒暑始卒業。」可見在墨海書館其間曾應試科舉。至於應試的具體時間，據洪萬生先生考證，大致在咸豐二年（1852）的七月至十月間。《王韜日記》咸豐二年七月九日載：「壬叔之友周石籬書來，勸其應試。」七月十四日載：「壬叔將至西冷，即借此筵以為祖餞。」七月十六日載：「是日遍大境（即大境傑閣李善蘭住處），壬叔已解維去矣。」而此後直到十月七日，王韜日記中沒有提到李善蘭，據此推測，李善蘭這次到杭州，即是參加咸豐二年壬子鄉試。見洪萬生：《王韜日記中的李善蘭》（臺灣《科學史通訊》，1991年第10期。

[10] 王韜：《王韜日記》咸豐九年正月二十七日。第86頁。

官亦足矣。」[11]

　　可知李善蘭對徐有壬確是有著較多的期許的，更可知李善蘭濟世匡時之心從來就不曾泯滅，這也可以理解為什麼在徐有壬死後，他立即又成為了曾國藩的幕僚。

　　令人有點意外的是，李善蘭此次赴蘇州協助守城，竟帶上他的全部著作和手稿。大概李善蘭自己對此行也是躊躇滿志的，以為憑著自己的學問，可以確保蘇州無虞，待太平軍退去，可以請徐有壬出資刻印自己的著作。由於墨海書館裡刻印的著作數量不多，且有些已毀於兵火，同時還有數部著作未得刊刻，李善蘭一直希望能將自己的著作重新刻印。但始料未及的是，蘇州很快就失守，而李善蘭匆匆忙忙逃出蘇州，全部著作竟全毀在了蘇州兵火中，而他刻印著作的夙願，一直要到幾年後得到曾國藩的資助才實現。

　　李善蘭是在1860年的5月19日或20日到蘇州的，同行的還有他的朋友吳嘉善。吳嘉善也是一位熱愛西學的算學家。據王韜在日記中的記載，吳嘉善很喜歡西方的新奇器物，並能自造新器。他曾專門觀察研究過火輪船、照相術等。在其家裡，案頭多陳工匠椎鑿，還能自己製造新機器。可見徐有壬邀吳嘉善與李善蘭同往蘇州，顯然是想在火器上有所作為。更有意思的是，吳嘉善居然懂得英語。曾紀澤在日記中記載道：「昔年吳子登太史口不能作西音，列西字而以華音譯讀，是為奇法，其記悟亦屬異稟，非常人所能學也。」[12]他還著有《翻譯小補》一書。可能徐有壬在請吳嘉善時，已在考慮向西人乞兵。

　　當時的蘇州，實是危如累卵。1860年2月，太平軍忠王李秀

---

[11]　王韜：《王韜日記》咸豐九年四月十二日，第117頁。
[12]　曾紀澤：《曾紀澤遺集日記》，嶽麓書社1983年版，341頁。

成自皖南入浙江。3月4日克長興，然後親率六七千人喬裝清軍奔襲杭州，並於19日破城，殺浙江巡撫羅遵殿。4月底，十萬太平軍從東、南、西三面包圍了江南大營。5月2日，太平軍分五路發起總攻，戰鬥至6日，江南大營被徹底摧毀。此後太平軍一路勢如破竹，5月15日，李秀成率軍數萬從天京出發，20日克丹陽，26日占常州，30日下無錫。直逼蘇州。李善蘭到蘇州之時，正是李秀成攻佔常州之際。但李善蘭此時尚以為蘇州可守。王韜在日記中記載了吳嘉善對蘇、錫、常一帶戰爭形勢的判斷：

> 吳子登著展款關而至，言昨晚從吳門返。余急問：「常州兵事如何？風聞何宮保（即何桂清）不能堅守，已離城他去，置百萬生靈於度外，殊昧城亡與亡之義。長官已行，兵心不固，雖有民團激發義憤，效死勿去，然素不習戰陣，其何能守？常州之危，可翹足而待也。」子登曰：「常州大局，尚可無妨。何宮保曾至吳門，徐撫軍（即徐有壬）遣紳董問其故，以軍糈不敷，現來勸輸為辭。於是諸富戶踴躍捐輸，不惜毀家紓難，頃刻間得二百萬。何宮保見之始去。茲時，吳門之餉可支二月，餉足兵壯，守禦何難！」余知子登雅度從容，亦善於粉飾升平者。今日之患，不在無餉，而在無官；不在無兵，而患兵之不戰。時事至此，敗壞決裂已極，雖有賢者，倉猝從事，亦無所措手矣。[13]

　　從後來李善蘭在與王韜商議向英法公使「乞兵」時的交談中看，吳嘉善對戰事的樂觀判斷，很可能得自李善蘭的分析，至

13　王韜：《王韜日記》咸豐十年四月四日，第167頁。

少兩人的判斷應該是一致的。在上海的王韜，對蘇州的戰事分析得頭頭是道，認為「敗壞決裂已極」，已無可挽回。他這裡說的「賢者」，很可能就是指李善蘭，認為即使李善蘭真能助一臂之力，但「倉猝從事，亦無所措手矣」。可歎的是，李善蘭身在戰爭前線，其對形勢的判斷竟不如王韜遠甚。這與其說是他對自己的才能的過分自負，還不如說他的政治、軍事能力十分平常。事實上，兩天后，常州即被太平軍攻陷。

徐有壬畢竟做過多年的地方官，在常州失陷後，知道蘇州已是危在旦夕，他一方面下令燒城，「赤焰恒十餘里，一城菁華頓為消竭」，以使太平軍無所憑藉。同時，命令上海道吳煦向外國請兵支援，稱「如果藉其兵力，轉危為安，中國圖報，唯力是親。」徐有壬清楚，要說動洋人出兵，是一件非同小可的事，除了公對公的請求，還得通過私人感情來打通關節，吳煦不一定能辦得到，而李善蘭、王韜等與墨海書館的外國傳教士十分熟悉，可以通過他們找外國公使「乞師」。於是，徐有壬又急派李善蘭從蘇州火速趕回上海，向洋人借兵。

這時候的李善蘭，表現出了知識分子在政治上的幼稚和不通世事。他一廂情願地認為，只要洋槍洋炮一到，局勢立即就可以轉危為安，因此，他把向洋人「乞兵」這樣一件幾乎不可能的事，看成了一個立不世功業的好機會。他「自蘇至滬，風聲鶴唳，草木皆兵，獨慨然往」。咸豐十年四月十四日，這已經是蘇州城破的第二天了，但李善蘭尚不知情。他一大早穿戴一新，「晶頂貂尾，煥然改觀」，乘著轎子來到王韜住處。王韜因生病，還在睡覺。李善蘭一把拉起王韜說，快起來，我跟你一起成此大功。王韜說，我身上有病，不想起來。你說的大功又是什麼？李善蘭說，蘇州城現在正被太平軍圍困，徐巡撫欲向西人借兵，以拯救百萬生靈。這件事要是做成了，真正是功德無量。王

韜顯然比李善蘭更懂得官場套路。他說，這件事應該跟吳煦一起去英國公使。我人微言輕，怕是出不上力。你現在手裡可有徐巡撫與英、法二國公使的文移（即公函）嗎？李善蘭顯然不知道還要有文移這一回事，說，這倒沒帶。王韜說，這就難辦了。只好馬上去找龔孝拱，跟他一起商量。這龔孝拱乃龔自珍的兒子，也是上海灘上的大名士，當時為英國公使額爾金（Lord Earl of Elgin）幫辦文案。李善蘭與王韜正商量的時候，他們的朋友黃春甫跑進來說，蘇州城已被太平軍攻陷了。王韜與李善蘭大吃一驚，說，哪有這麼快的事？黃春甫說，有人到到蘇州探聽情況，遠遠望見火光沖天，走近去一看，只見城頭上樹著太平軍的旗幟，來往的兵勇皆頭裹白布，顯然是太平軍。王韜聞言，知大勢已去，拍案履杯，仰天狂叫。而李善蘭根本不相信蘇州會被攻佔。他說，這消息肯定不確實，蘇州城有生力軍一萬餘，藩庫存銀幾十萬兩，兵餉俱足，完全可以堅守。民團也同心戮力，根本不懼太平軍。說著就急急忙忙地找龔孝拱商量借兵的事了。而王韜很清楚事情已無法挽回，便又呼呼大睡了。

李善蘭找到龔孝拱。龔孝拱也認為沒有徐有壬的公函，是不可能借兵的。於是兩人分頭行事。龔孝拱先去找英、法公使作說客，而李善蘭立即寫信給徐有壬索取公函。李善蘭還對王韜說，我看向洋人借兵這事，或許能辦成。英國公使說，只要何桂清來，就立即發兵。現在何桂清就在劉河，離此不遠，往來甚易。英國公使應該不會食言。王韜倒是很清醒。他說，借兵這件事，非同小可，即使是英國公使也不得獨斷，是不可能輕許出兵的。現在英國正準備在北方滋事，肯定無暇顧及南邊。而且，按照英國的體制，武將的權力很大。這次英國軍隊來到中國，是為了在北京一帶與中國開戰，根本不會考慮蘇州的事。所以，即使是何桂清親自來，借師之說，決不能行。

　　李善蘭根本沒有想到，就在他東奔西走為守衛蘇州借兵時，蘇州城早已被太平軍攻佔，江蘇巡撫徐有壬也已被殺了。6月1日，駐守無錫的清軍將領張玉良潰逃至蘇州，舉起令箭叫開城門，太平軍趁勢沖入城中。一到城中，便四處放火，民眾奔避，不及撲救。因事起倉猝，守軍根本無法組織起有效的反擊，衢市間屍相枕籍。太平軍闖入巡撫衙門，徐有壬自知必死，就穿戴起公服出來督戰。太平軍士兵刺中徐有壬的前額，官帽將墜，徐有壬雙手扶起官帽，端端正正地戴在頭上，被士兵所殺。徐有壬的夫人和兒子投池自盡，一家七口全部死於蘇州。

　　蘇州之行，前後不過十天，對李善蘭的打擊卻是前所未有的。他的算學著作在「蘇州節署遭亂盡失」，多年心血毀於一旦，其痛惜可想而知，但這也許還不是最痛苦的。李善蘭的蘇州之痛在於，一方面，他失去了一個最密切的朋友。當李善蘭聽到徐有壬的死訊時，悲傷得無以言表，「西望嗚咽，設莊愍位祭以文。」另一方面，他也清楚地看到了自己在政治上的不成熟，看到了自己絕沒有匡扶亂世之才，一直來出仕為官、一展身手的雄心也淡了許多，自此「絕意時事」。要一個封建時代以修身齊家平天下為己任的讀書人承認這一點，是一件很痛苦的事，但蘇州之行的教訓實在太深刻了。雖然不久李善蘭又來到曾國藩幕中，但已不再熱心於軍國大事，而是把著書立說放在第一位。進京後，李善蘭官越做越大，最後做到了三品銜戶部郎中，但都是虛職，地位尊崇，卻並無多少實權，而他始終甘心在同文館算學教習的位置上終老，就是這次蘇州之行留下的教訓。蘇州之行，對李善蘭而言，或許是深自痛悔的，但對後人來說，未始不是一件幸事。倘陰差陽錯竟讓李善蘭借到了洋槍洋炮，擊退了太平軍，李善蘭或許從此就投身宦海，那麼，也就沒有了中國第一個算學教習，而李善蘭一生的成就怕也要打上一個大大的折扣。

重聘入戎幄

回到上海後，李善蘭的情緒十分低落，他陷入了悲傷和自省之中。和王韜等朋友一起吃喝玩樂也明顯少了下去，即使偶爾在一起遊玩，也只是排遣心情而已，很少有以前的「轟飲」和高談闊論。

由於在蘇州守城時，李善蘭在城陷的前一日出城，雖是奉徐有壬之命回滬「乞兵」，但總究是沒有與蘇州共存亡，而他的至交徐有壬卻戰死在衙門，這在一些道德感極強的知識分子看來，近乎失節。王韜、李善蘭的朋友周弢甫當時也在蘇州，極得徐有壬信任，「倚之為手臂，凡有大事，無不預謀」。他在蘇州之戰中，被太平軍俘獲，這本來也是尋常事，但在朋友們看來，卻是不可原諒的。王韜在日記中就多次說：「預其利者，必同其害；與其陷賊而亡，毋寧殉難而死耳。」「弢甫臨難不死，復何顏來此地哉？」「今君翁（即徐有壬，字君青）死矣，而弢甫靦然獨生。」對李善蘭，朋友們雖然並未公開的口誅筆伐，但也深以為他在蘇州城陷前一日出城是「臨難不死」。一次，王韜與李善蘭閒談，後來來了一位從太湖逃難到上海來的朋友，說起嘉興、湖州被太平軍攻佔時，當地官員、士人「殉難」之事，大為感慨。這時，梁閬齋[14]也來了。於是「沽酒市脯，聊以下箸」。酒酣耳熱間，梁閬齋「譏訶壬叔，幾至攘臂，不歡以散。」梁閬齋是李善蘭的老朋友，貧賤時曾得李善蘭救助，相處應該不錯，他竟譏訶李善蘭而幾至揮拳相向，肯定是言辭甚為激烈讓李善蘭無法接受。王韜在日記中沒有說究竟「譏訶」李善蘭什麼，但從前後情

---

[14] 梁清，長洲（今江蘇蘇州）人。字來楚、雲詔，號閬齋，清代收藏家。

形推測，梁闔齋完全可能是責備李善蘭不能「殉難」於蘇州。在這樣的壓力下，李善蘭的心境之黯然可想而知。王韜有次去找李善蘭，來到他的住處，「寓齋清寂，迥異昔時」，可見其時李善蘭情緒之低落。可能李善蘭自己也覺得不能與徐有壬同死是一件不光彩的事，所以他這段時間很少拋頭露面，也不大與外地朋友聯繫。於是，他的家鄉竟誤傳李善蘭「陷賊中且蓄髮」，做起了「長毛」。這個傳言本身也說明李善蘭的蘇州之行在朋友中印象極差。一直到他回鄉掃墓，蔣杉亭特意邀他一同出遊，讓他「露頂過市中」，謠言才算平息。

　　1860年對李善蘭而言，真是流年不利，他接連失去了好幾位朋友。除了徐有壬，管嗣復在山陰積勞而死，資助他出版續譯《幾何原本》的韓應陛死於戰亂，算友戴煦也在太平軍攻破杭州時投井而死。李善蘭迭遭打擊，心灰意懶，真的開始「絕意時事」了。他躲在上海的書齋裡，埋頭整理他的著述。由於所有著述在蘇州化為灰燼，李善蘭就從朋友中搜尋曾鈔錄過的副本，重加修訂，以期有朝一日再行出版。這段時間裡，李善蘭一改此前的狂士脾氣，與外界的接觸也少了許多，因此，在1860年後一二年裡，有關的記載也少而又少。從現有材料看，這兩年裡，李善蘭常與吳嘉善、劉彝程[15]等一起切磋數學。劉彝程《簡易庵算稿》自序稱：「識李君壬叔於滬瀆，由是悉心於弧矢級數之學，不數年自著《割圓闡率》一卷、《對數問答》數種。」[16]李善蘭也可算是劉彝程的半個老師了。在與吳嘉善的談論中，李善蘭曾認為當世數學研究，以顧觀光為第一。可能是這段時間的交

---

[15] 劉彝程，清代數學家。字省庵，江蘇興化人。曾任上海廣方言館算學教習。其在數學的主要成就在於研究整數勾股弦問題。著有《簡易庵算稿》、《對數四問》、《割圓闡率》等。
[16] 轉引自李儼：《李善蘭年譜》，《李儼錢寶琮科學史全集》第八集，第336頁。

往，使李善蘭對吳嘉善的數學才能刮目相看。幾年後，他在為華蘅芳的《開方別術》作序是說：「余所譯所著各種算書，自謂遠勝古人，當今之世，能讀而盡解之者，惟吳太史子登及華君爾。」

李善蘭在著述之餘，時常與一些文人、畫家切磋交流。張鳴珂《寒松閣譚藝瑣錄》自序中稱：「辛酉（即1861年）避亂海上，日與公壽、劍人、壬叔、鼻山，談藝甚樂。」張鳴珂這裡的公壽，即前面已講到過的胡公壽，劍人即是蔣劍人，鼻山即是書法家胡震。

就在李善蘭躲進書齋成一統之時，大名鼎鼎的兩江總督曾國藩卻對他起了納賢招才之意。

鴉片戰爭的失敗和太平天國運動的遍地烽火，讓清王朝的一些有識之士看到了中國存在的問題，認為要解決「內憂外患」，就必須要「自強」、「求富」，通過引進和學習西方科學技術，興辦近代軍事工業和民用工業，並相應地改革軍事、外交、文化教育和某些政府機構，來振興國家抵禦外侮。這就是歷史上有名的「洋務運動」或者叫「同光新政」。「洋務派」的主要人物，在中央有奕訢、桂良、文祥，在地方官僚中有曾國藩、李鴻章、左宗棠等。

當時任兩江總督的曾國藩，從中國一敗再敗於西方列強，以及他自己與太平天國的作戰經歷中，深切地體會了用西方現代科技的強大威力。他因此催請清政府用西方先進武器裝備軍隊，在《覆陳購買外洋船炮折》中更是明確提出「購買外洋船炮，為今日救世之第一要務。」

曾國藩也認識到用銀子購買輪船槍炮只是權宜之計，歸根到底還得學習西方先進技術，自己製造船炮：「購成之後，訪募覃思之士，智巧之匠，始而演習，繼而製造，不過一二年，火輪

船必為中國官民通行之物，可以剿髮逆，可以勤遠略。」認為要「期永遠之利」，就得要「師夷智以造炮、船」，他曾明確說過：「欲求自強之道，總以修政事、求賢才為急務，以學作炸炮、學作輪舟等具為下手工夫。但使彼之所長，我皆有之，順則報德有其具，逆則報怨亦有其具。」在這樣的指導思想下，他決心要發展中國自己的科技力量，從而與西方列強相抗衡。咸豐十一年（1861年），曾國藩率軍攻陷皖南重鎮安慶，他就著手組織研製熗炮、輪船，創設了「安慶軍械所」，這是洋務派仿製西方武器的第一個兵工廠。同時曾國藩又各方招攬科技人才，充實力量。1861年冬，在江蘇巡撫薛煥的「訪求」下，徐壽、華蘅芳兩位「才能之士」來到了安慶擔任「技術幕僚」。

李善蘭作為當時最有名望的數學家，尤其是著有《火器真訣》這樣的彈道學著作，當然是在曾國藩的搜羅視野之內。於是，經郭嵩燾的推薦，李善蘭離開了上海，來到安慶軍械所。《李壬叔徵君傳》在記述此事時說：

> 時方崇尚算術，名公巨卿，爭欲延致之。而湘鄉相國曾文正公，尤以名學相契，重聘入戎幄，兼主書局。遇機謀要害，謀慮審決，言言中肯，蓋其得於算學者至精也。

《李壬叔徵君傳》為其養子崔吟梅所著，言辭間當然不無誇張，但曾國藩求賢若渴，對李善蘭這樣的數學大家格外重視，也是實情。

李善蘭是何時來到安慶大營的？一般的說法是王韜所說的「同治初年」。王韜在《瀛壖雜誌》卷四中說：「海昌李壬叔茂才名善蘭，一字秋紉，精疇人家言，為吳門陳碩甫先生高足弟子……咸豐壬子來滬……同治初年，徵至（曾國藩）幕中，自此

蹤跡遂與闕絕矣。」[17]「同治初年」具體是哪一年，則並無詳細記載。考《華蘅芳家傳》：「咸豐十一年，（華蘅芳）隨曾文正至安慶軍，領金陵軍械所事，與（徐）壽同繪圖式，自造黃鶴輪船。」在這年冬天，曾國藩特片保舉人才，稱：「（趙烈文）先生博覽群書，留心時務。同保者五人：周弢甫、方元徵、劉開生，及無錫華若汀、徐雪村也。」[18]又據傅蘭雅《江南製造總局翻譯西書事略》稱，同治元年曾國藩保舉徐壽、華蘅芳，又召到安慶府。由此可知，李善蘭與徐壽等六人並不是一起為曾國藩所保舉。而同治元年（1862年）徐壽父子、華蘅芳到安慶時，李善蘭尚未在，否則以李善蘭之大名，傅蘭雅肯定會提到。又容閎在《西學東漸記》中稱：「同治二年九月抵安慶，晤故人張斯桂、李善蘭、華若汀、徐雪村等。」則至少在同治二年（1863年）時，李善蘭已在安慶軍械所了。可知李善蘭到達安慶應在1862年至1863年間。查曾國藩日記，在同治元年四月二十日下赫然記著：

拜周縵雲、李壬叔、鄧彌之，已正歸。[19]

以兩江總督之尊，當然不可能經常去「拜訪」周縵雲、李善蘭、鄧彌之這樣的學者。合理的解釋是，李善蘭等三人因是初到，尚是「客卿」的身分，為了表示對遠來客人的尊重，也為了體現禮賢下士的風度，故曾國藩就特意去看望了一次。這也是李善蘭的名字第一次出現在曾國藩的日記中，而在此後的幾年中，曾國藩的日記時有提到「李壬叔」，這也可說明這是曾國藩第一

17 王韜：《瀛壖雜誌》，第77頁。
18 陳乃乾：《陽湖趙惠甫年譜》（續），《學術界》第二卷第二期，1944年三月十五日，上海。轉引自李儼《華蘅芳年譜》，《李儼錢寶琮科學史全集》第八集，第353頁。
19 曾國藩：《曾國藩全集·日記》（1－3冊），嶽麓書社，1987年7月，第742頁。

次見到李善蘭。如果這樣的推斷是正確的話，那麼，李善蘭到達
安慶軍械所的時間應在同治元年（1862）四月二十日的前幾天。

李善蘭在安慶軍械所時的身分，可以說是曾國藩的幕僚。
《李壬叔徵君傳》中說：「由是贊畫多年，文正益深依賴。」似
乎李善蘭成了曾國藩的心腹智囊，這恐怕是過譽之辭，不可太當
真。曾國藩的幕僚中，其人才之多，在中國歷史上也是數一數二
的，以致於有「神州第一幕府」之稱。也是曾國藩幕僚的容閎曾
有評論說：「當時各處軍官，聚於曾文正之大營者，不下二百
人。大半皆懷其目的而來。總督幕府中亦百人左右……。凡法
律、算學、大文、機器等專門家，無不畢集，幾於舉全國之人才
精華，彙集於此。」[20]即使是較為有名的，起碼有七八十人。據
統計，曾幕中經其舉薦以後官至總督者有13人，巡撫者有13人，
提鎮、布政、道府者有100人，如李鴻章、彭玉麟、郭嵩燾、左
宗棠、劉蓉、羅澤南、李元度、丁日昌這樣的重臣等都是曾藩的
幕僚出身。在這樣的人才庫中，像李善蘭這樣的數學名家大概只
能作為專業人員發揮作用，很難成為核心人物。薛福成在《敘曾
文正公幕府賓僚》中，李善蘭被歸入「以宿學客戎幕，從容諷
議，往來不常。或招致書局，並不責於公事者」的二十六人常
中，與莫友芝、俞樾、王開運、方宗誠、張文虎、戴望並稱「才
高學博，著述斐然可觀。」[21]可見地位並不甚高。事實上，從現
有的有關曾國藩的記載中，並沒有發現李善蘭獻計獻策的事例。
從此後的情況看，曾國藩徵召李善蘭的目的，主要是為了籌建書
局。所謂「重聘入戎幄，兼主書局」，其實「入戎幄」是虛，
「主書局」才是實。因而，在金陵書局成立之前，李善蘭在曾幕
中，基本上也就是一個清客而已。但既是幕僚，也就算是曾國藩

[20] 容閎：《西學東漸記》，湖南人民出版社，1981年1月，第74頁。
[21] 薛福成：《薛福成選集》，上海人民出版社1987年版，第633-634頁。

身邊的人，關係也還比較密切。曾國藩雅好圍棋，而李善蘭從小就喜歡下棋，兩人倒成了一對棋友。曾國藩在日記中，多次提到與李善蘭下圍棋：

（同治一年十二月初八）申正與柯竹泉圍棋一局，又觀柯與李壬叔一局。

（初十日）旋與李壬叔圍棋二局。

（十二日）李善蘭來，與同圍棋一局。

（十四日）旋閱本日文件，未畢，李壬叔來，再圍棋一局。

（二十七日）旋與李壬叔圍棋二局，見客二次，閱本日文件甚多。

（同治二年一月初一）李壬叔來，圍棋二局。

（二十二日）中飯後至幕府一敘，見客三次，內坐見者一次，李壬叔來談，圍棋一局，方存之來久談。

（三月二十一日），旋閱本日文件，又與李壬叔圍棋二局，核改批箚各稿。

（六月初九）早飯後清理文件，李壬叔來久坐，圍棋二局。

（十七日）李壬叔、張嘯山、張魯生來，圍棋一局，又觀張與李一局。

（九月十六日）未刻，周縵雲等來，與李壬叔圍棋一局。[22]

曾國藩酷嗜圍棋，他年輕時有兩個嗜好：一個是吸水煙，一

22 曾國藩：《曾國藩全集·日記》（1–3冊），嶽麓書社，1987年7月，第834頁到934頁。

個是下圍棋。後來，水煙戒了，對圍棋的興趣卻始終不減，每天必下一局乃至數局。據說他在34歲時，曾在端午節發下重誓，戒掉圍棋，否則「永絕書香」。但不過一月便又破了戒，以至他在日記中罵自己是「全無心肝矣」。自此習慣漸成，非此不可，早飯後下一局已成「定式」。有時興致上來而無人對弈，他便獨自一人擺擺棋譜以自遣。即使在他右眼失明後，也只是略減棋興。直到同治十一年逝世前，仍是每天兩局圍棋、一則日記。曾國藩下棋無非是生活習慣，其意在排遣心情、調劑公務。大概在棋道上用功不多，所以棋力其實並不甚高。據說當時的國手周小松曾讓過曾國藩九子，把曾國藩的棋分成九塊，每塊僅兩眼而活。從周小松與曾國藩兩人的性情而言，這個傳說多半無稽，但曾國藩圍棋水準不高，也是不爭的事實。而李善蘭下圍棋也和曾國藩一樣，雖然從少年時就嗜好圍棋，但人到中年，仍屬於棋癮很大而水準不高一類，他們兩人下棋倒也甚為相得。王韜在同治二年十月致吳嘉善的信中說：「李君壬叔，獻策軍中，談兵席上，茲在皖南，未聞奇遇，豈《火器真訣》不遑　試其所言耶？」[23]，似乎為李善蘭在曾幕中未能一展其軍事才能而遺憾。王韜雖為李善蘭朋友，但同是文人，對李善蘭的所長所短，所知其實遠不如曾國藩這樣的絕世英雄來得透徹。在曾國藩看來，李善蘭於政事征伐並沒有什麼高明之處，其不可多得之處在於他的專業知識，所以李善蘭在曾國藩府中「未聞奇遇」，也是一件很自然的事。

　　李善蘭到安慶一年後，向曾國藩推薦了他的兩位朋友張文虎和張斯桂。曾國藩在同治二年五月二十一日的日記中記載了此事：

---

[23]　王韜：《瀛儒隨筆》，見《王韜日記》，第206頁

> 又李壬叔帶來二人，一張斯桂，浙江蕭山人，工於製造洋
> 器之法；一張文虎，江蘇南匯人，精於演算法，兼通經
> 學、小學，為阮文達公所器賞。[24]

　　這段時間，李善蘭居住在南城任家坡，與錢泰吉、張文虎、華蘅芳、徐壽、莫友芝、鄧瑤、孫衣言、周學濬、方宗誠、方駿謨等來往密切，探討學問，「此數人者，每朝往來，屢次集會，所察得格致新事新理，共相傾談，有不明者彼此印證」。[25]

　　在這年的九月，李善蘭還向曾國藩引薦了他在上海時的朋友容閎。容閎字達萌，號純甫。廣東香山人。14歲時入澳門馬禮遜學堂。道光二十七年（1847）赴美留學。後考入耶魯大學，成為畢業於美國大學的第一個中國留學生，不久加入了美國籍。咸豐五年（1855）回國。先是張斯桂秉承曾國藩的旨意，寫信給容閎，請他到安慶軍械所來。容閎曾在1860年到南京訪問過太平軍，向干王洪仁玕提出了包括政治、經濟、軍事和文化教育等方面的七項建議，這是中國近代史上第一個主張學習西方，實行資本主義改革以使國家富強的施政綱領。洪仁玕大加讚賞，封以四等「義」爵官印一方。因張斯桂（容閎在他的回憶錄《西學東漸記》中誤作「張世貴」）與容閎只是泛泛之交，所以容閎聽到曾國藩召見，不明所以，「竟殊驚詫」，怕曾國藩「疑予為奸細，欲置予於法，故以甘言相誘耶？」就推說生意正忙，無法脫身。兩個月後，張斯桂又給容閎來信，為取信於容閎，在信中附上了容閎的老朋友李善蘭的信。容閎與李善蘭在上海時就已認識，容閎對李善蘭極為佩服。「此君為中國算學大家，曾助倫敦傳道會

24　曾國藩：《曾國藩全集・日記》（1－3冊），895頁。
25　傅蘭雅：《江南製造總局翻譯西書事略》，見黎難秋等編《中國科學翻譯史料》，第413頁。

中教士惠來（即偉烈亞力）翻譯算學書甚夥。中有微積學，即予前在耶路大學（即耶魯大學）二年級時，所視為畏途，而每試不能及格者也。」李善蘭在信中對容閎說，他這時也在曾國藩的幕府，在曾國藩面前對容閎「極力揄揚」，說容閎受美國教育，1857年賴容閎之力才捐得巨款賑饑。又說容閎「其人抱負不凡，常欲效力政府，使中國得致富強」等等。信的最後，說曾國藩現在有一極重要事，要專門請容閎去辦，請容閎迅速前往。還說有「某某二君（應是指徐壽、華蘅芳），以研究機器學有素，今亦受總督之聘，居安慶云。」容閎這才「疑團盡釋」，放下心來，七月間又得到了張斯桂和李善蘭的信，於是在九月間來到安慶。[26]容閎來到安慶後，被曾國藩聘辦洋務。他向曾藩提出，中國要建設機器廠，必須首先建立「機器母廠」，即能夠造機器的機器廠，用這個「母廠」製造出來的各種製造工具，就可以用來製造槍炮、農具、鐘錶和其他機械。這是一個在中國近代工業發展史上有著重大意義的建議。曾國藩聽從了容閎的想法，立即於同治二年十月[27]派容閎攜銀六萬八十兩，由上海出發，取道歐洲，到美國考察有關機器廠事宜並採購機器。1865年容閎回國，將所購機器併入江南製造總局，以後發展為國內最大的兵工廠。1870年曾國藩同意容閎建議，向清廷奏請選派四批留學生赴美，開創近代中國留學教育之先河。容閎於洋務運動的貢獻不可謂不大，而李善蘭引進容閎這樣的「海歸」，也算是他在曾府幕僚期間的一件大功吧。

---

[26]　容閎：《西學東漸記》，第69-71頁。

[27]　容閎去歐洲採購機器的時間，不少論著稱是同治二年九月。大概是從容閎的《西學東漸記》中：「予此行抵上海，為一八六三年十月」推斷出來，西曆的十月即農曆的九月。《曾國藩日記》同治二年十月二十三日載：「見客，立見者三次，坐見者三次，李壬叔、容純甫等坐頗久。容名光照，一名宏，廣東人，熟於外洋事，曾在花旗國寓居八年，余請之至外洋購買制器之器，將以二十六日成行也。」則應在十月起程。見《曾國藩全集‧日記》（1－3冊），第944頁。

金陵書局

隨著湘軍對太平天國作戰的節節勝利，曾國藩等開始著手對遭受戰亂摧殘的傳統文化進行恢復和建設。太平天國運動借助西方宗教形式，對傳統文化採取破壞態度，「所至之地，倘遇書籍，不投之於溷廁，即置之於水火，遂使東南藏書之家，蕩然無存。」浩劫之下，江南一帶的藏書遭受重創。為了重建文化秩序，曾國藩設立書局，以有組織地刊刻經史典籍。

1862年，曾國藩決定校訂出版《船山遺書》。《船山遺書》是明末大思想家王夫之的著作合集。王夫之改造後的程朱理學所形成的「新船山主義」對湖湘文化的形成影響極大，曾國藩本人也極力推崇王夫之所宣導的經世致用之學風，所以他重建文化秩序的第一步，即是刊印這位本鄉大思想家的著作，以表彰這位當時仍「其名寂寂，其學亦不顯於世」的湘學前輩。王夫之的著作卷帙浩繁，出版工程浩大，為了以示重視，曾國藩讓其弟曾國荃負責此事，並於1863年在安慶「捐廉三萬金設局」，專門建立了書局。當時安慶大營內一批著名學者，如汪士鐸、劉毓崧、劉壽曾、莫友芝、張文虎、洪汝奎、唐仁壽、倪文蔚、戴望、成蓉鏡等，當然也包括了李善蘭，都參與了這項工作，而曾國藩本人也親自參與了校閱。《船山遺書》一直到同治四年（1865）才告完成，全書共計收著作56種288卷，史稱「金陵本」、「曾刻本」，這也是金陵書局出版的第一部書。

同治三年，湘軍攻佔天京後，曾國藩立即著手修復江南貢院，並於當年年底舉行了停擱多年的江南鄉試，取士273名。一時間，「兩江人士，聞風鼓舞，流亡旋歸，商賈雲集。」曾國藩同時將書局遷到金陵，於金陵城南鐵作坊置局，稱之為「金陵書

局」。[28]而在安慶大營內的參與《船山遺書》編校工作的學者也隨之到了南京。

李善蘭是在同治三年（1864）九月由安慶乘船，經過6天的旅行後到達金陵，[29]同行者有張文虎、謝晉少、丁聽彝、劉開生等。後來，周學濬、華蘅芳、錢子密等也先後來到金陵。一路上，戰亂後的荒涼混亂給李善蘭等留下了深刻的印象，在張文虎的日記中，多次有「時遊勇充斥，頗有劫案」、「悍卒遊民遍街市」等記載。

書局遷到金陵後，經過一系列的籌建，各項章程由李鴻章批准，於同治四年七月正式開張。金陵書局的經費出自鹽務餘款，「每年約可六千金，每月五百金」，具體的用度是：「寫手六人，發刀十五人，挑清四十人，一日出字六千，一月出字十八萬，計刻資二百八十八千。校勘薪水支銷外，贏餘以為紙料、印工之資。其書發坊貨賣，所入亦添作經費，永為常例。」[30]

到金陵書局後不久，李善蘭被曾國藩保舉為訓導。張文虎在同治四年正月十七日的日記中記：「接節相飭知，去歲十一月十八日匯奏克復金陵案內，以予與壬叔保舉訓導，廿七日奉上諭，准以訓導，不論單雙月，遇缺即選。」[31]大概曾國藩對在安慶大營時的李善蘭較為滿意。

金陵書局編輯人員並不多，包括張文虎、李善蘭等大致在

---

[28] 金陵書局於同治五年三月遷至江寧府學飛霞閣。《張文虎日記》同治六年三月十四日：「午後，與縵老、壬叔往看飛霞閣，以節相命遷於此故也。」同治六年三月十七日記：「遷局飛霞閣」。李善蘭在同治五年四月初四致方謹讓的信中稱：「書局前月移飛霞閣」。張文虎：《張文虎日記》，陳大康整理，上海書店出版社，2001年12月。第85頁。

[29] 《張文虎日記》同治三年九月十五日載：「未刻，同李壬叔由安慶小南門馬頭上船。」同治三年九月二十一日載：「未刻，抵金陵水西門。」九月二十二日記：「謁節相，少談」。張文虎：《張文虎日記》，第1頁、第2頁。

[30] 張文虎：《張文虎日記》同治四年六月二十四日。第53頁。

[31] 張文虎：《張文虎日記》，第20頁。

七八人，以周學濬[32]為負責人，稱為「提調」。[33]金陵書局刻印的主要是六經和二十四史，如《論語》、《大學》、《毛詩》、《史記》、《漢書》、《後漢書》等，其中以張文虎校勘的《史記》最為著名。李善蘭作為數學名家，似乎在書局的出版上所做並不甚多。在張文虎的日記中，並無李善蘭校勘書籍的記載，倒記了不少李善蘭與朋友遊山玩水，喝酒下棋的事。可能是這段時間李善蘭並無什麼事可做，因此，他的棋癮特別的大：

> （同治四年五月十五日）壬叔與小香對局，近晚而歸。
>
> （同治四年五月十七日）壬叔與栗誠對弈，負。出至緩老處……壬叔復與小香、小雲弈，至晚而散。
>
> （同治四年閏五月十五日）壬叔與魯生爭棋不勝，拍案叱吒，怒形於色，同人為之笑倒。
>
> （同治四年八月十五日）寄雨復與壬叔對局，寢已將四更。[34]

李善蘭飲酒似乎跟他的棋藝一樣，也是癮頭大而酒量一般，與文朋詩友「對酌」、「共飲」之際，動不動就「頹然矣」、「頹然醉矣」。從這裡也可見與同事們相處得甚為融洽。而他與曾國藩的關係也相當不錯，在張文虎日記中多次有曾國藩與李善蘭等宴飲、長談的記載。但對李善蘭的「西洋觀」，他周圍的朋

---

[32] 周學濬字緩雲，烏程人。道光二十四年榜眼及第，官御史，督學廣西學政。清杜文瀾《憩園詞話》卷四稱：「同治甲子，時侍御（即周學濬）與李壬叔、張嘯山諸學博，迭為賡唱。

[33] 《張文虎日記》同治六年四月十日載：「緩老來，言節相派定書局六人：汪梅岑、唐端甫、劉伯山、叔俛、壬叔及予，仍以緩老為提調。」同年十二月朔日載：「書局凡七人：汪梅岑、唐端甫、劉叔俛、戴子高、周孟餘（輿）、恭甫、壬叔與予也。」提調則仍為周緩老。張文虎：《張文虎日記》第87頁，第116頁。

[34] 張文虎：《張文虎日記》，第39頁－63頁。

友們似乎並不認可：

> （孫）潤之深服西人格物之精、圖繪山川之巧，而極詆耶
> 穌之荒謬，又痛惡佛、道兩教，與予意頗合。壬叔則口應
> 而心不然也。[35]

> （純甫）言，有佛蘭西行教在高麗者聚其堂，雇上海人往
> 彼扣其王陵，將取其棺以市其贖。扣一日夜竟堅不能入，
> 其國人至，遂而毆之，斃三鬼子，餘逃回滬，為高麗人
> 所發，牽連佛、英、彌三國人。純甫故與彌利堅領事某交
> 熟，因以責之，將嚴究此案。壬叔每言西國風俗敦厚，今
> 亦不能曲為之解矣。[36]

　　顯然，張文虎等人對李善蘭的「言西國風俗敦厚」是很不以
為然的。這可能也是後來李善蘭離開傳統文化氣圍強烈的金陵書
局，而來到由傳教士主持的同文館的一個原因吧。

　　在金陵書局的這幾年中，李善蘭的主要精力集中在兩樁事
上，一是重新出版《幾何原本》，二是出版《則古昔齋算學》十
四種。

　　李善蘭與偉烈亞力合譯的《續幾何原本》，雖在咸豐八年
由墨海書館初刻，但「印行無幾而板毀」，流傳不廣。李善蘭對
《幾何原本》看得極為重要，他到安慶後不久，向曾國藩提出要
再次刻印《幾何原本》。李善蘭對曾國藩說：「此（指《幾何原
本》）算學家不可少之書，失今不刻行復絕矣。」當時百廢待
興，曾國藩無暇顧及此事。在金陵書局，李善蘭再次向曾國藩要

<hr>

[35] 張文虎：《張文虎日記》同治四年四月十五日，第35頁。
[36] 張文虎：《張文虎日記》同治七年五月二十二日，第141頁。

求刊刻《幾何原本》，這次曾國藩答應資助，由金陵書局刊刻出版。由於《續幾何原本》初版時，韓應陛邀請張文虎加於校核，所以這次還是由張文虎校核。爾後又想到如果沒有前六卷，則「初學無由得其蹊徑」，而戰亂過後，「書籍蕩泯」，包含《幾何原本》前六卷的叢書《天學初函》也是「世亦稀覯」，於是「並取六卷者，屬校刊之」，把徐光啟與利瑪竇合譯的前六卷重校。由李善蘭「補定數處」，再請張文虎「復審」，與李善蘭和偉烈亞力合譯的後九卷合在一起出版，這就是金陵書局15卷本的《幾何原本》。

金陵書局15卷本《幾何原本》在同治四年五月底由張文虎「復審」完，[37]在同治四年八月（1865年9月）刻畢，並由曾國藩作序。李善蘭曾為作序事於這年八月專門給曾國藩寫了一封信：

宮太保相侯閣下：

江干叩別，屈指十旬，瞻戀之枕，與時俱積。比聞前茅所至，逆寇輒靡，蕩此幺麼，當不費時日。惟賊騎飄忽，東擊西奔，非各省會剿不能根誅淨盡也。竊謂世變之來，天必預生一非常之人以挽回之。昔洪水之災，預生大禹；楊、墨之害，預生孟子，考之史冊，莫不比然。故汾陽之預生，以平祿山也；新建之預生，以擒宸濠也。然則大君子誕降之辰，天即以重任付之矣。今粵逆既平，捻、回未滅，被賊之區，皆額手望公，以解倒懸。而封章屢有

37 張文虎：《張文虎日記》同治四年閏五月廿六日記：「校《續幾何原本》。此書原譯六卷，為明時意大里亞利瑪竇所譯，徐文定公刊入《天學初函》。其後九卷，英吉里偉烈亞力所譯，壬叔筆受。咸豐間，華亭韓綠卿中翰屬予校正付刊，印行無幾而板毀於寇。今年春節相重刊，自三月迄閏月刊成。今復重刊前六卷合行之，壬叔為補定數處，屬予復審。」第48頁。廿七日記：「校《續幾何原本》訖。」第48頁。其中「英吉里」原作「英夫里」，疑形誤，今改。

退讓之詞，何以慰蒼生之望？且亦非上天生公之意也。林泉頤養，須俟海宇肅清，今尚非其時也焉。

善蘭以九九小數，偶得微名，公不以末技輕之，既適館授餐，又以拙著猥登梨棗，使星星爝火，得附日月而常明，感激之深，莫可名狀。今《幾何原本》十五卷，俱已刻畢，專俟弁首大序，所謂一經品題，聲價十倍，幸始終成全之。蒙諭先印百部，此間紙貴，已託人購之江西矣。肅函。敬請鈞安，統希垂鑒，不宣。

善蘭叩首　八月初六日

曾國藩在信下注曰：「同治四年九月初一到」。印批：「應覆。」[38]從曾國藩的批語看，應該給李善蘭回了一信，但現在尚未看到。

曾國藩在序言中對《幾何原本》甚為推重，稱之為：「徹乎《九章》立法之原，而凡《九章》所未及者無不賅也。致其知於此，而驗其用於彼，其如肆力小學而收效於群籍者歟？」

當然，此文並非是曾國藩親筆。當時曾國藩正忙於與捻軍作戰，無暇親自為《幾何原本》作序。以曾國藩的地位，請人代作也在常情之中，但這次卻似乎託了兩人。張文虎在同治四年六月初四日（1865年7月26日）的日記中記：

代節相作《幾何原本》序。

但曾國藩的兒子曾紀澤同時也作了《幾何原本》序。曾國藩在同治四年七月二日的日記中記：

---

[38] 見曾國藩：《曾國藩未刊往來函稿》，中國社會科學院近代史所編，嶽麓書社1986年1月版。其中「捻、回未滅」作「捻、回未減」，疑形誤，今改。

紀澤寄到《幾何原本》序，似明算理，文亦清矯。[39]

張文虎代作的序撰於六月初四。依常理推測，既是曾國藩所吩咐所作，自然會迅速寄出。而在約一個月後，曾國藩又收到了曾紀澤所作的序。很可能張文虎所作不甚合曾國藩之意，故曾國藩又令曾紀澤另作一篇，而曾紀澤所作被認為「似明算理，文亦清矯」。以曾國藩教子之嚴厲，有此八字評語，則可認為是相當滿意了。曾國藩在同治四年八月二十一日給「諭紀澤、紀鴻」的信中又說：

再，澤兒前寄到之《幾何原本》序，盡可用得，即由壬叔處照刊，不必待批改也。末書某年某月曾△△，不寫官銜，不另行用宋字，不另寫真行書。[40]

「前寄到之《幾何原本》序」，即是七月初二日日記中所說的《幾何原本》序。

同治四年九月二十五日「諭紀澤」的家書中又說：

《幾何原本》序付去照收。[41]

「盡可用得」、「照刊」、「不必待批改」，話說得如此肯定，又連刊印時的具體格式都吩咐得一清二楚。而九月二十二日的信中則可能是曾國藩將自己修改過的序再交給曾紀澤。如果

---

[39]　曾國藩：《曾國藩全集・日記》，第1164頁。
[40]　曾國藩：《曾國藩全集・家書》，第1213頁。
[41]　曾國藩：《曾國藩全集・家書》，第1219頁。

這樣的推斷成立的話，那麼，基本可以認為金陵書局版《幾何原本》序的原作者當為曾紀澤。而且，曾紀澤的文集中也收進此文，並一本正經地寫著：「代家大人作」。文後附注：「先太傅批云：『文氣清勁，筆亦足達難顯之情。』在此注下，又附有署「嵩燾拜識」的一段話。[42]大概曾紀澤自己對此文也頗為得意吧。但有意思的是，在張文虎的文集中，卻也收入了這一序文。一般說來，張文虎膽子再大，也不敢將曾紀澤的文章歸入自己名下。考慮到張文虎曾在日記中明確記載為曾國藩作《幾何原本》序，則有可能是後人想當然將此文誤收入張文虎的文集中。或者是曾紀澤是在張文虎原作的基礎上作了較大的修改，所以兩人都認為自己有署名權。當然，這只是推測而已，《幾何原本》序的原作者究竟為誰，還需進一步辯證。但不論如何，既是署了曾國藩的大名，則曾國藩對《幾何原本》的重視是不言而喻的。

　　除了校補《幾何原本》，李善蘭在金陵書局的最主要工作是編輯刊刻他的算學全集《則古昔齋算學》。

　　其實，編輯自己的算學全集，是李善蘭幾年來的願望。1860年他到蘇州做徐有壬的幕僚，帶去了他的全部著述，就是想借徐有壬的資助來出版算學全集。但不幸的是，蘇州失守，全部著作全成劫灰。到了金陵書局後，李善蘭又決意要出版《則古昔齋算學》，他數次請求曾國藩資助。1866年，曾國藩在上海籌建江南機器局（即江南製造總局）時，給李善蘭「郵致三百金」，請他「取篋中諸書盡刻之」。而李善蘭在1860年蘇州城破後，一直在多方收集自己的手稿和著述，並請「友人轉相傳錄副本，收羅多年，盡得舊物。」這樣，李善蘭的宿願終於能夠實現了。與此同時，李鴻章也資助李善蘭重刊《重學》20卷並附《圓錐曲線說》

---

[42]　曾紀澤：《曾紀澤遺集・文集》，嶽麓書社，1983年版，第133頁。

3卷。

由於李善蘭的算學著作有的出版已有多年，需要修訂，有的是輾轉鈔錄，難免有疏漏之處，因而，李善蘭就請算友們幫助他校訂《則古昔齋算學》。《張文虎日記》同治五年十月五日記載：「鐵皮輪船至，送到姚衡堂先生回信，知叔文已入學，其《對數探原》已抄就，由子慎交壬叔矣。」顯然，這本《對數探原》是為了作校勘用。

到了次年春，著名藏書家莫友芝為《則古昔齋算學》署檢。這年的九月，李善蘭為《則古昔齋算學》作自序。《則古昔齋算學》收集了李善蘭20多年來的算學著作，其有十三種二十四卷。[43]具體為：

《方圓闡幽》一卷，（馮焌光校）

《弧矢啟秘》二卷，（張文虎校）

《對數探原》二卷，（賈步緯校）

《垛積比類》四卷，（曾紀澤校）

《四元解》二卷，（曾紀鴻校）

《麟德術解》三卷，（汪曰楨校）

《橢圓正術解》二卷，（汪士鐸校）

《橢圓新術》一卷，（徐壽校）

《橢圓拾遺》三卷，（華蘅芳校）

《火器真訣》一卷，（孫文川校）

《尖錐變法解》一卷，（吳嘉善校）

---

43 李善蘭在同文館期間，又著有《考數根法》，題為「《則古昔齋算學》十四」。故也有稱《則古昔齋算學》十四種的。又：陳奐在《師友淵源記》中的回憶，李善蘭還有一些著作，未見於《則古昔齋算學》，即《群經算術》、《數學一歸》、《四元釋》、《橢圓捷法》、《八線數新術》等，可能在戰火中散失了。

《級數回求》一卷，（徐建寅校）

《天算或問》一卷。（丁取忠校）

各書的校核者，都是當時第一流的算學家。[44]

《則古昔齋算學》大致在同治六年（1867年）出版。張文虎在同治六年十一月十三日和同治六年十一月十九日的日記中稱「燈下閱壬叔新刊《天算或問》」，「燈下閱壬叔《天算或問》」，則最後一卷《天算或問》在這年的年底也已出版。

《則古昔齋算學》的出版，了結了李善蘭的一大宿願，其欣喜可想而知。同治六年四月，《則古昔齋算學》尚刊刻了一半，他就按捺不住心頭喜悅，在給朋友方駿謨（字元徵）的信中，自得之情溢於言表：

> 元徵尊兄先生有道：
>
> 　　金陵一別，轉轉三秋，相念之深，未嘗去懷。前年承惠木瓜，至今未謝。弟之疏懶，又在愷生上已。咋了可世兄信來，言兄近患疥，須急治之。徐有良醫否？西人治法，熬豬油拌研甲礬□厚塗之。乾即再塗，日夜無間，三日可盡結痂，仍塗不已，總求殺盡疥蟲而止。請試之，甚有驗也。書局前月移飛霞閣，山色江光，浮動几席間，日日憑窗吟眺，神仙不足道也。惜賢喬梓途在徐州，不能共

44　有意思的是，即使是這些數學專家，也似乎不能完全理解李善蘭的思想。張文虎在日記中記載了他認為李善蘭書中錯誤的地方：「同治六年十一月十三日，燈下閱壬叔新刊《天算或問》。求句股弦無奇零一條，謂大小兩數有等者，大數為股，小數為句弦較，依法求得句股弦必無奇零。今如法求之殆不然，小數在大數中半以上者，固以大數為股，其不及中半者，則當以大數為句。當云大數或為股，或為句，小數或為句弦較，或為股弦較，然不能無奇零，其立法非也。」據洪萬生研究，這是張文虎沒有理解李善蘭所提供的解法。或許可認為李善蘭的數學水準確在同儕之上。

用此樂耳。去冬忽奉赴總理衙門之旨，以《算學》未刻
竣，力辭不就。不以一官之榮，易我千秋事業也。《幾何
原本》、《重學》俱已刷印，惟《則古昔齋算學》僅刻一
半，大約七八月間方能了事耳。半生心血，幸不隨劫灰同
盡，今且得盡行於世，丈夫志願畢矣。更何求哉！更何求
哉！老兄聞之，定復代我稱賀也。專函敬候起居。無任
神往。

　　弟善蘭叩頭

　　　　　　　　　　　　　　　　　四月初四日

　　把《則古昔齋算學》的出版提到了「千秋事業」、「丈夫志
願」的高度，連呼「更何求哉！更何求哉！」李善蘭對自己算學
成就的評價也在其中了。

　　李善蘭為何要把他的算學全集命名為「則古昔齋」？「則古
昔」一詞出於「《禮記‧曲禮上》：「毋勦說，毋雷同；必則古
昔，稱先王」。

　　據《禮記》舊注，所謂「毋勦說」，就是不要「挈取他人
之說以為己說」，所謂「毋雷同」，就是不要「聞人之言而附和
之」。顯然，李善蘭把他的算學全集稱為「則古昔齋」，其意並
不在於「以古昔為則」，而是落實在「毋勦說，毋雷同」上。
「則古昔齋」正是以此表明他在數學研究上的獨創精神，也表明
了他對自己著述的自負和期許。

　　除了這《則古昔齋算學》十三種，李善蘭在此後的幾年中，
又陸續著有《九容圖表》、《測圓海鏡解》、《考數根法》、
《造整數勾股級數法》（又稱《級數勾股》）等數學著作。

　　但在李善蘭的構想裡，他的「則古昔」大廈遠未止這十多
種。數學史研究專家李儼藏有李善蘭的遺墨《則古堂算學目錄》

一紙，共有：《方圓闡幽》三卷、《弧矢別徑》三卷、《對數探原》三卷、《垛積圖譜》五卷，《海鏡別解》五卷、《四元解》二卷、《數學一得》十卷、《十三經算術》十三卷、《開方圖法》十卷、《四元啟蒙》四卷、《授時術細草》七卷、《回回術細草》七卷，《時憲術細草》十四卷、《海鏡廣》十二卷、《日晷解》三卷、《橢圓捷法》三卷，共十五種104卷。這裡的《方圓闡幽》三卷、《對數探原》三卷和《四元解》二卷，雖然與《則古昔齋算學》中的書名相同，但肯定是準備作重大修改的。在這一《則古堂算學目錄》下，李善蘭附注：「今日為始，十年為期，必成此多種，以上報天地。」[45]然而，「則古堂算學」的工程量如此浩大，顯然不是逐漸走向衰老的李善蘭所能完成的。事實上，這裡的十五種著作都沒有問世。李善蘭空有絕世之學，無奈天不假年，思想只能隨著身體的消亡而消失，令人發一浩歎。

---

[45]　見李儼：《李善蘭年譜》，《李儼錢寶琮科學史全集》第八卷，第340頁。

第七章　算學教習

徵入同文館

　　李善蘭在金陵書局忙於整理出版他的《則古昔齋算學》之時，成立才五年的中國歷史上第一個國家外交事務的專門機構——總理各國事務衙門，也就是常說的總理衙門，徵召他進京，擔任京師同文館的算學教習。

　　這次推薦李善蘭的，仍是洋務派的重臣郭嵩燾。張文虎在同治五年十月二十日的日記中載：「接壬叔信，知以廣撫郭瀛仙保舉精通西人演算法，兵部火票咨浙撫，咨送入京。」[1]「郭瀛仙」當作「郭筠仙」，因音近而筆誤。郭嵩燾字伯琛，號筠仙，當時任廣東巡撫。郭嵩燾與李善蘭初識於墨海書館，此後一直有所交往。作為湘系經世派的代表人物，郭嵩燾力主學習西方科學技術，傳播西方文明，因而對李善蘭十分倚重，繼推薦入曾國藩幕府後，這次又薦他入京師同文館。

　　京師同文館的設立，是晚清的一件大事。

　　1861年1月，清廷的新政領導恭親王奕訢等感到在外交事務上沒有通曉外國語言文字的譯員，易受欺弄，於是奉請開辦專門學堂以培養翻譯人才。1862年，奕訢在英國駐華使臣威妥瑪的幫助下，請英籍傳教士包爾騰充任教習，1862年8月24日在北京正式設立京師同文館，這是洋務運動中興辦的第一所洋務學堂，附屬於總理各國事務衙門。同文館於1862年開設了一個英文館，接著又相繼開設了法文館德文館、俄文館和日文館。同文館的主要目的是培養辦理洋務所需的翻譯人才，以便畢業後能出任公職，尤其是作為參加國際交涉的政府代表，所以，初期的同文館實際

---

[1]　張文虎：《張文虎日記》，第68頁。

上是一所單純的外語學校。

後來，奕訢等認識到，要實施強國新政，光有與外國人交流的人才是遠遠不夠的，還得有自己的「格物制器」即科學技術的專業人才，而「製造機器必須講求天文算學」，於是，在1866年，「議於同文館內添設一館」，即「天文算學館」。1866年底，奕訢領銜的開設天算館的奏摺中說：「因思洋人製造機器、火器等件，以及行船行軍，無一不自天文算學中來。現在上海、浙江等處講求輪船各項，若不從根本上用著實功夫，即習學皮毛，仍無裨於實用。臣等公同商酌，現擬添設一館……舉凡推算格致之理，製器尚象之法……倘能專精務實，盡得其妙，則中國自強之道在此矣。」把開設天算館提到了事關中國富強的高度。他又提出，要從「滿漢舉人及恩、拔、歲、副、優貢」等科舉人才中招收天算館的學生，並聘請外國專家教授，「務期天文、算學，均能洞徹根源。」[2]這實際上是要以西學來改造中國的科舉人才，無疑是十分超前而大膽的。這也體現了洋務派對開設天算館的重視和厚望。於是，從1867年起，同文館招收30歲以下的秀才、舉人、進士、翰林，以及科舉出身的五品以下官吏入學，厚給薪水，住館學習算學。

李善蘭正是在這樣的背景下，被郭嵩燾推薦來同文館的。

郭嵩燾推薦的同文館算學教習有兩人。除了李善蘭，還有一位是以李善蘭並列晚清八大數學家之一的鄒伯奇。[3]鄒伯奇是個純粹的學者，對仕途並不感興趣，所以他以有病為由，不應徵召。可惜的是，當第二年總理衙門奏請催促李善蘭與鄒伯奇入

2　中國史學會主編：中國近代史資料叢刊：《洋務運動》（二），上海人民出版社，1961年版，第22-23頁。

3　鄒伯奇（1819－1869）字特夫，廣東省佛山人。《南海縣誌》稱他「尤精於天文曆算，能萃薈中西之說而貫通之，為吾粵向來名儒所未有。」

京，李善蘭於1868年進入同文館，而鄒伯奇卻在次年就因病去世。否則「萃薈中西之說而貫通之」的鄒伯奇，與李善蘭共入京師同文館任算學教習，以兩人之成就，在推動中西算學融合上當更有可觀。

李善蘭在接到同文館的徵召後，也「力辭不就」，他說自己的病雖已無大礙，但精神仍是萎靡不振，進京路怕受不了舟車勞頓。請不要規定期限，等身體恢復後，就來同文館報效國家。[4]但真正的原因是他此時正忙於《則古昔齋算學》的出版，在李善蘭看來，這顯然比做京官更為重要，正所謂「不以一官之榮，易我千秋事業也。」也正因為這樣，等到《則古昔齋算學》於1867年底順利出版，在總理衙門的再次催促下，李善蘭就離開金陵書局，北上京師同文館。

李善蘭進入同文館的具體時間。一般有1868年和1869年兩個說法。

1868年入京的根據，一是《清史稿·疇人傳二》：「同治七年，用巡撫郭嵩燾薦，徵入同文館，充算學總教習、總理衙門章京，授戶部郎中、三品卿銜。」二是王韜《瀛壖雜誌》卷四注稱：「壬叔以同治戊辰入都，為天文館總教習。」同治戊辰即是1868年，李儼在《李善蘭年譜》中認為：「李善蘭入京時間或作戊辰（1868年）或作已巳（1869年），惟比較以戊辰年入京為可信。」但李儼先生對此未作具體考證。洪萬生也認為「李善蘭大約在1868年底入京」。[5]

---

[4]　同治六年7月16日（1867年8月15日），總理各國事務恭親王，覆奏給事中周星譽奏理材用人宜量為變通一摺後，又片奏稱：「據李善蘭稟稱，病雖稍痊，精神委頓，難勝舟車之勞，惟乞不定限期，俟病勢脫體，報國有日」，見《籌辦夷務始末》，同治朝卷五十第七頁，轉引自朱有瓛主編《中國近代學制史料》第二輯上冊，第34頁－35頁。

[5]　洪萬生：《〈張文虎日記〉中的李善蘭》，臺灣《中華科技史同好會會刊》，2002年第六期。

但我認為，李善蘭到同文館的時間以1869年更為確切。

丁韙良寫於光緒丁丑年的《李壬叔先生序》稱：「李壬叔……總署延為同文館算學教習，在京授演算法，於茲八載。」[6]光緒丁丑年即1877年，去除「八載」，即是1869年。

席淦《抱膝居士遺稿》稱：「李壬叔師天算，集中西大成，己巳年應詔來都，掌教天文館，余從遊十八年。」[7]同治己巳年即是1869年。

崔敬昌《李壬叔徵君傳》中說：「總理衙門設天文算學館，議舉主政者，郭筠仙侍郎以舅父應。同治八年奉召入都，欽賜中書科中書。」

丁韙良是同文館總教習，席淦是李善蘭的弟子，接任李善蘭為同文館算學教習，崔敬昌是李善蘭的外甥，後過繼給李善蘭為子，他們的回憶當是可靠的。反倒是王韜，自墨海書館後，周遊列國，與李善蘭再未見面，所以才把李善蘭誤稱為「總教習」。事實上，同文館只有一個總教習，那就是丁韙良，李善蘭是天文、算學館的教習，可見王韜對李善蘭此時的行蹤也很可能是輾轉聽說而來。至於《清史稿》中的「同治七年」，應是指「用巡撫郭嵩燾薦，徵入同文館」這一事。

事實上，對李善蘭離開金陵書局到北京的行蹤，《張文虎日記》中有兩處記載：

（同治七年十月廿七日）張魯生來拜，言壬叔以月初至滬，天津輪船已停止，入都之行猶未定也。

（同治八年三月十六日）段標自夷場歸，呈李壬叔

6　見《格致彙編》第二年，夏季冊，1877年出版。轉引自李儼《李善蘭年譜》，《李儼錢寶琮科學史全集》第11卷，第341-342頁。

7　轉引自李儼《李善蘭年譜》，《李儼錢寶琮科學史全集》第8卷，第342頁。

信，即知上輪船，不及往送。

　　可以這樣推斷，李善蘭是在同治七年的十月初（即1868年11月底）離開金陵到上海，準備從上海乘船到北京，但由於沒有輪船，所以「入都之行猶未定也」。上海是李善蘭生活過八年的地方，他在上海的外國租界裡（當時稱為「夷場」）一呆就是幾個月，一直到第二年的農曆三月中旬（即1869年的4月20多日）才離開上海乘輪船上北京。「不及往送」云云，當時張文虎接信與李善蘭離滬相差時間不長。

　　從曾國藩的日記中，也可以佐證這一推測。

　　曾國藩同治七年七月十三日的日記中記：「李壬叔來，與之圍棋二局。」七月十七日有：「莫子偲、李壬叔來一談。說話稍多，乏甚，小睡。」七月二十一日有：「中飯後閱本日文件，周縵雲來，因至幕府，與之久談，李壬叔來，又與圍棋二局。」這時候的曾國藩，正在兩江總督任上，而莫子偲、周縵雲等是金陵書局人，可見其時李善蘭尚在金陵書局。在同治八年的日記中，四月二十五日記：「申正，李壬叔來久談。」四月二十七日記：「中飯後閱本日文件。與李壬叔圍棋二局。」[8]五月初三日記：「早飯後清理文件。李壬叔來一談，回京。」[9]

　　曾國藩於同治七年八月調任直隸總督，同治八年（1869）四月的時候，曾國藩應該在保定的總督府中。李善蘭於這年的三月中旬離開上海赴京，一個月後，途中經過保定，當然要看望曾國藩，於四月二十五日至曾府拜訪，二十七日下了兩盤棋，五月三日向曾國藩告辭，到同文館上任去了。

　　而李善蘭同文館同事方根拔的一封信也可從一個側面佐證

8　此兩則均見曾國藩《曾國藩全集‧日記》，第1639頁。
9　曾國藩：《曾國藩全集‧日記》，嶽麓書社，1987年7月，第1641頁。

這一點。1869年5月，《有關中國和日本的箚記和答問》（*Notes and Queries on China and Japan*）刊發了偉烈亞力推薦的李善蘭的「中國定理」，李善蘭的同文館同事德國人方根拔認為這個定理是錯的，他就寫信給這本雜誌。在信中他說：「偉烈亞力先生給出『判斷任何數是否為素數』的規則，這是由天才的、能幹的當地數學家李善蘭發現的，李氏最近由中國政府任命，在同文館教授數學，同文館隸屬於總理衙門。」1869年5月發表「中國定理」的雜誌在香港，方根拔在北京看到這一雜誌，給雜誌寫信，已是1869年9月。而李善蘭農曆五月初三從保定進京，到同文館的時間大致西曆6、7月份，正切合方根拔所說的「李氏最近由中國政府任命，在同文館教授數學」。倘李善蘭進同文館是一年前的事，「最近」云云，又從何說起？

所以，準確地說，李善蘭是在1868年底離開金陵書局入京，但進同文館時卻已是1869年。王韜說「以同治戊辰入都」，倘指離開金陵書局而言，也不能說是錯了。

李善蘭入京時，張文虎專門寫了一首《送壬叔以算學徵入同文館》詩。詩中寫道：「貫徹中西別著書，言皆心得理非虛；遂知梅氏藩籬淺，北薛南王更唾余……人言此去非輕出，數學昌明萬古空。」[10]雖是朋友之間的應酬之作，但也可知李善蘭在當時學術界的聲譽之隆。

---

[10] 張文虎：《舒藝室詩存》卷六，轉引自洪萬生《從兩封信看一代疇人李善蘭》，第二屆科學史研討會匯刊，1989年3月。

考數根四法

　　進入京師同文館後，李善蘭被聘任為天文、算學科教習，在同文館的所有專業教習中，僅李善蘭一人是中國人，從這個意義上，李善蘭實是中國歷史上第一位真正意義上的教授。

　　同文館中的李善蘭，雖已步入晚年，但在教學之餘，仍孜孜不倦地研究數學。這時期他的主要興趣在數論研究上，寫下了中國素數論上最早的一篇論义《考數根法》，這也是李善蘭一生中最後一部重要著作。

　　所謂素數，是指一個只能被1和它本身整除的數。在中國古代，素數被稱為「數根」。最早介紹素數這一概念的是康熙時梅瑴成等編撰的《數理精蘊》，在這一書中，把素數稱之為「數根」，並給出了1～100000的素因數分解表及十萬以內的素數表，此外還有1～100000的十位對數表，間隔為10〃的七位三角函數表等，但當時未引起學術界的重視。一直要到李善蘭與偉烈亞力合譯的《續幾何原本》出版後，素數方才引起中國數學家的注意。《續幾何原本》卷一第十一界說：「數根者，唯一能度而他數不能度。」素數在數論研究中佔有重要研究地位。尋找出素數的分布規律，一直是數學家們研究的一個重要課題，幾千年來，歷代數學家都希望能找到一個數學公式，把全部素數都表示出來，因而也在數學史上留下了許多著名的猜想，如「歌德巴赫猜想」、「孿生素數猜想」、「黎曼猜想」等，人們相信它們是正確的，可是卻很難得到證明。而李善蘭是中國第一個對素數進行深入研究的數學家。

　　李善蘭研究素數的第一項重要成果，是所謂的「中國定理」。

　　大致在1869年，李善蘭在研究中發現了一個判斷素數的方法，但他自己還不是十分的肯定，就把這個發現寄給偉烈亞力，希望偉烈亞力找一個西方的數學家來鑒定。這封信現在當然是看不到了，所以也無法知道李善蘭的原文是怎樣的，但偉烈亞力把這一李善蘭發明的方法表達為：

> 以2的對數乘給定的數，求出其真數，以2減同數，以給定數除餘數，若能除盡，則給定數為素數；若不能除盡，則不是素數。

　　表達為現在的數學語言，就是：設n為已知自然數，如果2^n-2是n的倍數，那麼，n是素數，否則n就不是素數。熟悉數學史的人知道，這實際上是著名的「費馬（Fermat）定理」的逆命題。[11]

　　李善蘭的這種判斷素數的方法，只是他自己的一個推斷，也許經過了一些初步的驗算，但並沒有進行嚴格的證明，命名為「李善蘭猜想」更為合適。但偉烈亞力出於對李善蘭數學成就的景仰，接到這一封信後，十分高興，作為李善蘭多年的朋友，他覺得有必要把這一成果公開。於是，1869年4月他回國途經香港時，把李善蘭的這一方法譯成英文，投寄給香港的一家英文雜誌《有關中國和日本的箚記和答問》（*Notes and Queries on China and Japan*），並給編輯寫了一封信，信中說：

> 幾天以前，我在筆記本上匆匆記下了這個定理，它是由中

11　1640年，費馬發現了這一定理：如果n為素數，a為任意自然數，那麼，aⁿ－a是n的倍數。李善蘭的方法，是這一定理當a＝2時的逆命題。而這個逆命題實際上是不成立的。「中國定理」雖然在大多數情況下可以成立，但也有許多使「中國定理」不成立的反例，而對於一個「定理」來說，只要有一個反例就足夠推翻了。

國數學家李善蘭發明的，他的名字在歐洲公眾面前出現過
已不止一次。我會毫不遲疑地說：在他來說，這是一個
純粹獨立的發現，故我認為借貴刊一角以公諸於世是值得
的。貴刊的一些科學讀者也許能指出歐洲書中是否也有類
似的規則。[12]

　　1869年5月，此信便被冠以「中國定理」（Chinese Theorem）
之名發表在這家雜誌，「中國定理」之名由此而來。而一旦被稱
為「定理」，立即就變得樹大招風了，何況這是一個被西方認為
數學十分落後的中國人發明的一個定理。
　　李善蘭在把定理交給偉烈亞力後，又把這一判斷素數的方
法告訴了同文館的同事德國人方根拔（J. von Gumpach），想聽
聽他的意見。方根拔在同文館裡是一個很有名的人物，不但自以
為是，也很喜歡批評別人。他狂妄地宣布要推翻牛頓的萬有引力
說，而代之以他自己的所謂「空間壓力說」。他還認為地球的兩
極不是扁平的而是凸出的，像一個檸檬。一次在他途中遭遇暴
雨，把他的書籍沖到了道旁，一片狼籍。同文館總教習丁韙良安
慰他不要難過，他竟然說，這場大雨把我的20年成果毀於一旦，
看來牛頓的學說又可苟延殘喘好幾個世紀了。[13]如此狂妄且愛好
「矯詞強辨」的一個人，看到李善蘭的「中國定理」，自然要信
口雌黃了。方根拔在看到偉烈亞力的信後，就寫信給雜誌，批評
李善蘭的「中國定理」，他說：

---

[12]　A. Wylie. A Chinese Theorem. Notes and Queries on China and Japan. 1869（May）
　　．（5）:73。轉引自韓琦《李善蘭「中國定理」之由來及其反響》，《自然科學史
　　研究》，1999年第18卷第1期。
[13]　丁韙良：《同文館記》，原載W.A.P.Martin:A cycle of cathay,1896,Chalter Ⅶ，見黎
　　難秋：《中國科學翻譯史料》，第448頁。

在*Notes and Queries*第3卷第5號73頁，偉烈亞力先生給出「判斷任何數是否為素數」的規則，這是由天才的、能幹的當地數學家李善蘭發現的，李氏最近由中國政府任命，在同文館教授數學，同文館隸屬於總理衙門。這個規則可表述如下：「以2的對數乘給定的數，求出其真數，以2減同數，若能除盡，則給定數為素數；若不能除盡，則不是素數。」偉烈亞力先生詢問：歐洲是否也知道相似的規則。據我所知，情況並非如此。並且一二天以前，李善蘭先生也把他的定理交給了我，因此使我想起偉烈亞力先生的短評，就此問題作一些評述，在這裡也許不會不合適吧！

從李善蘭先生的敘述方式來看，很明顯他是通過試驗一些比較小的數經驗性地指導出他的規則來的；他沒有抓住它的原理：他賦予這個規則過分的價值；若沒有證明此真理的數學必然性以前，把它看作一個定理，他是沒有道理的。

實際上，方根拔錯誤地把李善蘭的方法改寫成了：若（2^x-2）/x為整數，則x為素數。因此，李善蘭的「中國定理」固然不完全正確，而方根拔的批評更是錯誤百出毫無意義。[14]從方根拔對「中國定理」的批評可見，同文館中外國教習的水準也是良莠不齊，而他們對剛到同文館來的中國教習，可能也並不友好。

在方根拔之後，又有一位麥克格雷爾（W. Mcgregor）也在同一本雜誌上發表看法，認為：

---

[14] 汪曉勤：《中西科學交流的功臣——偉烈亞力》，第11頁。

為達到一個定理的尊嚴，李善蘭規則需要如此說：取任何素數x，以任何數u的對數（log）乘，求出其真數，以u減之，以給定素除，這樣就沒有餘數。當然，此定理沒有特別的價值：以適當的記號表達：當x為一素數時，（ux-u）/x=一個整數。

也是認為李善蘭的方法不夠嚴密，存在著例外。

還有一位名R.A.J.的歐洲人（即R. Alexander Jamieson，漢名詹美生，英國的新聞記者，曾擔任《北華捷報》和《字林西報》的總編輯。）他認為，在方根拔的文章中，「李善蘭的定理的陳述被不正確地給出」，「方根拔先生在表述李善蘭的公式時，指控它笨拙，這是沒有被事實證明的」。這是十分正確的。R.A.J同時指出：

> 李氏規則只是一個特例，非常狹義，是一個定理的不完善地發展的事例，此定理和17世紀一樣的古老，並且我認為，每一位高中生對它（直到我讀方根拔先生的文章時）都是熟知的。它被稱作「Fermat定理」。[15]

但R.A.J沒有能指出「中國定理」存在的錯誤，而是認為它「的確能夠判別素數。」

一篇純學術的論文，竟引來了如此巨大的反響，招致了如此激烈的批評，這顯然不能簡單地認為是當時學術空氣的濃厚。方根拔等人對「中國定理」的批評，實際上隱含著一個前提，那就是他們不能承認，在素數研究這樣一個前沿的數學研究領域中，

---

[15] 見韓琦《李善蘭「中國定理」之由來及其反響》，《自然科學史研究》，1999年第18卷第1期。

一個中國人竟能走在歐洲人的前面。當然，「中國定理」是不成立的，但問題在於，方根拔等人對「中國定理」的否定，並沒有說到點子上，他們甚至對李善蘭的本意都沒有完全理解。從「中國定理」的爭論中，是約略可以看出中國科學走向世界歷程之艱難。

《有關中國和日本的箚記和答問》上的爭論，李善蘭是否看到不得而知，但李善蘭與方根拔是同文館中的同事，以方根拔之性格，自然會公開指責李善蘭「中國定理」之缺陷。而老朋友偉烈亞力作為這場爭論的引發者，肯定也會把爭論的始末、爭論的關鍵告訴李善蘭，況且李善蘭跟傅蘭雅、艾約瑟等一些西方學界人士也來往密切，所以李善蘭雖身在同文館，但外界對「中國定理」的批評他肯定是瞭解的。也正是這個原因，在發現「中國定理」的錯誤以後，他更為深入地研究素數，吸收了「中國定理」爭論中合理的因素，終於在三年後寫出一部素數研究的專著：《考數根法》。[16]

《考數根法》最早連載於同治十一年（1872）《中西聞見錄》第二、第三、第四號，全文共7000字。李善蘭撰寫這篇論文的時間也應該在這個時間。華蘅芳《行素軒算稿》第一種《開方別術》刊刻於1872年，李善蘭在為這本書所作的序中稱：「金匱華君若汀創立數根開方法。數根者，他數不能度，唯一可度之數也。凡開方之實也，必為諸數根連乘之積，而開得之元數，必即實中一數根或即實中若干數根相乘之數。」對數根的性質闡述得十分清楚。而在《開方別術》的撰寫過程中，李善蘭對華蘅芳也作過指導：「余又告以倒開法……倒開法以商數除實，自上而下，逐層加減而除之，不必至隅，但除之不盡，即知商數非元數，則簡易之中又簡易焉。」可知在此期間，李善蘭一直在進行

---

16 以下以關《考數根法》的論述，參考了嚴敦傑的《中算家的素數論》（上、下）、洪萬生的《同文館算學教習李善蘭》、李迪等主編《中國數學簡史》等著作。

著素數研究。在這篇序文中，他又說：

> 此卷為《行素軒算稿》第一種，已自空前絕後，他日盡出
> 其蘊以問世，余又烏能量其所至耶？余近著《考數根四
> 法》，華君倘能一一詳解之，亦可與此卷相輔而行也。

可見此時《考數根法》剛完成不久，並且李善蘭對自己的這
篇論文也較為滿意。

光緒二十八年（1912）的《湘學報》上全文轉載了《考數根
法》，鄭重強調：

> 考數根古無其法，自海寧李壬叔先生始創為之，其理極精
> 深、極準確。惟僅見《中西聞見錄》中，傳本甚稀，故特
> 重刊以貽學者。

可見當時學界對《考數根法》的推崇。

《考數根法》是中國近代素數理論最早的論文。在《考數根
法》中，李善蘭開宗明義便說：「凡他數不能度盡，唯一可以席
盡者，謂之數根，見《幾何原本》。然任舉一數欲辨是否數根，
古無法焉，精思沉久，得考之之法四，以補《幾何》之未備。」
也就是說，這篇論文提出了判斷素數的四個方法。這四個方法分
別是：

> 屢乘求一考數根法：法以用數之諸方積，或大於本
> 數或大於本數之半者，與本數相減，餘為乘法。乘法自
> 乘或再乘，以本數度之不盡；復以乘法乘之本數度之，不
> 盡；復以乘法乘之，本數度之，如此遞求，至不盡數為諸

正數或諸負數而止。乃計共用乘法若干次，以次數乘用數
之方數，為泛次。若不盡數為一或一之負數，則泛次即定
次。若為諸方積或為諸方之負數，則以其方數減泛次，為
定次。以定次度本數，若所餘非一，則本數非數根。若餘
一，則視定次為何二數相乘之積。其相乘數為偶者，即為
遞加數；為奇者，倍之為遞加數。乃置一，加一遞加數，
再加一遞加數，如此遞加以遞除本數。恰盡即止。若至得
數小於法，仍不恰盡，則本數是數根。

「屢乘求一法」是李善蘭判別素數的主要定理，其他三個
「天元求一法」、「小數回環法」、「准根分級法」都要應用到
這一方法。研究者認為，這一方法包涵了費馬小定理，而其中李
善蘭在舉例中判斷351是合成數的例子中，也指出費馬定理的逆
定理不成立，可見他已清楚地認識了「中國定理」的缺陷。

　　　天元求一考數根法：法以用數之諸方積，大於本數或
大於本數之半者，與本數求得一。以其天元數為乘法，如
前屢乘屢度，至得諸正數或諸負數而止，以不盡之方數加
泛次為定次。餘如前法。
　　　小數回環求數根法：凡本數為法以除一，皆成回環不
盡之小數，其回環數有正負相間者，有有正無負者，視有
幾位而得回環，以其位數代前法之定次。餘如前法。[17]
　　　準根分級考數根法：多位數用此法便。法以本數減
一，半之為總分，視總分為若干小數根相乘之積，以此諸

---

[17] 華蘅芳：《循環小數考》說：「其所謂回環數，即迴圈數也；本數即分母也，定
次即迴圈之位數也。依李氏術，似可從分母求得位數，惟言回環數有正負相間者
尚未考得。」

根為乘次之準，乃以用數準最大根，用超乘補乘法，乘若
干次為第一級。以本數度之，若餘數為一或為負一，則不
須再乘。若不得一，則以餘數準次大根，用超乘補乘法，
乘若干次，為第二級。以本數度之，其餘數若為一或為負
一，則不須再乘，若不得一，則以餘數準第三根，再乘
之。如此乘至總分而止。仍不得一，則本數非數根。若諸
級之未得一或負一者，再用遞加遞除本數，以定是數根否
也。若得用數之諸方積或負數者，本數非數根，若乘次未
滿級，忽得一，則本數非數根。若得用數之諸方積或負數
者，則視其定次。與級數不等者，非數根。等者再用遞加
數定之也。

　　《考數根法》是清末數論研究的最為重要的成果。一般認
為，從《考數根法》可以看出，李善蘭已得到等價於費馬小定理
和歐拉定理的理論，並且意識到它們的逆定理不真。不僅如此，
李善蘭素數判定定理還補足了費馬小定理和歐拉定理不夠充分的
條件，是非常可貴的成就。李善蘭的考數根四法，其中一、三、
四三種方法的理論基礎一致。屢乘求一考數根法可由計算經驗得
出，天元求一考數根法有古法可循，準根分級考數根法素因數分
解較為直觀。但小數回環求數根法較為獨特，這究竟是來自大量
推算經驗，還是有一定理論基礎，還有待於進一步探討。[18]
　　《考數根法》對當時的數學家頗有影響，如華蘅芳的《數
根術解》、《求乘數法》、《數根演古》等對有關素數的理論作
過研究。但華蘅芳的研究顯然沒有超越李善蘭，他甚至還沿用了
「中國定理」的錯誤，以李、華兩人關係之密切，華蘅芳竟會不

[18] 見李迪主編：《中華傳統數學文獻精選導讀・考數根法》，湖北教育出版社，
1999年11月，第735頁。

充分汲取李善蘭的研究成果，這實在是件令人費解的事。

　　這一年李善蘭已是63歲，雖然還不算太老，但他的身體一直不大好，又忙於教導學生，所以儘管思維依舊敏銳，此後卻再也沒有寫出數學上的力作，因此，《考數根法》也就成了他晚年的最後一部著作。他在《考數根法》上自題：「《則古昔齋算學》十四」，把《考數根法》列為《則古昔齋算學》的第十四種，可見他對此書的看重。

合中西為一法

　　同文館的天文算學館，雖已在1867年設立，但開始時並不理想。在奕訢等人的計畫中，天算館的學生是「招收滿漢舉人及恩、拔、歲、副、優貢，漢文業已通順年在二十歲以外者」及「前項正途出身五品以下滿漢京、外各官年少聰慧願入館學習者」，並要求翰林院編修、檢討、庶吉士及進士出身之五品以下京外各官也入館肄業。」但這一方案招致翰林院掌院學士、協辦大學士倭仁等守舊派的極力反對，認為要翰林院的學士來同文館接受洋人的再教育，簡直是奇恥大辱，而當時社會上對聘洋人為師也存在著很大的抵觸情緒。當時有記載說：「自倭仁倡議以來，京師各省士大夫聚黨私議，約法阻攔，甚至以無稽謠言煽惑人心，臣衙門遂無復有投考者。」[19]「天文、算學招考正途人員，數月於茲，眾論紛爭，日甚一日。或一省中並無一二人願投考者，或一省中僅有一二人願投考者，一有其人，遂為同鄉、同

---

[19]　《總理各國事務奕訢等折》，《籌辦夷務始末》同治朝卷四十八。轉引自熊月之：《西學東漸與晚清社會》，第331頁。

列之所不齒。」[20]在這種情形下，要那些已有科舉功名的士人到同文館來做洋人的學生，重新學洋文、學天文算學，實在是勉為其難了。因此一開始根本招不到想要招的學生，半年內報名的只有98名，並且沒有一名是正途出身，到考的只有72名，錄取了30名，又因為基礎實在太差，半年後退學20名，剩下的10名無奈之下併入舊館。同文館此時已瀕臨夭折。這種情形，一直要到1870年才開始改變。同文館由不學無術者混跡其中的閒散之地成為一所真正意義上的college，主要是三個方面的原因。一是生源上，從上海的廣方言館和廣州同文館中選拔優秀人才進館；二是管理上，丁韙良任總教習（相當於現在大學裡的教務長）後，推行了一系列的措施，改革了課程設置，使之更為有效率而切實用；三是在師資上，李善蘭的到來，使得天算館有了一位真正意義上的教授。當時同文館的教習中，大都是教英語、法語、德語和俄語的外國人，中國教員只有四名，其中三名教中國語文，只有一名是教天文、算學的，那就是李善蘭。可想而知，在李善蘭之前，同文館中幾乎是沒有一名真正的算學專家的。

　　據《京師同文館館規》，當時同文館的學生，分八年制和五年制兩種。八年制「由洋文而及諸學」，五年制「僅藉譯本而求諸學」。

　　八年制的課程設置是：

首年：認字寫字，淺解辭句，講解淺書。

二年：講解淺書，練習句法，翻譯條子。

三年：講各國地圖，讀各國史略，翻譯選編。

四年：數理啟蒙，代數學，翻譯公文。

五年：講求格物，幾何原本，平三角弧三角，練習譯書。

20　《通政使司通政使於凌辰折》，中國史學會主編：《洋務運動》（二），上海人民出版社1961年版，第39頁。

六年：講求機器，微分積分，航海測算，練習譯書。
年：講求化學，天文測算，萬國公法，練習譯書。
八年：天文測算，地理金石，富國策，練習譯書。

五年制的課程設置是：
首年：數理啟蒙，九章演算法，代數學。
二年：學四元解，幾何原本，平三角弧三角。
三年：格物入門，兼講化學，重學測算。
四年：微分積分，航海測算，天文測算，講求機器。
五年：萬國公法，富國策，天文測算，地理金石。

從課程設置中可以看出，這兩種學制，尤其五年制中，數學占的分量很重，像重學、天文、航海測算等課程，也極有可能由李善蘭教授的，從這個意義上講，李善蘭的教學特色、教學品質直接影響著整個同文館。

作為初期和中期同文館唯一的算學教習，李善蘭是在一無憑藉的情形下開展教學工作的。顯然，當時是不可能有專門的近代科學的教材的，因此，李善蘭把兩類書作為天算館的教材。西方近代科學用他自己翻譯的西方科學著作，算學則用他自己的算學著作以及對他影響較大的經典中算書籍。第一類教材主要體現在重學、幾何原本、微分積分、代數學、天文學等課程中。這是十分明智的，幾乎可說是唯一的選擇，因為引進最早、品質最高的就是李善蘭所翻譯的《代數學》、《重學》、《代微積拾級》等書，而對年過花甲的李善蘭來說，重新編纂一本新教材已是力不從心，以自己的翻譯的西書做教材，可謂駕輕就熟，可以深入地把自己的獨到見解傳授給學生。現在已看不到同文館當年所用教材的記載，但從同文館的大考、月考試卷中，尤其是李善蘭指

導，他的學生席淦、貴榮選編的《算學課藝》[21]中，可以大致推測所用的是什麼教材。

　　《算學課藝》是同文館學生的習題彙編，收錄了李善蘭的學生席淦、汪鳳藻、貴榮、陳壽田、杜法孟、熊方柏、胡玉麟、楊兆鋆、蔡錫勇等52人的試卷和習作，共198題。裡面有不少題目與李善蘭所譯西書中的相關內容基本相同。如《算學課藝》卷2第26題：「六面體內容八面體，其二體比例若何」。這與《幾何原本》卷15「論體五」第3題：「有正六面體，求所容正八面體」，基本相同。《算學課藝》卷1第47題：「有滑車以一索懸二重於兩邊，甲重八兩，乙重三兩，求第一秒甲乙下上行尺寸若干？」《重學》卷10「論物向地心之理」第一款中有一題：「假如庚為八十一兩，乙為八十兩，求一秒所過之路及所產生之速率若干？」兩題也基本相同。光緒十二年大考洋文算學第4題：「有甲乙二人各有銀若干，乙贈甲銀十五兩，則甲銀等於五倍乙銀；甲贈乙銀五兩，則甲乙銀相等，求原有銀若干？」《代數學》卷1「論一次方程」中例題：「甲乙二人通商算賬，但云甲原銀若倍之與乙算訖，則得五百兩；又云乙原銀一百兩與甲算訖，則二人所得之銀等，問其賬若何？」兩題也相仿。

　　因此，大致可以推斷，《幾何原本》、《代數學》、《重學》、《代微積拾級》等李善蘭翻譯的西書應該是同文館的教材。[22]

　　算學教學中，李善蘭最為重視的教材，是對他影響深遠的《測圓海鏡》。《測圓海鏡》是金、元時期的著名數學家李冶所著，全書共12卷，170問。李善蘭自青年時應試杭州，購得此書

---

[21]　《算學課藝》於光緒六年出版，題：同文館算學教習李壬叔先生閱定，副教習席淦、貴榮編次；肄業生陳壽田、胡玉麟、熊方柏、李逢春同校。

[22]　見郭金海：《京師同文館數學教學探析》，《自然科學史研究》2003年第22卷。

後，反復研讀，細細體味，對其一生的學術影響極大，把它作為教材也就在情理之中了。在《算學課藝》中，有不少題目是從《測圓海鏡》中來的，如《算學課藝》卷3第34題：「有圓城，甲出北門東行二百步而立。乙出南門直行回望見甲，與城三相直，復斜行至甲處，共行五百六十步，求城徑若干？」顯然是改編自《測圓海鏡》卷4「底勾一十七問」第7題：「（假令有圓城一所不知周徑），乙出南門直行不知步數而止，甲出北門東行二百步見之，復就乙斜行四百二十五步與乙相會，問答同前（即求城徑若干）。」據學者統計，《算學課藝》中跟《測圓海鏡》中相同或相近的題目共42題，占了總數198題的1/5，名列第一，比列第二的力學多出12題，成為重點中的重點。[23]

光緒二年（1876）同文館鉛印版印行李冶的《測圓海鏡》，在序言中，李善蘭說：

少習《九章》，以為淺近無味，及得讀此書，然後知算學之精深，遂好之至今。後譯西士代數、微分、積分諸書，信筆直書，了無疑義者，此書之力焉。蓋諸西法之理，即立天元一之理也。今來同文館，即以此課諸生，今以代數演之，則合中西為一法矣。丁君冠西（即丁韙良）欲以聚珍版印古算學，問余何書最佳，余曰莫如《測圓海鏡》。丁君曰：「君之學得力此書最多，將以報私淑之師耶？」余曰：「然」。然中華算書實無有勝於此者，請讀阮文達公之序，始知非余阿私所好也。[24]

這是一段很值得細讀的文字，除了知道李善蘭對《測圓海

---

23 見郭金海：《京師同文館數學教學探析》，《自然科學史研究》2003年第22卷。
24 諸可寶：《疇人傳三編》李善蘭傳。

鏡》的推崇外，更可窺見他的教學特色。

《測圓海鏡》所討論的問題大都是已知勾股形而求其內切圓、旁切圓等的直徑一類的問題，它是中國古代論述容圓的一部專著，也是天元術的代表作。天元術與現在代數中列一元方程解應用題的方法基本一致。天元術是世界上最早的半符號代數學，在中國傳統數學發展中是一個重要的創造，是符號代數學的開端。由此可見，天元術的思想與《代數學》、《代微積拾級》中以代數方法求解應用問題的思路有相同之處，正如偉烈亞力在他與李善蘭合譯的《代數學》序中說：「代數術略與中土天元之理同，而法則異。」由於天元術與代數學在思路上的相近，所以從青年時就研讀《測圓海鏡》的李善蘭，在翻譯代數學、微積分諸書時，能夠「信筆直書，了無疑義」。李善蘭更由此悟出：「諸西法之理，即立天元一之理也。」他把《測圓海鏡》作為同文館教材，不僅僅是因為此書對他一生治學影響深遠，更在於它與西方現代數學的共通之處。他在講授此書時，「以代數演之」，就是用西方代數學方法來理解中國的大元術，希望學生能通過研讀此書，由此及彼，深入透徹地理解西方現代數學，「合中西為一法」。

同文館總教習丁韙良在評價李善蘭時說：「李氏是個才具很高的人，除了中國學問以外，又因與偉烈同譯數學天文的教科書，對於西人治學的方法，也頗有理解。」[25]正由於較為全面地理解和掌握了西方的治學方法，所以，李善蘭能把「合中西為一法」的教學思想貫穿於天文算學館的大多數課程中。五年制學生第二年所學的「四元解」、三年所學的「重學測算」中，也同樣有著中西一法的特色。《疇人傳》中說：

---

[25] 丁韙良：《同文館記》，轉引自黎難秋：《中國科學翻譯史料》，第436頁。

昔者借根方法進呈，聖祖仁皇帝論蒙養齋諸臣曰，西洋人
名此書為阿爾熱巴拉，譯言東來法也。於是悟借根之出天
元，梅氏發之於前，今知變四元為代數，京卿（即李善
蘭）證之於後。如於《重學》卷中附天元數草，課同文館
生，演海鏡以代數，非欲學者因此識彼究其一致乎？

在同文館的算學歲試題目中，李善蘭也貫徹了「合中西為
一法」教學思想。1870年的歲試，是李善蘭到館後的第一次算學
歲試，此前同文館中只有外國語言的歲試，因李善蘭的到館而於
1870年增設算學和格物兩科。在這張試卷中，第13、14、15題分
別是：

> 十三題：今有人販牛馬，三馬五牛賣銀八百兩；五馬三牛
> 　　　　賣銀一千一百二十兩，問馬、牛價各若干？
> 十四題：某村人口一千五百，婦人較男子多一半，小兒較
> 　　　　男、婦加倍，試問男、婦、小兒各若干？
> 十五題：有一數以十三約之餘一，以十一約之餘三，以七
> 　　　　約之餘二，試推其數若干？[26]

顯然，像這樣的試題，既可用「天元術」來求解，也可以
用「代數學」來求解，「合中西為法」的用心在此體現得十分
明顯。

同樣，在學生的解題方法中，也顯示合中西為一法的特
色。從《算學課藝》看，同文館學生在求解一元或多元線性方

---

[26] 1870年同文館歲試算學題見《教會新報》第三期，上述試題轉引自洪萬生《同文
館算學教習李善蘭》，臺灣《近代中國科技史論集》，1991年，第256頁。

程（組）時，所設的未知數用中算傳統的「天」、「地」、「人」、「物」來表示，而常數、未知數的冪次、分數、計算符號則採用了李善蘭在《代數學》、《代微積拾級》中的符號，化簡、消元採用初等代數求解一元或多元線性方程（組）的方法，最簡方程用傳統中算中的縱記法來表示，求根又採用西方筆算開方法。這樣做，應該是為了具體運算時表達的簡捷，但中西合一的特色是很明顯的。

可見「合中西為一法」實是李善蘭整個教學活動中的基礎思想。《清史稿‧疇人傳》：「（李善蘭）課同文館生以《海鏡》，而以代數演之，合中西為一法，成就甚眾。」李善蘭的這種教學方法，取得了明顯的成效，也得到時人的認可。丁韙良在《李壬叔先生序》中就很有感慨地說：

> 嗚呼！合中西之各術，紹古聖之心傳，使算學後興於世者，非壬叔吾誰與歸？

「合中西之各術，紹古聖之心傳」，丁韙良雖是　外國人，這兩句話卻是概括得十分的確切。

李善蘭「合中西一法」的教學模式，對提高同文館教學品質起到了很大的作用，從當時的記載來看，無論是朝廷還是社會，對同文館學生的水準是基本認可的，同文館學生畢業後，往往被委以重任，「同文館系」成了晚清政治舞臺上的一股重要力量。

崔敬昌在《李壬叔徵君傳》中稱：

> 在館教習諸生，先後約百餘人，口講指畫，十餘年如一日，諸生以學有成效，或官外省，或使重洋，固朝廷培養之深，亦先舅氏教習之勤有以振起也。

李善蘭從1869年入館到1982去世，十多年間，天文算學館中經他指導的學生達一百多人，這應該是一個不小的數字，要知道，同文館的學生在校一般也就是一百來人。[27]這一百多人的算學程度如何？根據《大清會典》：「凡算學，以加減乘除而入門，次九章，次八線，次則測量，次則中法之四元術、西法之代數術。」從《算學課藝》等有關試卷來分析，同文館學生的算學程度大致相當於現在的高中數學，這在現在看來當然很普通，但在一百多年前就是很了不起的了。當時的同文館總教習丁韙良對李善蘭的教學也十分滿意，曾對總理大臣文祥說李善蘭「是只鳳凰，中國少見的人才」，他不止一次地稱讚李善蘭的教學成就：

> （李善蘭）為同文館算學教習，在京授法於茲八載，維日孜孜勤求忘倦，不知老之將至，於斯道可謂殫心致志矣。或謂公辛苦半生，僅獲採芹，不得折桂，未必非算學之所誤，良可惜也！[28]

> （李善蘭）是我們同文館的一位教習，中國最卓越的數學家。……他的榜樣激勵著我們的學生熱心從事數學研究，儘管他滿口方言，北京人難以聽得懂他的解題方法。[29]

> 凡天文、地理、火器、測量均為切實之要端，閱者於諸生造詣，亦可略見一斑，是皆李壬叔教授之力也。[30]

27　同文館學生在1870年前只有二三十人，1879年時增至一百人左右，至1888年增至125人。

28　丁韙良：《李壬叔先生序》。

29　丁韙良：《花甲記憶——一位美國傳教士眼中的晚清帝國》。廣西師範大學出版社2004年版，第251頁。

30　丁韙良：《算學課藝》序。

今春總署箚飭命將天文館副教習席淦、杜法孟、貴榮，肄業生胡玉麟、陳壽田、熊方柏、聯印等授以格物測算，於是功課日積月累已成卷帙。所幸七子曾習算術於海寧李壬叔先生，故入此學較易也。[31]

　　李善蘭所教的學生中，他較為賞識的有席淦、貴榮、汪鳳藻、杜法孟、胡玉麟、陳壽田、熊方柏、蔡錫勇、楊兆鋆等，關於這些學生的生平事蹟的記載現在已很難見到，根據《同文館記》、《同文館題名錄》、《京師同文館學友第一次報告書》等有關材料，這裡對席淦等人略作介紹。

　　席淦，字翰伯，是同治七年三月與汪鳳藻一起，由上海廣方言館第一次咨送到京師同文館的。席淦是同文館學生中算學成績最優秀的，1878年的歲試算學，席淦在22名學生中名列第一。光緒五年（1879）授兵部主事銜。他自同文館畢業後，因學業優異而留入館中，任算學副教習。任副教習期間，席淦與貴榮一起，編輯了同文館的習作選《算學課藝》。另一本格物課教材《格物測算》，也是由總教習丁韙良口授，副教習席淦、貴榮、胡玉麟等執筆的。1882年李善蘭去世後，席淦繼承了乃師衣缽，任天算館教習。總理衙門在總教習之請補此缺時覆稱：「請補算學教習一席，並請以副教習席淦授李善蘭之遺缺，學生胡玉麟、陳壽田可授為副教習，幫同訓課一節……查故教習李善蘭，故算術中，筆譯西法各書，紉之簡捷門徑，實梅定九、王寅旭後僅見，李銳、羅士琳皆不及也。現此席久虛，允宜復設。查李教習高第弟子精於算術者，以席淦為最優，應如所請補授算學教習，以資課

---

[31]　丁韙良：《格物測算》序。

訓而專成，至幫教習暫且勿設，以節經費。」[32]席淦教授算學認真負責，頗受學生歡迎。同文館學生齊如山就認為，同文館中最認真的教習，就是漢文算學的教習席淦。席淦的教學方法也被認為「很好」。齊如山的大哥因為齊如山算學學得深，還特意補了六兩銀子的「膏火」（即學生的生活補貼）。席淦後來還在上海的廣方言館任教。光緒二十四年（1898）席淦以纂修官的身分被授四品銜兵部候補郎中。席淦於1917年去世。他的兒子席翔卿收集席淦記述李善蘭事蹟的手稿，這就是有關李善蘭生平的珍貴史料《抱膝居士遺稿》。

　　貴榮，也是天算館最優異的學生。在《算學課藝》中，貴榮收入的習題是最多的，達29題，比名列第二的陳壽田、汪鳳藻多了12題，足見其學業之優。貴榮對格物一課尤其精深，同治十二年（1873）漢文格物歲試中，貴榮名列第一，《中西聞見錄》第二十號特意收錄了他試卷中的四道題，作為範例。此外，《中西聞見錄》第二十三、二十五號也分別收錄了同治十三年（1874）貴榮的月課格物試卷一份，以及課作一題。貴榮畢業後留任同文館，任副教習，授內務府員外郎銜。與席淦一起編纂、執筆了《算學課藝》和《格物測算》兩書。

　　汪鳳藻，字芝房，江蘇元和人，是上海廣方言館首屆四十名學生之一。同治七年三月與席淦一起咨送同文館。汪鳳藻畢業後留在同文館任教，任副教習。在館期間，翻譯了《公法便覽》、《英文舉隅》、《富國策》、《新加坡刑律》等書。授戶部主事銜。汪鳳藻1882年中舉，次年進士及第，隨又點為翰林。汪早年曾隨林樂知學習西學，英文尤其出色。1887年出使俄德奧三國，任二等參贊。光緒十八年（1892）出使日本，1920年任京師大學

32　轉引自洪萬生：《同文館算學教習李善蘭》。臺灣《近代中國科技史論集》，第223頁。

堂「格致科監督」（理學院長）。

　　楊兆鋆，字誠之，號須圃，浙江烏程人。咸豐四年（1854）生。1868年入上海廣方言館學習，為首屆學生之一。師從華蘅芳學習算學，向林樂知學習英文。楊兆鋆於1871年作為上海廣方言館第二次咨送進京生入同文館。他是同文館中年齡最小的學生，成績卻是最好的之一。進館後第二年參加大考，成績名列第二。楊兆鋆在同文館六年，其數學才能深得李善蘭的賞識。席淦在為楊兆鋆所著的《須曼精廬算學》作序說：「從遊者六七十子，觀察（指楊兆鋆）年最少，而資稟獨異。遇有算學疑難問題，他人百思而不獲者，觀察則以數言解決之。每一稿出，皆相顧駭服。壬師（指李善蘭）時加批獎，有遊心藕絲孔中之喻。」楊兆鋆於光緒三年回到上海，擔任江海關道公署翻譯官。光緒十年隨許景澄公使出洋。歸國後，以道員身分發江蘇補用。 光緒十九年，楊兆鋆任金陵同文館教習，兼授算學。光緒二十八年以「江蘇候補道賞四品卿銜差」任出使比利時欽差大臣。楊兆鋆著有《須曼精廬算學》24卷（1898年），書中的主要內容源於在京師同文館中所學，如其自序所稱「凡六年受於李壬叔先生者，蔉定若干卷」。楊兆鋆在數學研究深受李善蘭的影響，其成就主要體現在圓錐三曲線問題、平圓容切問題、測量方法、「垂線諸求」及「勾股容方」問題的研究等方面。

　　蔡錫勇，字毅若，福建龍溪人。同治六年（1867）十一月，廣東同文館第一次咨送優秀學生到到京，蔡是六名學生之一，但不知何故被扣送。到同治十一年九月，廣東同文館第二次咨送學生到京，蔡錫勇才來到同文館。李善蘭對蔡錫勇十分欣賞，他在致華蘅芳的一封信中，對蔡錫勇和另一名學生江槐庭大加讚賞：「無意中忽得二人：一曰江槐庭，錢塘人，工部郎中。一曰蔡錫勇，莆城人，同文館肄業生。此二人者，算學皆由天授，異日所

造不可量。能傳絕學，必此二人。近日事之可喜者，無過於此，急欲告之閣下也。」蔡錫勇曾任中國駐美聯社使館翻譯，赴美、日、祕魯等13國。回國後為張之洞的幕僚，作為張之洞的洋務總文案。後又任自強學堂首任總辦，在他的努力下，自強學堂成為當時最著名的新式學校之一，華蘅芳及其胞弟華世芳，創辦《時務報》的汪康年，以及著名學者辜鴻銘等都是這個學校的教習。蔡錫通結合中國民間流行的「音韻之學」，著成《佳音快字》一書，首創中文拼音及速記術。他又根據出使美國期間所學習、掌握的借貸簿記法寫成《連環賬譜》一書，於1905年出版發行，成為中國第一部推廣復合式會計的著作。

大隱不在山林

　　同文館時時期的李善蘭，日子過得平靜而優渥。他澈底告別了當年在滬上與王韜等一起徵逐聲色的狂放生涯，而習慣於算學教學和研究的書齋生活。丁韙良在回憶李善蘭時說，剛進同文館時，李善蘭雖然不過六十歲，但智力已然衰退。在後來的十多年裡，李善蘭在學術上毫無建樹。[33]這話顯然是過於偏頗了，但這十幾年中李善蘭沒有像以前那樣的多姿多彩，也是事實。

　　像世上大多數科學家一樣，創造力旺盛、成果迭出的是青壯年時期，而聲名漸著、地位日升的倒是相對平庸的晚年，此時的李善蘭在學術界的聲望達到了頂點。《則古昔齋算學》的出版，總結了他一生的數學成就。《疇人傳》三編中提到的晚清八大數

---

[33]　丁韙良：《花甲記憶：一位美國傳教士眼中的晚清帝國》，第251頁。

學家，此時也只剩下李善蘭一人了。以李善蘭的資格之老、學問之精、社會地位之高，他理所當然地成了在學術界執牛耳的角色。王韜在1875年致李善蘭的信中說：「有相識自都門來者，無不奉訊動止……前吳春帆觀察之至析津也，盛口道執事不置，出示代數學諸解，已探奧窔，可棄筌蹄，蓋期服膺於執事有年矣。至都想必修士相見禮。天算精微，定如沆瀣。」又說，廣東著名學者陳澧與李善蘭「書箚往來，歲恒不絕」，頗以此自得。[34]可見李善蘭的動態已為學界所注目。也有不少學者請教數學問題，請他為自己的著作作序。如著名數學家丁取忠在撰寫專門研究借貸計算的專著《粟布演草》時，「曾函詢海寧李壬叔君，示以廉法表，及總率二術，而其理始顯。厥後吳君（即吳嘉善）又示以指數表及開方式，李君復為之圖解，以闡以義，由是三事互求，理歸一貫。」[35]還有一次，丁取忠在編輯吳嘉善的算書中，看到吳氏稱他的斜弧三角術表是採用了徐有壬的方法。但丁取忠細細核對了徐有壬的著作後，發現其中第一術的第二表有差異，久思不得其解，就寫信給李善蘭請教。「李氏為之圖解，極為明晰。」[36]華蘅芳在撰寫研究素數的專著《數根術解》時，多次向李善蘭請教。華蘅芳在素數研究上獨創了「諸乘尖錐法」，李善蘭寫信大加褒揚：「算學用心至此，真鬼神莫測矣。鬼神且莫測，而況於人乎。」華蘅芳在撰成《開方別術》後，也是先請李善蘭審閱，並請李善蘭作序，李善蘭在序中稱：「此法並諸商為一商，故無翻積、益積，不特生面獨開，而且較舊法簡易十倍。」李善蘭對年少他二十多歲的華蘅芳的鼓勵，對華蘅芳成為

---

[34] 王韜：《與李壬叔》，《韜園尺牘》卷八。

[35] 丁取忠：《粟布演草》自序。

[36] 丁取忠：《數學拾遺》，《白芙堂算學叢書》本，轉引自《李善蘭年譜》，《李儼錢寶琮科學史全集》第八卷，第344頁。

繼李善蘭後的一大數學名家，起到了十分重要的作用。光緒年間的數學家劉嶽雲也多次得到李善蘭的指點。劉嶽雲曾在他二十歲時，到金陵謁見李善蘭，向他求教代數方面的問題。入同文館後，李善蘭曾贈與劉嶽雲一本《算學課藝》。劉嶽雲在信中說：「春間侍座論以泰西格致之事，蒙謂中國先儒所已言。先生命條舉以對，並詢拙著《格致中法》大旨。時匆匆出都，未及陳答。頃由吳先生寄到手柬，荷賜《算學課藝》一部，且感且謝。」[37]

有一事可以充分看出李善蘭在當時的影響力。張之洞光緒元年（1875）九月編《書目答問》時，其卷後附有「清朝著述諸家姓名略」，在「算學家」條下注：「五十年來為此學者甚多，此舉其著述最顯著者：梅文鼎、羅士琳、李善蘭為最」，又注稱：「此編生存人不錄，李善蘭乃生存者。以天算為絕學，故錄一人。」李善蘭的成就竟到了張之洞必須為之打破著書體例的地步。這有點像在史書中為活著的人寫傳記一樣，地位之尊崇，可見一斑。

李善蘭在仕途上也是一帆風順。進同文館後不久，同治八年（1869）授中書科中書，同治十年十月加內閣侍讀銜，同治十三年四月升戶部主事，加員外銜，光緒二年十月升員外郎，光緒五年四月加四品銜，光緒八年五月授三品卿銜戶部正郎、廣東司行走、總理各國事務衙門章京。雖然這些都是「以教授諸學生有成效，敘年勞得之，然皆額外候補，未嘗一真除也。」[38]也就是說，屬於有職無權的虛銜，不能太當真，但總歸是三品京官了。

進入同文館後，京師「名公巨卿，皆折節與之交，聲譽益

37 劉嶽雲：《食舊德齋雜著》卷一，轉引自李儼《李善蘭年譜》，《李儼錢寶琮科學史全集》第八卷，第347頁。
38 李慈銘：《越縵堂日記》內《荀學齋日記》丁集下，光緒八年十一月二十日條。

噪。」[39]，李善蘭與曾國藩、郭嵩燾、曾紀澤等洋務派大員常有
來往。到同文館後第二年，曾國藩還專門給他送來了禮物，那
是兩冊大本《漢書》，印刷得甚為精美。「照眼光明，汲古閣初
印本殆不能及。」金陵書局於1869年刊刻了《漢書》、《後漢
書》、《三國志》和王念孫的《讀書雜誌》。金陵書局所刻之
書，字體稍扁，橫輕垂重，與古閣本略有相似，但稍顯拙笨，因
此，這兩冊《漢書》應是金陵書局新刊刻之書。曾國藩給李善蘭
送來此書，大概是感謝他在金陵書局期間的工作吧。李善蘭收到
這兩冊《漢書》，「感甚喜甚」，以為「雖千鎰之賜，不是過
矣」，為此他專門寫信向曾國藩表示感謝。但在信中，李善蘭主
要是請曾國藩為老百姓辦一件實事。李善蘭說，他在天津、保定
一帶，看到農民用桔槔灌溉農田，覺得很辛苦，「不能以人力補
天功也」。他以一個專家的眼光，出了一個主意，「於田間多開
深井，用恒升車輔以氣箱，車以銅錫為之，箱以木為之」。這樣
「造之甚易」，成效卻很顯著，「一人之力可抵百人，昔灌一
畝，今灌百畝，其利溥矣。」他還進一步建議，請曾國藩把徐壽
之子徐建寅調來，輔導這裡的工匠造數十具這樣的水車，先在省
城郭外試用，農民肯定會轉相效法，幾年後就會通行北方各地，
「此萬世之利也」。[40]曾國藩是否採取了李善蘭的建議不得而
知，但此信中依然可見李善蘭以科技來報效國家的初衷，數十年

---

[39]　蔣學堅：《懷亭詩話》

[40]　李善蘭致曾國藩信，見《曾國藩未刊往來函稿》，中國社會科學院近代史研究所
資料室編，嶽麓書社1986年7月版，第367頁。又：此書把這封信系於1869年，不
知何據，恐誤。金陵書局版《漢書》刊刻於1869年，輾轉金陵送至曾國藩處再轉
送至同文館，應有相當一段時間。李善蘭在信中說：「善蘭去歲自天津至京，至
保定途中」，指的是1869由金陵書局經上海途經保定看望曾國藩後進同文館事，
故此信應是在同治九年（1870年）所寫。曾國藩在同治九年三月二十一日的日記
下的「附記」云：「李壬叔書」。見《曾國藩日記》，嶽麓書社，1987年7月，第
1736頁。應該指的就是這一封信。

從未改變。

　　對李善蘭一直十分常識的郭嵩燾，在李善蘭進京後，兩人的關係更為密切。從郭嵩燾的日記看，光緒二年正月十四日，郭嵩燾與李善蘭有過一次會面。李善蘭因與英國駐華公使館的漢文正使威妥瑪較為熟悉，還就郭嵩燾出使西歐從中周旋說合。[41]郭嵩燾到國外之後，李善蘭仍與他有聯繫，光緒四年三月二十六日，郭嵩燾在英國收到李善蘭的一封信，「並丁韙良寄《公使便覽》三部」。[42]同年十一月初七日，他又收到李善蘭的一封信，信中「告知謝隱莊之子名鶴鳴，字子和。」[43]

　　李善蘭曾是曾國藩的幕僚，郭嵩燾於他更是有知遇之恩，他們之間交往密切是不奇怪的，但李慈銘在光緒六年正月十七日夜晤李善蘭就值得玩味了。《越縵堂日記》中載：「往晤李壬叔員外，夜二鼓歸。」李慈銘是晚清保守派中的一位有名人物，當同文館的課程要列入天文和數學以外的西學科目時，李慈銘與倭仁等一起強烈反對，認為中國的孔門弟子會被夷人同化。李慈銘「夜晤」李善蘭的具體內容已無法知道，但氣氛應該是不錯的。李善蘭可能還送了李慈銘一冊出版不久的《幾何原本》。幾年後李善蘭去世時，李慈銘還為自己不能親往弔唁而心存歉疚，並有了要為李善蘭「悉搜其遺書，為作傳以報之」的念頭。[44]李善蘭與這位保守派的浙江老鄉相見甚歡，可見晚年的李善蘭對朝廷政治

41　郭嵩燾光緒二年正月十四日日記載：「上兵部及總理衙門，英翻譯梅輝立，法翻譯師克勤及總稅務司赫統均來署會談。同文館教習丁韙良見示《星軺指掌》譯本（第四十九節、五十節尤多見道之言），因相就一談。兼晤李壬叔。」同年三月十五日日記載：「周芊農、李壬叔枉過。壬叔為述威妥瑪照會總署：欽差不宜有二人。」見郭嵩燾：《倫敦與巴黎日記》，《走向世界叢書》本，嶽麓書社1984年11月，第6頁、第9頁。
42　郭嵩燾：《倫敦與巴黎日記》，第555頁。
43　郭嵩燾：《倫敦與巴黎日記》，第814頁。
44　李慈銘：《越縵堂日記》內《荀學齋日記》丁集下，光緒八年十一月二十日條。

已十分淡漠，只是以一個知名學者的身分出現在北京的官場中。

　　這種心情，在他自署的一副對聯中表露無遺。李善蘭曾手書對聯：「小學略通書數，大隱不在山林」，貼在他住所的門上。「書數」為「六藝」之二，《周禮・保氏》言：「保氏掌諫王惡而養國子以道，乃教之六藝：一曰五禮，二曰六樂，三曰五射，四曰五馭，五曰六書，六曰九數。」禮、樂、射、馭、書、數為夏商周時期學校教學內容。一般說來，「禮樂」承擔著政治宗法及倫理道德規範教育，為「六藝」之首，「射馭」為射箭和駕馭馬拉戰車的技術訓練，屬軍事教育範疇，也含身體鍛鍊成分。「書數」為識字和計數教育，屬基本常識範疇。李善蘭說自己「小學略通書數」是自謙，而「大隱不在山林」卻是心聲的寫照。他在朝廷為官，卻以「大隱隱於朝」自勵，全身心地投入到學術中去。他在1872年給華蘅芳的一封信中，道出了自己追求「絕學」的艱辛：

　　　　所稱絕學者，謂學所到之境，他人不能到，他人所到者，與此懸絕，故曰絕學也。然學到此境，甘苦自知，有得只自知其樂，不能告之他人也。偶思一理未能通，只自知其苦，不能令他人相助也，則無朋友講習之樂矣。然理愈深，進愈難，但覺甘少苦多耳。[45]

　　雖是言「甘少苦多」，卻是其言若有憾也，其心實則喜也。因為緊接著他說：「弟觀天下言算之士，能知弟所到之境者，惟閣下一人而已。」在李善蘭看來，他的算學，實已算是到達「絕學」的境界了。一生於此，可謂無憾。

---

[45] 轉引自嚴敦傑《李善蘭年譜訂正及補遺》，《明清數學史論文集》，梅榮照主編，江蘇教育出版社1990年版，第478頁。

壯心不已

在同文館期間，有一件事值得一提，那就是李善蘭推辭撰寫《疇人傳》三編的事。

「疇人」一詞，首見於《史記・曆書》：「幽、厲之後，周室微，陪臣執政，史不記時，君不告朔，故疇人子弟分散，或在諸夏，或在夷狄。」這裡的「疇人」，是指掌握天文曆法專門知識，世世相傳之人。到了清代，「疇人」一詞開始流行，專門指天文學家和數學家。阮元、李銳於清嘉慶年間編纂了《疇人傳》四十六卷，評述歷代天文學家、數學家。此後，道光二十年數學家羅士琳撰著《續疇人傳》六卷，介紹了《疇人傳》中沒有收錄的宋元天文、數學家17人和嘉慶、道光年間去世的天算家27人。咸、同年間，湧現了一批傑出的天文、數學家。在《續疇人傳》出版40多年後，華蘅芳認為有必要再續《疇人傳》：「道、咸以來，迄今又數十年，算學日新月盛，人才輩出，其中最著者如戴（煦）、項（名達）、徐（有壬）、李（善蘭）諸家，其所明者，有（天）元、代（數）、微（分）、積（分）諸術，皆能超軼古法，於算學中大開門徑，非徒株守成法而已也。若不亟為之傳，未免為算學中一件大缺陷之事。」[46]在華蘅芳看來，續撰《疇人傳》的最合適人選即是李善蘭。因為李善蘭是「近世算學中絕大名家」，學問精深，見識卓越，跟咸、同間算學大家都是來往密切的朋友，由這樣一位學界泰斗來評述當代天算學家，自能做得公允恰當。華蘅芳敦促李善蘭再續《疇人傳》，但李善蘭推辭了這一請求，他委託張文虎去做這件事。張文虎「善古文而

---

[46] 華蘅芳：《學算筆談》之「論《疇人傳》必須再續」。

遍交徐（有壬）、李（善蘭）、戴（煦）、夏（鸞翔）諸家」，
也是華蘅芳心目的合適人選，但張文虎也沒有做。而另一位華蘅
芳以為「今之算家年輩最老」的吳嘉善也未肯動筆。最後，華蘅
芳只得讓他的弟弟華世芳於光緒十年（1884）撰成《近代疇人著
述記》一文，聊勝於無，「以待作傳者之採擇焉」。

　　李善蘭與華蘅芳，可謂亦師亦友，關係十分密切，而他確
實也是再續《疇人傳》的最合適人選。李善蘭婉拒華蘅芳之請
求，實有些出人意料。對此，華蘅芳認為，這是「蓋由於震驚李
（銳）、羅（士琳）之名，而不敢與之匹。亦由於欲求全備，惟
恐搜羅不富，考核不精，以貽後之口舌也。」名滿天下後過分珍
惜羽毛，這只是李善蘭婉拒再續《疇人傳》的原因之一。李善蘭
的性格，是中國傳統文人典型的外圓內方，表面和光同塵，心中
卻自有分寸，表面上對誰都客客氣氣，內心裡卻未必瞧得起對
方。他既不願公開臧否人物引發爭議，又不願委屈自己說別人的
好話，推辭不作自然是最符合自己身分的做法。更重要的是，此
時的李善蘭已是垂暮之年，胸中還有許多著述有待撰成問世，構
築「則古昔齋算學」大廈的壯志一直縈繞於心，他不可能放下自
己的著作，把精力投入到從事搜集材料、評價人物的工作中。所
以李善蘭不接受華蘅芳的請求，雖在意料之外，也是情理之中。
就這樣，再續《疇人傳》的事就擱了下來，一直要到李善蘭死
後，諸可寶才著了《疇人傳三編》。《杭州府志》稱：「海寧李
善蘭卒，（諸）可寶懼浙中絕學難繼，又恐中法失附，乃踵阮
元、羅士琳書，為續《疇人傳三編》。」[47]由此亦可見李善蘭在
當時之地位。

　　李善蘭年輕時喜好飲酒、作詩，到同文館後，仍好杯中之

---

[47] 《杭州府志》卷146，轉引自洪萬生、歐秀娟：《諸可寶與〈疇人傳三編〉》。

物，詩卻寫得不多了。有意思的是，他這時倒作了不少文章，除了為別人的著作作序外，他還寫一些記事、言理的短文，如《星命論》、《續星命論》、《丐婦傳》、《富翁遺產記》、《米利堅志序》、《德國學校論略序》、《書殷仲深事》、《陳愚泉傳》等，刊載在丁韙良和艾約瑟編輯的《中西聞見錄》上。這些文章中，最為人注意的是刊載於1873年《中西聞見錄》12號上的《星命論》，這是晚年李善蘭的一篇名文：

> 大撓造甲子不過記日而已，並不記年月與時也。亦無所謂五行生克也。其並記年月與時且以五行配之，皆起於後代，古人並無此事也。而術士專以五行生克判人一生之休咎。果可信乎？且五行見於《洪範》，不過其功用而已，言其興味而已。初不言其生克也，是干支之配五行本非古人之意矣。而謂人之一生可據此而定，是何言歟！至五星偕地球同繞日而各不相關。夫五星與地球且不相關，況地球之上一人而謂某星而至某官主吉，某星而至某官主凶，此何異浙江之人在浙江巡撫治下，他省之巡撫於浙江何涉也。今試謂之曰某巡撫移節某省，於爾大吉，某巡撫移節某省，於爾大凶，有不笑其荒誕者乎？五星之推命何心異是乎？

文章寫得通俗易懂，比喻生動形象，在信奉「天命」的晚清時代，這樣的觀點自是振聾發聵，當時就有人稱讚說：「其論真屬透闢，足以啟發溺惑。」作為一個長期來學習「西學」、傳播「西學」的科學家，李善蘭有這樣的觀點是不足為奇的。事實上，否定星宿與人生相關的迷信，李善蘭並不是最早的一個，這樣的道理大概當時的崇尚「西學」之士都可以說上幾句。這時期

李善蘭最有價值、最能體現其超越時代的思想的文章，當是他刊載於《中西聞見錄》第21號的《德國學校論略序》。

　　1873年，德國傳教士花之安新著了一本《德國學校論略》。花之安（Ernst Faber）是德國傳教士，有「19世紀最淵博的漢學家」之稱。1864年作為禮賢會的傳教士來中國，抵香港後，即轉赴廣東內地辦學及辦診所，注重中西文化交流，1873年寫出介紹西方學校制度的《德國學校論略》，兩年後又出版論教育的《教化論》。其著作還有《自西徂東》、《性海淵源》、《儒學匯纂》、《中國宗教學導論》、《從歷史看中國》等十餘種。花之安的這本《德國學校論略》，是第一本比較系統地論述西方近代教育制度的著作，它全面地介紹了德國普通教育和專門教育，以德國初等教育、中等教育和高等教育為中心，旁及各類中等技術學校及高等專門學校。花之安撰寫此書的目的，是在於他在中國傳教時，「每見華士徒豔泰西之器藝而棄其正道，不知器藝葉也，聖道根也，器藝流也，聖道源也。」於是想通過此書，「使海內人士知泰西非僅以器藝見長，器藝不過蹄涔之一勺耳。因器藝而求其學問，因學問而求其正道，有不不然而興者，未之有也。」[48]花之安素來仰慕李善蘭的學問，就通過「美國衛公使」（即美國駐華公使、傳教士衛三畏）的介紹請李善蘭為這本書作序。李善蘭把書展讀一遍，這才知道，原來德國不僅僅軍事力量強盛，而其學校教育也頗有過人之處。李善蘭尤其對德國「無地無學、無事非學、無人不學」的體制留下了極其深刻的印象，深深覺得這樣的教育體制對中國的發展和強大很有啟迪，於是就作了這篇序言。

　　李善蘭在序中說：

---

[48]　花之安：《花先生自序》，《新會教報》卷6，146頁。轉引自洪萬生《同文館教習李善蘭》，《近代中國科技史論集》，1991年5月，第253頁。

夫無地無學，則朝出侍函文、夕歸修完省，而負笈遠遊千
里思親之患可以免矣。無事無學，則今日之所講即異日之
所行，而所習非所用，所用非所習之弊，可以無慮矣。夫
質猶田畝也，學猶開墾也，雖有膏腴，不墾則荒；雖有才
良，不學則廢。國無不墾之地，則米粟不勝食，國無不學
之人，則賢才不勝用。國之盛衰繫乎人。德國學校之盛如
此，將見人才輩出，其國必日盛一日。佛氏之說有所謂金
輪聖王者，我蓋有望於德國之主焉，豈特兵之有勇知方而
已哉！

又說：

比年德與鄰國戰，必大勝之。夫德之鄰皆強國也，而德之
兵必出於學校，人人向義，必大勝之。竊歎德之用兵，何
以甚合我中土聖人之教也。以不教民戰是謂棄之，德人其
知之矣。[49]

在這篇序言中，李善蘭提出了一個觀點，那就是「教育強
國」。他認為，國家的強盛在於人才，人才多則國家強，而人才
的成長必須依靠教育，必須普及學校。一旦做到了「無地無學、
無事非學、無人不學」，則人才輩出，國家也「日盛一日」。他
還認為，由於德國之兵出於學校，素質比別的國家高，如果以後
德國與鄰國開戰，德國必定大勝。

十多年前，李善蘭在《重學》序中寫下了著名的一段話：

[49] 《德國學校論略序》首載於《中西聞見錄》，後轉載於《教會新報》第六冊，轉
引自洪萬生《同文館算學教習李善蘭》，《近代中國科技史論集》，1991年5月，
第239頁。

「呼呼！今歐羅巴各國日益強盛，為中國邊患。推原其故，製器精也；推原製器之精，算學明也……異日人人習算，製器日精，以威海外各國，令震慴，奉朝貢。」算學明則製器精，製器精則國家強，這是李善蘭當年的認識，同樣是「洋務派」如曾國藩、李鴻章等人的想法，也是晚清時較為「先進」的觀念。然後，此時的李善蘭已看到了「洋務運動」本身的局限，看到了炮利船堅後面的教育制度和人才建設，這是李善蘭見識卓越之處，也是他高出這個時代的地方。

步入晚年的李善蘭，心智依然敏銳，思想愈發成熟，但身體卻是一年不如一年了。1875年，王韜在給李善蘭的信中說：

> 往晤鄭玉軒太守，言執事曾患風痹，憚於行遠，咫尺之遙，須人扶掖，是殆晚歲體肥之故歟？

連幾步的路都要人扶著，李善蘭身體之差，可見一斑。其時王韜遠在香港，從別人那裡輾轉聽說李善蘭風痹之患，可見李善蘭患病已有多時。但李善蘭仍孜孜不倦地研究算學，不知老之將至。他唯一的遺憾是沒有兒子，「年逾六旬，頗憂乏嗣」，他納了小他39歲的米氏為妾，[50]但仍是失望。於是就過繼外甥崔敬昌（字吟梅）為子。一次，丁韙良問他，你不寂寞嗎？李善蘭回答說，上帝與我同在，我怎麼會寂寞呢。李善蘭並不是一個基督教徒，[51]他這樣回答不過是虛與委蛇，敷衍作為傳教士的總教習。如果乏嗣的李善蘭晚年真的是不寂寞的話，那只是因為對事業的

50　《范溪李氏家乘》：「繼室米氏，道光己酉九月初九日生。」道光己酉即二十九年（1849）。

51　丁韙良在《花甲記憶》中說：「如果說他（指李善蘭）有信仰的話，那只是東西方的混合物。他自稱儒教徒，卻是個折中主義者，把印度和西方的概念與中國聖人的教誨嫁接起來。他看不起民間崇拜，但不願意被國人視為異教徒。」

熱愛。李善蘭晚年做的最後一項研究，是撰寫《級數勾股》一書，在臨終前數月，仍揮筆不止。

　　光緒八年十月二十九日（1882年12月9日），李善蘭在北京因病去世。[52]李善蘭的直接死因，一般認為是誤飲馮了性藥酒所致。[53]一代數學巨星就此殞落。

　　1882年12月29日，李善蘭的喪禮在北京東四牌樓十錦花園胡同舉行。因李善蘭無子，訃告中以他的弟子「繼光」為子。[54]第二年，崔敬昌迎李善蘭的靈柩歸葬於海寧硤石鎮東山腳下的牽罾橋堍。[55]這位學貫中西的近代科學先驅在走完了他72載的人生歷程後，長眠在他家鄉的土地上。

---

[52] 李善蘭去世的時間，席淦《抱膝居士遺稿》稱：「李善蘭十月二十九日卒」崔敬昌《李壬叔徵君傳》稱：「光緒八年冬十月，偶示微疾，越日逝。」《苕溪李氏家乘》稱：「光緒壬午十月二十九日子時卒，壽七十三歲。」《杭州府志》作：「光緒十年卒官」，《疇人傳三編》稱：「光緒十年卒於官，年垂七十矣。」應以光緒八年十月二十九日為是。

[53] 李善蘭的摯友蔣杉亭之子蔣學堅《李壬叔丈靈柩南還，詩以哭之》一詩中原注：「公誤飲馮了性藥酒而卒」，詩中的「家山成久別，杯酒了餘生」，「杯酒」之說，即是指此。馮了性藥酒創製於明萬曆年間，原名發汗藥酒，主治風濕骨痛、手足麻木、四肢痿軟，腰痛、跌打撞傷。據稱制酒藥材有30種之多，其中以丁公藤、麻黃為主藥，因藥性迅速、療效顯著聞名。這種藥酒藥力猛烈，如恃量過飲，就有生命危險。廣東有俗語：「識飲馮了性，唔識飲誤了命。」李善蘭患風痺，馮了性藥酒是對症之藥。他長期嗜酒，酒量想必甚宏。他身體肥胖，長年不加節制地飲酒，可能患有心腦血管疾病。從這幾個方面分析，最後因飲藥酒過量而致死亡的可能性很大。

[54] 李慈銘：《越縵堂日記》內《荀學齋日記》丁集下，光緒八年十一月二十日條記：妻米子，子一，繼光。）又《越縵堂日記》三十九冊雲：「二十四日丙午……作書致袁爽秋詢李壬叔身後事，復書言李壬叔無子，訃中繼光，蓋新以弟子為嗣者。」轉引自《李善蘭年譜》，《李儼錢寶琮科學史論集》第八卷，第348頁。

[55] 李善蘭的墓地，李儼《李善蘭年譜》認為在「浙江海鹽縣牽罾橋東北。」吳慎藩《題李壬叔善蘭先生遺像序》稱：「壬叔先生葬海鹽縣沈蕩區天子堰橋之原。」海寧學者虞坤林在《李善蘭生辰、墓地考》（《海寧文博》2011年第一期）中認為，李善蘭墓應在天子堰橋東北，其地在今海鹽縣橫港鄉崔家場崔氏墓地。因李善蘭嗣子為崔敬昌，故將李善蘭葬在崔氏墓地。錄以備考。

餘論　李善蘭其人

　　李善蘭生活的時代，離現在已有一百多年了。一百多年，說長不長，說短不短。一百多年的滄桑，足以讓李善蘭的生平事蹟大多湮滅無聞，無從考證（當然，更可能是我讀書不多，孤陋寡聞），尤其是他早年在嘉興、硤石一帶研究算學和晚年在同文館做天算館教習的那兩個時期。更何況，像李善蘭這樣的大學問家，人生的大部分是不外乎是讀書、研究、著作這樣一種生活狀態，於本人而言，其學業之精進，其方法之開拓，其思想的轉變，當然是搖曳多彩，甚至可說是驚心動魄，但在旁人眼裡，卻是索然寡味，幾句話便可說完，遠不如政治家、軍事家、作家、詩人那樣的引人入勝。要把李善蘭的發明尖錐術說得如指揮一場戰役那樣的委曲細緻、波瀾起伏，非得有大手筆大才情才可嘗試。然而，一百多年總究不算太長，有關史料中的記載，李善蘭本人的著作，他的朋友、同事們的日記、筆記等文字，使我們大致可以對李善蘭的「行狀」作一番粗粗的勾勒。

　　李善蘭的形象，目前看到的圖片有三幅，一是李善蘭的半身像，一般有關李善蘭的論著中多選用這一幅。這一幅像，是李善蘭繼子崔敬昌之了崔李同，1933年從「滬濱海昌公所」所存的李善蘭遺像中拍攝下來。1951年春，浙江省文物保管委員會張惠衣先生在編輯《浙江近代學人像傳》時，從孫仲容先生處獲得，將此照翻拍編入。此後逐漸流傳開來。[1]二是《清代學者象傳》第二集中，[2]是一張坐著的全身像。這書中畫像是由江西畫師楊鵬秋摹繪，其來源則是「取諸家傳神象暨行樂圖繪或遺集附刊及流傳攝影，皆確然有所據。」[3]應該是較為可靠的。三是李

---

[1]　吳漢明、陳伯良：〈李善蘭軼事〉，《海寧民俗風情大觀》，西冷印社，1999年9月版，第119頁。

[2]　《清代學者象傳》，葉衍蘭、葉恭綽編，上海書店出版社2001年5月版，第494頁。

[3]　葉恭綽：《清代學者象傳》例言。

善蘭與同文館學生的一張合影，李居中而坐，旁邊站立著十來個
學生。[4]從這幾幅圖來看，李善蘭身材肥胖，方頭大耳，濃眉大
眼，一部絡腮大鬍子，神情儼然，一派大學者的風範。王韜在給
李善蘭的信中說，「咫尺之遙，須人扶掖，是殆晚歲體肥之故
歟？」丁韙良在回憶時也說：「李教習身體粗笨，大腦殼，濃眉
大眼。」《疇人傳三集》還記載，當時李善蘭、顧觀光、張文虎
等很胖，艾約瑟一次開玩笑地說，在我們西方，數學家都是很
瘦的，你們怎麼不是這樣的呢？張文虎還專門寫了一首詩以自
嘲。[5]可見李善蘭的肥胖是出了名的。當時的名臣左宗棠長得也
是五大三粗，以致有一次刊印出版左宗棠的畫像時，竟把李善蘭
的像印了上去。李善蘭的肥胖，是導致他晚年多病的主要原因。
本來長得就胖，加上長年嗜酒、靜坐書齋，從現代醫學的觀念來
看，這樣的生活方式對心腦血管系統的損害是很大的，容易誘發
中風、心肌梗塞、腦梗塞一類的疾病。李善蘭死得較為突然，去
世前數月還在撰寫《級數勾股》，其直接死因是飲藥酒過量，但
根源還在於心血管病。

　　李善蘭長相肥胖，身手也不甚敏捷，行動甚至有些遲緩，
看起來不像個高智商的人，實際上卻是聰明絕頂，心思也極為機
敏縝密，是一個典型的「江南才子」。這大概就是所謂的「南人
北相」吧。在當時以科舉八股為讀書人唯一出路、科學環境極為

4　在不少有關李善蘭的論著中，常常有一張「李善蘭」與徐壽、華蘅芳在江南製造
　局翻譯處的照片，圖中三人圍著桌子而坐。其實徐、華之外的第三人並非李善
　蘭，一是李善蘭實際上並未參與江南製造局的譯書工作。江南製造局於1868年成
　立，此時李善蘭已準備赴京進同文館了。江南製造局所有翻譯的西書中，只有一
　種與李善蘭有關，那就是《談天》，是徐建寅對李善蘭與偉烈亞力在墨海書館時
　所譯《談天》的增補本。不少論著在談到江南製造局翻譯西書時，總習慣把李善
　蘭與徐壽、華蘅芳連在一起，其實不妥。二是此人遠較徐、華年輕，而李善蘭
　比徐壽大7歲，比華蘅芳大20多歲。三是此人不甚肥胖，與李善蘭的相貌特徵不甚
　相符。事實上，這人是徐壽之子徐建寅（仲虎）。在此特作辨證。
5　諸可寶：《疇人傳三編》艾約瑟傳。

糟糕的年代，在遠離學術中心的海寧縣城，李善蘭幾乎是完全通過自學，「三十後所造漸深」，成為第一流的算學家，並邁進了解析幾何和微積分學之門。李善蘭又在不通外語的情況下，短短數年間，與西士合作，翻譯引進了包括代數學、微積分、天文學、力學、植物學這些中國人從未涉足過的新學科，創譯了一大批至今還在使用的新名詞。這樣的才能簡直不是聰明，而是天才了。此外，李善蘭的詩也寫得相當好，學的是宋詩的路子（王韜語），現在看到的《聽雪軒詩存》，雖是中年以前的作品，也是「哀然成一家言」。他的書法也不錯，兼有魏碑和歐體之美。只是由於他在數學上的成就太大，李善蘭的詩文、書法才鮮為人知。

　　李善蘭的性格，是中國文人典型的「外圓內方」型。他性情隨和，內心卻很有原則，決不會隨波逐流；他做事看起來很隨意甚至有點粗疏，其實卻很有分寸，拿捏得極準。像李善蘭初到上海時，在教堂前自薦於麥都思，看似偶遇，實是匠心獨具。墨海書館和同文館期間，他與偉烈亞力、艾約瑟、丁韙良、韋廉臣等交往甚密，但李善蘭很聰明地把這些交往限制在學術上，生活圈子仍是王韜、蔣敦復、張文虎、管嗣復、吳嘉善等中國文人。信仰上雖不排斥或者說贊同基督教，對基督教教義也是十分的熟悉，但就是始終沒有入教。西學東漸潮流下，作為一個引進西學並長期在傳教士主持的機構中工作的中國大學者，這樣的處世方式，粗看似是無意為之，細思之實是明智之極，非對中國的傳統文化、中國的人情世故有極深領悟並熟悉西方人的生活方式者，是不可能做到這樣的進退自如的。李善蘭晚年在仕途上一帆風順、聲望上如日中天，除了卓越的學術成就，其練達的處世方式也是極為重要的。

　　在生活小節上，李善蘭也是如此，對「度」的把握恰到好處。他從少年時就喜歡圍棋，王韜、張文虎日記中多次有他弈至

深夜的記載。按理說，李善蘭這麼聰明的人，又是個研究算學的，圍棋沒有下不好的道理，但李善蘭的棋力確是不甚高。這只能是一個解釋，那就是他從來沒有在圍棋上好好下過功夫，無非是遣興而已，有時也算是一種與朋友、權貴（如曾國藩）交往的道具。算學大道，圍棋小技，決不能有所偏廢，李善蘭在這點上是極為清醒的，也是極會控制自己的。李善蘭在上海時，經常與王韜一起逛妓院，這是封建文人的生活方式，無可厚非。王韜流連忘返，還興致勃勃地寫了一本《海陬冶遊錄》——相當於上海妓院指南吧，看來是有些沉溺其中不能自拔。而李善蘭卻是逛窯子而不忘譯西書，短短幾年譯出了七八本名著，這段時間恰是他學術成就最為豐盛的時期。在尋花問柳這一點上，李善蘭同樣是極為清醒，也極會控制自己的。

《張文虎日記》有兩段記載，讀來頗令人會意一笑。一段是說他與張斯桂下棋，爭棋不勝，「拍案叱吒，怒形於色」。一段是說金陵書局的同仁們「極詆耶穌之荒謬」，李善蘭「口應而心不然也」。一個連下棋這樣的小事也要拍桌子的人，對信仰這類大問題倒含糊其辭，這與其說李善蘭大小不分，倒不如說他把孰大孰小分得太清楚了。下棋是誰也不會當真的瑣事，所以無論怎麼較真也不會過分，反正最多是「同人為之笑倒」而已，決不會傷和氣。而涉及到信仰問題，在傳統文化氛圍極濃的金陵書局，公開為基督教辯護，很可能落個千夫所指，至少是傷了同事們的感情。但李善蘭又不想表現得一點主見也沒有，所以就故意讓別人看出他「口是心非」，既顯示了立場，又給足了對方面子。「口應而心不然也」，這一句話道盡了李善蘭的性格特徵，真是傳神之至。

李善蘭在文化史上的貢獻，在本書中已多有闡述，概括而言，李善蘭的成就主要體現在三個方面，即著書、譯書、教書。

　　著書，是李善蘭的數學研究上的貢獻。《則古昔齋算學》十三種和《考數根法》等論著，奠定了他一代數學大師的地位。李善蘭「尖錐術」，是他最為重要的成果，在傳統數學的垛積術和極限思想的基礎上，不僅創立了二次平方根的冪級數展開式，各種三角函數、反三角函數和對數函數的冪級展開式，而且還具備了解析幾何思想和積分公式的雛形，這對中國傳統數學是一個極大的突破。李善蘭的這一成就表明，即使沒有西方傳入微積分，中國數學也會通過自己特殊的途徑，運用獨特的思想方式達到微積分，基本上完成由初等數學到高等數學的轉變。李善蘭的「垛積術」，是早期組合計數的傑作，所謂「垛積之術於九章外別立一幟，其說自善蘭始」，而「李善蘭恒等式」更是他的一大創見。李善蘭的「素數論」，體現在他的《考數根法》中，這是中國素數論是最早的一篇論文，他所提出的判別一個自然數是否為素數的方法，是中國古代素數研究的最重要成果之一。

　　譯書，是李善蘭介紹引入西方近代科學上的貢獻。在墨海書館期間，李善蘭與偉烈亞力、艾約瑟、韋廉臣等翻譯了《幾何原本》後九卷、《代微積拾級》、《代數學》、《談天》、《重學》、《奈端數理》等多種西方近代科學名著，像微積分、解析幾何、力學、植物學、近代天文學，都是自李善蘭開始才引入中國的。微積分在中國數學中的出現毫無疑問是一個飛躍，它使變化和運動的觀點被引入了數學，由此開始了高等數學階段。李善蘭對哥白尼學說的大力宣揚，使中國人開始對近代天文學的全貌有了初步正確的瞭解。從哥白尼到牛頓，西方近代科學在確立了二百年之後，才經過李善蘭等人之手介紹到中國來，近代科學的體系、觀點和方法以及近代科學史上的若干重要成果，才開始為中國科學界所逐漸熟悉。而他所創立的科學名詞，沿用至今而勿替。可以說，李善蘭的譯書，代表著一門新學科的建立甚至一個

新時代的開創，李善蘭也因此而成為中西科技文化交流第二個高潮的代表人物之一，成為西學陣營在科學思想上最傑出的代表，成為了中國近代科學的先驅者。

　　教書，是李善蘭在教育思想和方法上的貢獻。在京師同文館時期，李善蘭的譯著和著作成為同文館的重要教材，他審定了同文館《算學課藝》等數學教材，培養了一大批數學人才，是中國近代數學教育的鼻祖。李善蘭所創立的「合中西為一法」的教育模式，創造性地傳統中算與近代西方科學融合起來，對中國近代教育產生了深遠的影響，中國近代教育從傳統過渡到現代，李善蘭是至為關鍵的一個人物。李善蘭所提出的「教育強國」的理論，充分強調普及教育的極端重要性，雖沒有全面論述，卻是教育史上的一個重要觀點，是超越一個時代的真知灼見。

　　縱觀李善蘭的一生，有著幾個重要的節點。一是1845年他離開海寧來到嘉興。在嘉興，他結識了顧觀光、張文虎、汪曰楨等數學名家和學界名流，在開闊視野、交流切磋中進入了數學研究的前沿。嘉興，是李善蘭成為一代數學大師的關鍵。二是1852年離開嘉興來到墨海書館。在上海這個近代西方文明的傳播中心，李善蘭在傳教士主持的墨海書館裡與偉烈亞力等一起翻譯了多部近代西方科學著作，在譯書中成為傳播西學、介紹近代科學的代表人物。墨海書館，是李善蘭成為近代科學先驅的關鍵。三是1860年赴蘇州。蘇州之行的澈底失敗，使李善蘭清楚地看到了自己在政治的幼稚與無能，從此「絕意時事」，專心於著述。蘇州，是保證李善蘭成為一個純粹學者的關鍵。四是1869年進入京師同文館。入館十幾年，學生百餘名，從而形成了他「合中西為一法」的教育模式，並提出了「教育強國」的論點。同文館，是李善蘭成為一個教育家的關鍵。現在已很難清楚地知道地李善蘭到嘉興、到上海的動機是什麼，或許更多的是為生活所迫，甚至

是某個偶然的因素，然而，當年無意的一小步，卻成了轉折一生
的一大步，我們可以找出李善蘭之所以成為李善蘭的許多必然，
但同時無法否認，人生往往也就決定於某個或某幾個節點。

　　李善蘭一生在多個領域作出了重大成就，稱他為數學家、
天文學家、教育家、翻譯家都當之無愧，甚至稱之為植物學家、
物理學家也無不可，但我以為，李善蘭為同時代學者的最不可企
及之處，在於他對中西學術思想的融會貫通。論數學上的成就，
項名達、戴煦、徐有壬、夏鸞翔、華蘅芳等晚清八大數學家各有
過人之處，論翻譯西書的成就，王韜、華蘅芳、徐壽也可與李善
蘭比肩。然而，若論一個學者同時橫跨中、西學術，在中國傳統
數學及西方現代數學、近代天文學、植物學、物理學等方面都有
重大建樹的，在晚清甚至整個中國古代都不一定找得出這樣的一
個人，即使在資訊充分發達，中西學術交流頻繁的當代，這樣的
「全能學者」也寥寥無幾。比之同時代的學者，李善蘭的高明之
外，在於他充分理解和掌握了西方近代科學的學術思想和治學方
法，並將之與中國傳統學術思想「會通」起來。他之所以能在短
短幾年間，接連翻譯了橫跨多個學科的西方近代科學著作，介紹
引入的多門新學科，創譯了一大批科學名詞，除了有偉烈亞力這
樣的西方學者的幫助，更在於他對近代科學治學方法的掌握，這
使得他能充分理解、整體把握一門新學科的內涵和特點，從而全
面準確地將之表達出來。從這個意義上講，我以為，那本沒有翻
譯完的《奈端數理》（即牛頓的《自然科學的數學原理》）才是
李善蘭的「獨家秘訣」，這使他在翻譯從未涉足過的西方近代新
的學科時，直接跨越了「盲人摸象」，進入了「庖丁解牛」的境
界。在提倡「專門之學」的清代，李善蘭下功夫研讀《奈端數
理》這樣一本看似並無實用卻奠定了現代科學世界觀基礎的重要
著作，並以之指導自己的學術研究，這就是他的卓越之處。當他

以近代科學的眼光再來反觀中國學術時，就很容易看出一些獨到的東西來。他認為中國的天元術與代數學「其理一也」，這也許還不算稀奇。但在學習了西方近代科學後，能清楚地發現自己當年服膺的「西學中源」說的荒謬，並在自己的著作中加於刪除，這樣的眼光與勇氣就不是一般學者所能具有的了。李善蘭在中年時尚以為「算學明則製器精，製器精則國家強」，以為只要船堅炮利便可強國富民，到了晚年，在對西方的科學、文化乃至政治體制有了深刻的理解後，他提出了普及教育、「教育強國」的觀點。在洋務派與保守派們尚在為引進西學爭論不休時，李善蘭的思想卻已超越了這個層次，站在了這個時代的最高處。這樣的思想深度和思想高度，歸根到底，也還在於李善蘭對中國文化和西方科學的正確把握和融會貫通上。所以，如果「貫」之一字，可以包含著熟習、貫穿、會通、融合這樣的涵義的話，那麼，我以為，以「學貫中西」來定義李善蘭，也還是比較恰當的吧。

李善蘭大事年表[1]

1811年（嘉慶十五年）

十二月二十八日，李善蘭生於浙江海寧。

1819年（嘉慶二十四年）

自學《九章算術》，開始研習算學。

1824年（道光四年）

作〈甲申除夕〉一詩，這是目前看到的李善蘭最早的詩作。

讀徐光啟、利瑪竇譯的《幾何原本》前六卷，通其義。

1830年（道光十年）

向吳楷園學習作詩。

1840年（道光二十年）

在數學研究上「所造漸深」。

---

[1] 本表參考了李儼先生的《李善蘭年譜》。

李善蘭出生於1811年1月2日。1811年為清嘉慶十六年，而1811年的1月則是嘉慶十五年。當時習慣以農曆計算年齡，故以嘉慶十五年為一歲，嘉慶十六年為二歲，而按照現在的演算法，則以1811年（即嘉慶十六年）為一歲。如李善蘭稱他「年十齡」時讀《九章算術》，他所說的十歲，顯然是以嘉慶十五年起計齡的，這年是嘉慶二十四年，即1819年，倘以今天的演算法，則是九歲。為求與史料中的引文一致，故正文中一律按照農曆的年齡，即還是認為李善蘭是十歲讀《九章算術》。

本表以西元紀年系事，為避免與正文相混淆，故表中不列年齡。

1842年（道光二十二年）

英軍進攻乍浦，李善蘭寫下〈乍浦行〉、〈漢奸謠〉、〈劉烈女詩〉等詩。

1845年（道光二十五年）

到嘉興，在陸費家坐館。結交張文虎、顧觀光、汪曰楨等算學名家和孫瀜等嘉興名士。

冬，汪曰楨向李善蘭出示元數學家朱世傑所著《四元玉鑒》三卷，李善蘭深入研究，撰成《四元解》二卷。

1846年（道光二十六年）

著《對數探原》、《弧矢啟秘》兩書。

顧觀光為《四元解》、《對數探原》作序。

1848年（道光二十八年）

著《麟德術解》三卷。

1849年（道光二十九年）

在嘉興，與張文虎、孫瀜（次山）、楊韻（小鐵）、于源等常在幻居庵一起談詩論畫。

在此期間，向陳奐學習經學。

其妾米氏生。

1850年（道光三十年）

叢書《指海》出版，其中收錄李善蘭的《對數探原》。

1851年（咸豐元年）

叢書《藝海珠塵》壬、癸二集出版，收錄李善蘭的《方圓闡幽》和《弧矢啟秘》。

與數學名家戴煦結交。贈送戴煦《對數探原》、《弧矢啟秘》兩書。

1852年（咸豐二年）

五月，到上海，進入墨海書館。居住在大境傑閣。

與王韜結識。

六月，開始與偉烈亞力一起翻譯《幾何原本》後九卷。與艾約瑟合譯《重學》。

七至十月間應試科舉。

十二月，與將敦復結識。

1855年（咸豐五年）

譯畢《幾何原本》後九卷。顧觀光、張文虎任校核，韓應陛寫信給李善蘭，表示願意捐資出版。

徐有壬回湖州，與李善蘭結交。

1856年（咸豐六年）

韓應陛為李善蘭與偉烈亞力的續譯《幾何原本》作跋。

1857年（咸豐七年）

譯畢《植物學》，並在季秋由墨海書館開雕刊印。

1858年（咸豐八年）

《續幾何原本》刊行。《重學》刊行。《植物學》刊印。

期間與偉烈亞力合譯《代數學》、《談天》、《代微積拾級》。開始著手與偉烈亞力合譯《奈端數理》。

著《火器真訣》一卷。

1859年（咸豐九年）

《代微積拾級》由墨海書館刊行，李善蘭自序。

《代數學》由墨海書館刊行。

是年秋，《談天》刊行，李善蘭自序。

與艾約瑟合譯的《重學》二十卷刊行。與艾約瑟合譯《圓錐曲線說》畢。

1860年（咸豐十年）

至蘇州，為江蘇巡撫徐有壬幕僚。

四月，太平軍進攻蘇州，李善蘭回滬向西人借兵，未果。太平軍攻破蘇州城，徐有壬死，李善蘭著作盡失於蘇州。

1861年（咸豐十一年）

寓居上海，與吳嘉善、胡公壽、蔣敦復等來往密切。

1862年（同治元年）

四月，至湘軍安慶大營，為曾國藩幕僚。

1863年（同治二年）

五月，向曾國藩引見張斯桂、張文虎。

九月，經李善蘭推薦，容閎至安慶，為曾國藩幕僚。

十一月，被曾國藩保舉為訓導。

1864年（同治三年）

九月，與張文虎等人到金陵，籌建金陵書局。

1865年（同治四年）

八月，致信曾國藩，請其為《幾何原本》作序。

曾國藩署名為《幾何原本》作序。

1866年（同治五年）

曾國藩郵致三百金為李善蘭刻印《則古昔齋算學》十三種。

李鴻章出資為李善蘭刻印《重學》。

郭嵩燾推薦李善蘭為同文館天算館教習。李善蘭因《則古昔齋算學》尚未刻竣，稱病推辭。

1867年（同治六年）

四月，致方駮謹信。

冬，《則古昔齋算學》十三種出版。

1868年（同治七年）

在江南製造總局逗留數月，與傅蘭雅合譯《奈端數理》，未終。

冬，離開金陵書局，應徵京師同文館。至上海，因無輪船入京，滯留數月。

1869年（同治八年）

三月，離開上海赴京。四月，到直隸總督府拜訪曾國藩。五月初，入京師同文館，為天算館教習。

將所發現的一個有著判別素數的方法交給偉烈亞力。偉烈亞

力把這一方法冠之於「中國定理」，發表了香港的《有關中國和日本的箚記和答問》雜誌上，引發了一場關於「中國定理」的爭論。

1871年（同治十年）

加內閣侍讀銜。

秋，楊兆鋆入同文館，為李善蘭得意弟子。

1872年（同治十一年）

華蘅芳《開方別術》作序。

著成《考數根法》一卷。

致華蘅芳信，提出「絕學」之說。

1873年（同治十二年）

為德國傳教士花之安《德國學校論略》作序，在序中提出了「教育強國」之觀點。

自本年至1875年，在《中西聞見錄》上刊發《星命論》等文。

1874年（同治十三年）

四月，升戶部主事。

王韜在給李善蘭的信中稱，李善蘭因患風痹，憚於行遠，咫尺之遙，須人扶掖。

1875年（光緒元年）

張之洞編《書目答問》，算學家中生存人不錄，因李善蘭以天算為絕學，故獨錄李善蘭一人。

1876年（光緒二年）

十月，升員外郎。

　　《測圓海鏡》作為同文館算學教材由同文館出版，李善蘭為《測圓海鏡》作序，在序中提出了「合中西為一法」的教學模式。

1877年（光緒三年）

　　傅蘭雅主編的《格致彙編》第二年夏季冊刊登李善蘭演《代數難題》卷十三第四次考題。

1879年（光緒五年）

　　四月，加四品銜。

1880年（光緒六年）

　　正月，李慈銘夜晤李善蘭。

　　春，同文館《算學課藝》出版。《算學課藝》由李善蘭閱定，其學生、天算館副教習席淦、貴榮等編，同文館總教習丁韙良作序。

　　春，與劉嶽雲談論學術。此後，贈劉嶽雲《算學課藝》一部。

1882年（光緒八年）

　　五月，升郎中。

　　撰寫《級數勾股》一書，未完。

　　十月，在北京去世，據說是誤飲藥酒過量致死。

　　十一月二十日，在北京東四牌樓十錦花園胡同開弔。

1883年（光緒九年）。

　　李善蘭養子崔敬昌迎李善蘭的靈柩回海寧，歸葬於硤石鎮東山腳下的牽罾橋塊。

參考文獻

一、古籍類

《代微積拾級》，羅密士著，偉烈亞力、李善蘭譯，光緒年間石
　　印本。

《代數學》，德摩根著，偉烈亞力、李善蘭譯，墨海書館版。

《李壬叔徵君傳》，崔敬昌著，傳抄本，上海圖書館藏《檇李文
　　系》內。

《則古昔齋算學》十三種，李善蘭著。分別為：《方圓闡幽》一
　　卷，《弧矢啟秘》二卷，《對數探原》二卷，《垛積比類》
　　四卷，《四元解》二卷，《麟德術解》三卷，《橢圓正術
　　解》二卷，《橢圓新術》一卷，《橢圓拾遺》三卷，《火器
　　真訣》一卷，《尖錐變法解》一卷，《級數回求》一卷，
　　《天算或問》一卷。均為同治六年金陵書局刻本。

《重學》，胡威立著，艾約瑟、李善蘭譯，同治五年金陵書局刊
　　本。題作：「重學廿卷坿曲線說二卷」。

《苞溪李氏家乘》，光緒庚寅年（1890）重修，祠堂藏版，海寧
　　市圖書館藏。

《海寧州志稿》附《餘志》、《藝文志》補遺，民國11年鉛印本。

《海昌藝文志》，管庭芬撰、蔣學堅續輯，民國十年刊本。

《植物學》，林德利著，韋廉臣、艾約瑟、李善蘭譯，咸豐八年
　　墨海書館刻本。

《幾何原本》，歐幾里德著，利瑪竇、徐光啟、偉烈亞力、李善
　　蘭譯，同治年間金陵書局刻本。

《硤川詩鈔》及《續鈔》，曹宗載、許仁沐、蔣學堅輯，光緒十
　　八年、二十一年刻本。

《算學課藝》，席淦、貴榮等編，光緒年間同文館石印本。

《學算筆談》，華蘅芳著，光緒二十三年（1897）味經刊書處
　　刊本。

《談天》，侯失勒著，李善蘭、偉烈亞力譯，咸豐九年墨海書館
　　活字版，同治十三年重校活字本。

二、專書類

王青建著，《科學譯著先師──徐光啟》，科學出版社2000年版。

王揚宗著，《傅蘭雅與近代中國的科學啟蒙》，科學出版社2000
　　年版。

王渝生著，《中國近代科學的先驅──李善蘭》，科學出版社
　　2000年版。

王韜著，方行、湯志鈞整理，《王韜日記》，中華書局1987年版。

王韜著，《瀛壖雜志》，上海古籍出版社1989年版。

王韜著，《瓮牖餘談》，上海古籍出版社1989年版。

王韜著，《弢園尺牘》，中華書局1959年版。

王韜著，《弢園文錄外編》上海書店出版社2002年版。

李迪等主編，《中國數學簡史》，山東教育出版社1986年版。

李迪主編，《中華傳統數學文獻精選導讀》，湖北教育出版社
　　1999年版。

李迪主編，《數學史研究文集》第一輯、第二輯、第三輯、第四
　　輯、第五輯、第六輯，內蒙古大學出版社、九章出版社，
　　1990、1991年、1992年、1993年、1993年、1998年版。

李善蘭著，海寧市政協文史資料委員會編，《聽雪軒詩存》（海

寧人物資料第四輯），1991年11月。

李儼、錢寶琮著，《李儼錢寶琮科學史全集》，遼寧教育出版社
　　1998年版。（包括：《中國算學史》，李儼著；《中國古代
　　數學史料》，李儼著；《中國數學史話》，錢寶琮著；《中
　　國數學史》，錢寶琮著；《中國數學大綱》，李儼著；《中
　　算史論叢》第一集、第二集、第三集、第四集、第五集，李
　　儼著；《錢寶琮論文集》，錢寶琮著。）

朱有瓛主編，《中國近代學制史料》，（第一輯、第二輯、第三
　　輯、第四輯），華東師範大學出版社，1983年，1989年，
　　1990年，1993年版。

阮元、羅士琳、諸可寶、黃鐘駿編，《疇人傳》、《疇人傳續
　　編》、《疇人傳三編》、《疇人傳四編》，商務印書館，
　　1955年8月。

汪廣仁、徐振亞著，《海國攟珠的徐壽父子》，科學出版社2000
　　年版。

汪曉勤著，《中西科學交流的功臣——偉烈亞力》，科學出版社
　　2000年版。

何兆武著，《中西文化交流史論》，中國青年出版社2001年版。

吳文俊主編，《中國數學史論文集》（二），山東教育出版社
　　1986年版。

吳文俊主編，《中國數學史大系》第八卷（清中期到清末），北
　　京師範大學出版社2000年版。

保羅・柯文[美]著，雷頤、羅檢秋譯，《在傳統與現代性之
　　間——王韜與晚清改革》，江蘇人民出版社1998年版。

洪萬生著，《數學史論文選集》第二集，著者自印本。

範慕韓著，《中國印刷近代史》，印刷工業出版社1995年版。欣
　　平著，《王韜評傳》，華東師範大學出版社1990年版。

紀志剛著，《杰出的翻譯家和實踐家──華蘅芳》，科學出版社2000年版。

容閎著，《西學東漸記》，湖南人民出版社1981年版。

陳亞蘭譯注，《李善蘭華蘅芳詹天佑詩文選譯》，巴蜀書社，1997年6月。

郭金彬、孔國平著，《中國傳統數學思想史》（中國科技思想研究文庫），科學出版社2004年版。

郭書春著，《中國古代數學》，商務印書館2004年版。

郭嵩燾著，《郭嵩燾日記》，湖南人民出版社1982年版。

梁啟超，《西學書目表》，時務報館代印本，1896年版。

梁啟超著，《梁啟超論清學史二種》（《清代學術概論》、《中國近三百年學術史》），復旦大學出版社1985年版。

曾國藩著，《曾國藩全集‧家書》（1－2），嶽麓書社1985年版。

曾國藩著，《曾國藩全集‧日記》（1－3），嶽麓書社1987年版。

曾國藩著，《曾國藩未刊往來函稿》，中國社會科學院近代史所編，嶽麓書社1986年版。

張文虎著，陳人康整理，《張文虎日記》，上海書店出版社2001年版。

張海林著，《王韜評傳》，南京大學出版社1993年版。

梅榮照主編，《明清數學史論文集》，江蘇教育出版社1990年版

舒新城編，《中國近代教育史資料》（上、中、下），人民教育出版社1961年版。

熊月之著，《西學東漸與晚清社會》，上海人民出版社1994年8月版。

黎難秋等編，《中國科學翻譯史料》，中國科學技術大學出版社1996年版。

鄭振鐸編，《晚清文選》，中國社會科學出版社2002年版。

血歷史82　PC0660

新鋭文創
INDEPENDENT & UNIQUE

李善蘭：
改變近代中國的科學家

作　　者	楊自強
責任編輯	洪仕翰
圖文排版	周妤靜
封面設計	葉力安

出版策劃	新鋭文創
發 行 人	宋政坤
法律顧問	毛國樑　律師
製作發行	秀威資訊科技股份有限公司
	114 台北市內湖區瑞光路76巷65號1樓
	電話：+886-2-2796-3638　傳真：+886-2-2796-1377
	服務信箱：service@showwe.com.tw
	http://www.showwe.com.tw
郵政劃撥	19563868　戶名：秀威資訊科技股份有限公司
展售門市	國家書店【松江門市】
	104 台北市中山區松江路209號1樓
	電話：+886-2-2518-0207　傳真：+886-2-2518-0778
網路訂購	秀威網路書店：http://www.bodbooks.com.tw
	國家網路書店：http://www.govbooks.com.tw

出版日期	2017年7月　BOD一版
定　　價	430元

國家圖書館出版品預行編目

李善蘭：改變近代中國的科學家 / 楊自強著. --
一版. -- 臺北市：新銳文創, 2017.07
　面；　公分. -- (血歷史；82)
BOD版
ISBN 978-986-94864-1-5(平裝)

1.(清)李善蘭 2.傳記

782.878　　　　　　　　　　106008509

讀者回函卡

感謝您購買本書，為提升服務品質，請填妥以下資料，將讀者回函卡直接寄回或傳真本公司，收到您的寶貴意見後，我們會收藏記錄及檢討，謝謝！如您需要了解本公司最新出版書目、購書優惠或企劃活動，歡迎您上網查詢或下載相關資料：http:// www.showwe.com.tw

您購買的書名：_____

出生日期：_____年_____月_____日

學歷：□高中 (含) 以下　　□大專　　□研究所 (含) 以上

職業：□製造業　□金融業　□資訊業　□軍警　□傳播業　□自由業
　　　□服務業　□公務員　□教職　　□學生　□家管　　□其它_____

購書地點：□網路書店　□實體書店　□書展　□郵購　□贈閱　□其他

您從何得知本書的消息？

　□網路書店　□實體書店　□網路搜尋　□電子報　□書訊　□雜誌
　□傳播媒體　□親友推薦　□網站推薦　□部落格　□其他_____

您對本書的評價：(請填代號 1.非常滿意 2.滿意 3.尚可 4.再改進)

　封面設計____　版面編排____　內容____　文／譯筆____　價格____

讀完書後您覺得：

　□很有收穫　□有收穫　□收穫不多　□沒收穫

對我們的建議：_____

_____

_____

_____

11466
台北市內湖區瑞光路 76 巷 65 號 1 樓

秀威資訊科技股份有限公司　　　收

BOD 數位出版事業部

∙∙∙

（請沿線對折寄回，謝謝！）

姓　　名：_____　年齡：_____　性別：□女　□男

郵遞區號：□□□□□

地　　址：_____

聯絡電話：(日) _____ (夜) _____

E-mail：_____